史料で解き明かす日本史

歴史学者の謎解きを追体験する

松本一夫
MATSUMOTO KAZUO

はじめに

歴史上、誰もが知っているような謎があります。例えば「邪馬台国は畿内と九州のどちらにあったのか」とか、「明智光秀は、なぜ主君である織田信長を討ったのか」などといったものです。

こうした日本史を左右するような大きな謎を解き明かすことは、もちろんとても重要です。しかし個人的には、そうした大きな問題ではなく、教科書などで読むと、そのまま納得して読み進んでしまいそうな内容の中に見出した謎や疑問を解明していくことに強い興味をもっています。それでいろいろと調べていくと、「なるほど!そうだったのか!!」と驚きをもって新たな気づきに至る場合があるからです。その結論が今までの常識とまるで異なることもありますし、結論自体は基本的に変わらなくても、「内実はこうしたことがあった上でのことだったのか」と、あらためて認識を深めることができる場合(これを私は「わかり直し」ととらえている)があります。本書では読者の皆さんに、私が学びの過程で得た驚きや気づきを追体験していただければ、と願っています。

なお、ここでとりあげた四〇の謎は、決してスッキリ解決できたわけではありませんが、少なくともその謎を考えるためのいくつかの視点を示すことはできたはずです。それをよりどころとして、皆さんなりの追究を続けていってください。世の中すぐに正解を求めたがる風潮がありますが、私は謎解きの過程自体を楽しむことの方がむしろ大切とさえ考えています。なぜなら、それによってかえって当時の社会をより正確にとらえることができるように思えてならないからです。

ところで、こうした謎を考えていく上で最も大切なのが、証拠となる史料です。これには物語や歴史書、日記などいろいろなものがありますが、それぞれ長所と短所があります。例えば日記は非常に細かいことまで書かれていますが、自分に都合のよい記述になっていたり、当事者から離れた立場にいるため、噂話を事実のように書いている場合もあったりするので、そのまますべてを真実と認めるわけにはいきません。やはり最も信用できるのは、その当時実際にやりとりされた文書ということになります（もっとも、これとて後世に何らかの都合で偽作されたものもあるので注意を要する）。

本書では、できるだけ各テーマの謎を考えていく上での鍵となる史料を、現代文に意訳して（一部は原文の読み下し）紹介することとしましたので、皆さん自身で読み解いていってください。そして本書をすべて読み終わった後には、皆さんの歴史に対する興味がより深まることを期待しています。

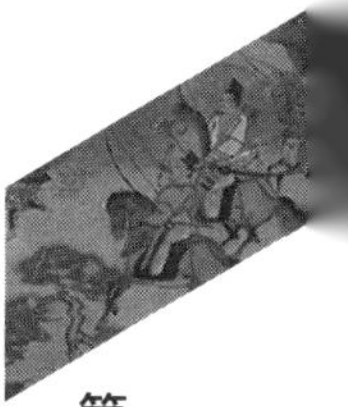

第1章 原始・古代

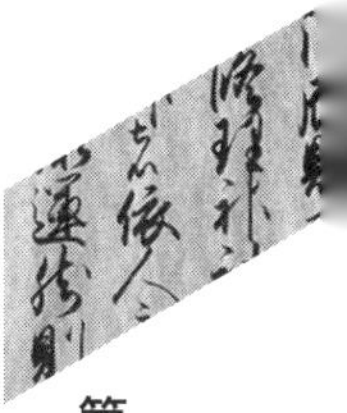

第2章 中世

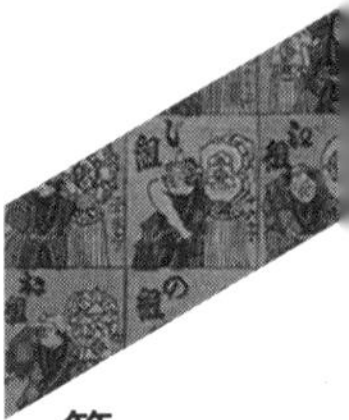

第3章／近世

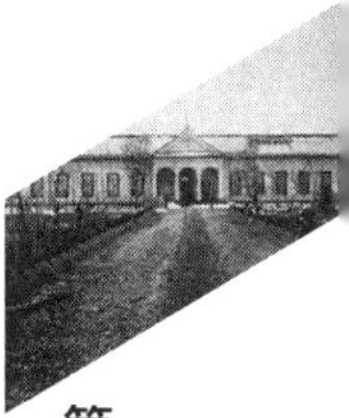

第4章／近現代

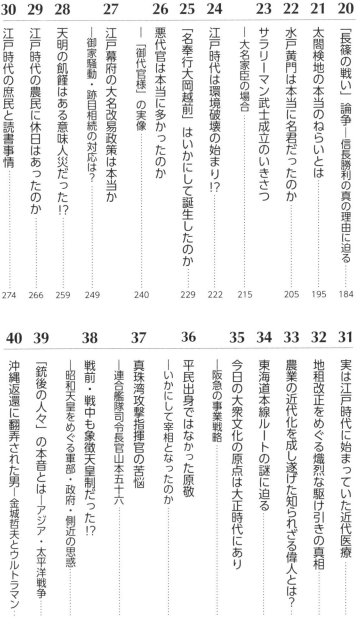

第1章

原始・古代

1 「縄文時代は豊かだった」というのは本当か

縄文文化をめぐる謎

一般に、人類社会は時代が下れば下るほど右肩上がりで発展を遂げてきた、と考えられているのではないかと思います。確かに日本の場合でも、弥生時代における本格的農耕の開始、あるいは江戸後期からのエネルギーの蓄積をもとにした、明治中・後期における産業革命などが、社会の発展につながったことはまちがいありません。ではそれ以前、つまり縄文時代についてはどうなのでしょうか。教科書では、「縄文時代の文化」ということで一括して説明されていますが、この時代は一万年以上も続いたのです。それを一括りにとらえてよいのか、またこの間、順調に生活は豊かになっていったのか、以下考えていくことにしましょう。

◇

時代区分としての新しさ

ところで、**そもそも「縄文時代」という時代区分は、いつごろから用いられるようになったか、ご存知でしょうか。**

実は、「縄文」「弥生」という時代区分が考古学界で認知されるようになったのは、一九六〇年代初めとされ、一般的に使用されるのはさらにその約十年後のことでした。意外と新しいことに驚いた方も多いことでしょう。それ以前、例えば戦前までは、両時代とも「石器時代」と呼ばれていたのです。

以前の縄文時代のイメージ

さてこのうち弥生時代の方は、本格的な水稲耕作を始めたことが画期であり、これによって人々は初めて食料不足の不安から解放されることとなりました。そしてその代表的な遺跡としてよく知られている登呂遺跡（静岡県、図1）は、昭和二十二年（一九四七）から四年にわたる発掘調査の結果、広大な水田をもつ豊かな集落だったことがわかり、このことが一般にも広く知られるようになりました。

その結果、縄文時代は、これと対比されるような形で、あくまでも食料の獲得は自然条件に左右され、人々は不安定で厳しい生活を送っていた、というイメージでとらえられていたのです。

図1　登呂遺跡　© Halowand

豊かなイメージへ

ところが一九七〇年代以降、全国各地で縄文遺跡の発掘調査・研究が行われた結果、それまでとは異なる縄文時代の豊かなイメージが強調されるようになってきました。この点、例えば三内丸山遺跡（青森県）では、周辺に有用な栗林を管理していた可能性があるとされており、また中里遺跡（東京都）では、たくさん種類のある貝から、ハマグリとカキという、おいしいものだけを選びとって食べていました。さらに押出遺《おんだし》跡（山形県）では、見た目のよさも追求した縄文クッキーをつくっていました。

これらの他にも、縄文人はフグの毒を除いて賞味していたこと（貝塚からフグの骨が検出された）、ニワトコという樹木を主としたさまざまな植物の果実や種子から酒をつくっていたこと（これらの絞りカスの塊《かたまり》が多数出土した）などもわかっています。

さらに九州の草創期の遺跡からは、煙道のついた炉穴が見つかりました。これは、**ある食料を加工するための施設だと考えられているのですが、いったい何だと思いますか。**

答えは、動物の肉を燻製《くんせい》にするための施設です。炉穴に残っていた脂肪酸の分析によって、そのように推定されました。これにより肉の保存が可能となったわけですが、他に水漬け（木の実）や塩漬け（海水を煮詰めて塩をつくっていた）による食料保存が行われていました。

縄文時代の人口と気候の関係

さて、ここで考古学者の小山修三氏による縄文時代の各時期における地域別人口推定を見てみましょう

表1　縄文時代の人口

	早期	前期	中期	後期	晩期
北日本 （東北・北陸）	2,400 （12%）	23,400 （22%）	71,300 （27%）	59,500 （37%）	44,600 （59%）
東日本 （関東・東海・中部）	14,900 （74%）	73,100 （69%）	180,500 （69%）	81,200 （51%）	20,300 （27%）
西日本 （近畿・中国・四国・九州）	2,800 （14%）	9,000 （9%）	9,500 （4%）	19,600 （12%）	10,900 （14%）
全　国	20,100	105,500	261,300	160,300	75,800

・上段が人口、下段が全国の人口に対する割合を示す。　（小山修三『縄文時代』所掲表をもとに作成）

（表1）。小山氏は、これらの数字を各時期・地域の遺跡数から割り出しましたが、**全国人口の変化に関してどのようなことがわかるでしょうか。**

答えは、早期から中期までは順調に人口は増えていましたが、後期・晩期になると逆にかなり減ってしまっている、ということです。豊かなイメージが定着化してきた縄文時代のはずですが、**いったいなぜこのような数字になったのでしょうか。図2から考えられることをあげてみましょう。**

それは、このグラフでは気温の上昇が草創期の一万五〇〇〇年前ごろから始まり、六〇〇〇年前、すなわち前期にピークを迎え、以後は下降傾向にあることから、中期における人口増加は、この温暖化と関係があるものと考えられる（最暖期の直後に人口がピークとなる）ということです。すなわち、近年強く主張されるようになった「豊かな縄文文化」のイメージは、主にこの中期に至る文化の発展の状況がもとになっており、一万年余りにわたる縄文時代すべてについてあてはまるものではなかったのです。

図2　縄文時代の気温変化

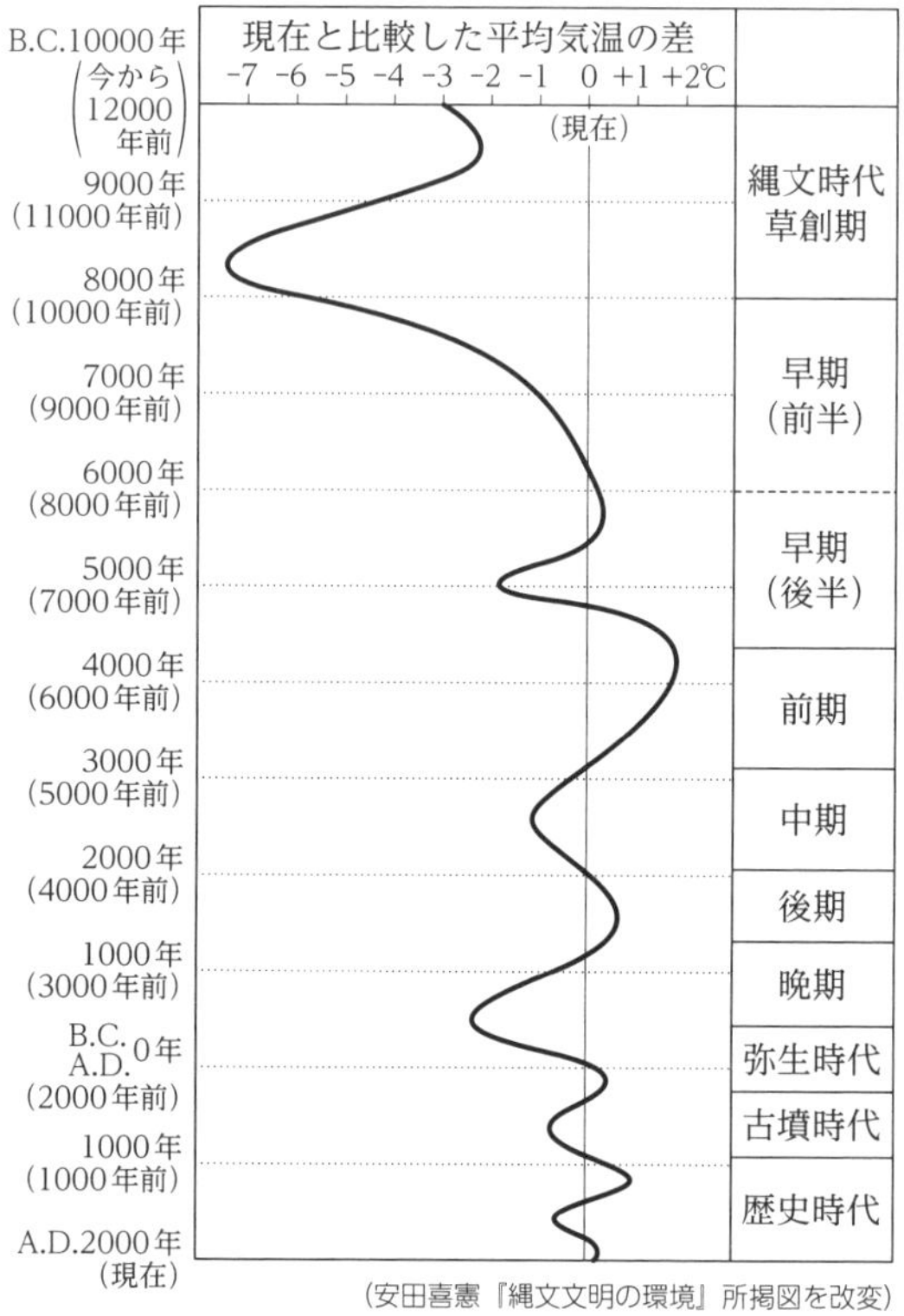

（安田喜憲『縄文文明の環境』所掲図を改変）

土器の使用＝縄文時代の開始は疑問？

　こうしたことをふまえて、あらためて縄文時代の実像に迫るべく、いくつかの点から見ていきましょう。

　まず、従来は「気候の温暖化により堅果類（堅い木の実）が食料として得られるようになり、その灰汁《あく》抜きのために煮沸用として必要な土器がつくられるようになった」というのが、縄文時代の始まりとされてきました。ところが、温暖化が始まったのは前述したように一万五〇〇〇年前（研究者によっては一万一五〇〇年前）である一方、最新の測定法によれば土器の出現は一万六五〇〇年前まで遡ることがわかってきたのです。**もしこれが正しいとすると、従来説はどのように見直さなければならないでしょうか。**

　答えは、温暖化以前から土器はつくられていたことになり、その目的が最初から堅果類の煮沸だったわけではない可能性が出てくる、ということです。つまり、「土器の出現＝縄文時代の始まり」ということではなく、土器も含めた縄文時代的な生業・居住形態が確立した段階となって始めて縄文時代に入ったと考える方が、より正確ではないかと思われるのです。

定住の実像

次に、その居住形態についてですが、定住の始まりが縄文時代に入った目印とされており、それは復元された竪穴住居が並び立つ集落の様子などによって、私たちに強く印象づけられてきました。しかし、発掘された縄文遺跡の多くは、そういった住居址もなく、わずかな石器や土器片が残っているだけでした。この事実からは、定住とはいってもベースキャンプ的なところから、季節によって食料のとれる複数の場所へ移動していたような縄文人の行動パターンが推測されます。

このことについて考古学者の今村啓爾氏は、まず河川漁労のために定住が始まり、次いで堅果類の大量入手、さらには海洋漁労*などが契機となった、と推測しています。こうして大量の食料が得られるようになれば、移動の必要性は少なくなり、それらを貯蔵するとなれば、そもそも移動は困難にさえなります。

このうち特に堅果類は、ただやみくもにとるのではなく、そのうち集落の周囲に木の実がなる有用な植生を縄文人自らが作り出すようになることは、前述のように三内丸山遺跡の例があります。

*夏島貝塚（神奈川県）からは、クロダイ・スズキなどの内湾性魚類の他、マグロ・カツオなど典型的な外洋性の回遊魚の骨も見つかっている。

再び厳しい生活へ

しかし、同遺跡では縄文後期になると、中期まで大量に見られたクリの実は少なくなり、代わって食用とするにはより手間がかかり(シブが強く、灰汁抜きが必要)、かつ味も落ちるトチの実が利用されるようになったことがわかっています。**これはいったい何を意味するのでしょうか。**

ふつう、クリがあるのに、より手間がかかって味も落ちるトチの実の方をわざわざ食べるとは考えられません。これはやはり、クリがあまりとれなくなったから、やむなくそうせざるをえなくなった、と推測するのが自然でしょう。つまり、栗林を管理したとはいっても、クリの実をとりすぎてしまえば、それを回復させることはできなかった、その程度の「管理」だったと見なさざるをえないのです。

また三内丸山遺跡の場合、縄文時代に一般的な狩猟対象であるシカやイノシシの骨はわずかで、主にウサギやムササビなどの小動物の骨が出土しました。これも同じように考えれば、既にシカやイノシシは狩り尽くしてしまったことを示す、と推測されています。

気候の温暖化は、動物たちの繁殖も促したでしょうが、何よりも食用の木の実がなる植物の成長にとって好条件となりました。つまり、ここで得られた大量の木の実類が人口の増加を可能にしたわけで、それが再び寒冷化したことによって不足するようになったと考えられます。植物に比べて動物の数は限られているので、この不足を狩猟で補うことには限界がありました。そのため自然に人口は減少し、あるいは動物を求めて、縄文前期以前の、より移動性の高い生活に戻ったと思われるのです。

人口減少と社会の発達という「矛盾」—後・晩期

ただ、それでは縄文後・晩期は全体として社会が衰え、文化も衰退したかというと、そう単純にとらえることはできないようです。なぜなら、この時期確かに遺跡の数や規模は停滞、ないしは衰退していますが、その一方で工芸面での発達、集落間の分業体制の進展、祭祀的な遺構・遺物の増加などが見られ、さらには墓地の所見から社会が複雑化していたこともわかっているからです。

西日本と東日本の違い

ここで再び表1をご覧ください。**中期から後期の人口の変化について、西日本と東日本には違いがないでしょうか。**

そうです、東日本では大幅に人口が減少しているにもかかわらず、西日本ではむしろ増加しているのです。これについては、西日本で縄文後・晩期に農耕が始まったとする見解と結びつける考え方がありますが、今村氏はこれを支持していません。この時期、西日本にコメが存在したことは認められるとしても、それが弥生時代に直接つながるような発展には結びついていない、というのです。確かに晩期の西日本の人口は、後期に比べてむしろ減少しています。

謎をうけて――本格的農耕のもつ意味

以上、いろいろと検討してきましたが、近年強調されるようになった「豊かな縄文文化」のイメージは、一万年以上に及ぶ長い長い縄文時代の中で、中期と呼ばれる一時期の繁栄を主な根拠として形成されていたことが確認できたと思います。そしてその繁栄は、直前にあった気候の温暖化という、地球環境がもたらした幸運の上に成り立ったものでした。縄文人たちは自然と共生し、他集団との合意の上に乱獲を避け、資源保護を図ろうとしたようですが、残念ながらその程度の工夫では自然環境の変化には対応できませんでした。

前期の後半以降、寒冷化に向かうと人口は再び減少し、縄文人たちはまたしても厳しい生活を強いられたのです。

さて小山修三氏は、弥生時代の総人口を縄文晩期の何倍と推定していると思いますか。

答えは、約八倍の五九万四九〇〇人です。これが古墳時代になると、その弥生時代の九倍（縄文晩期と比べると約七十一倍）の約五四〇万人にまで増加します。灌漑農法による水稲耕作の開始が、日本社会をいかに飛躍的に発展させたかがおわかりでしょう（もっとも、これさえ巨視的にとらえれば、地球が再び氷河期に入るまでの間の暖かさ、という恩恵に支えられてのものではありますが）。

【参考文献】

・小山修三『縄文時代』（中央公論社、一九八四年）
・　同　『縄文学への道』（日本放送出版協会、一九九六年）
・安田喜憲『縄文文明の環境』（吉川弘文館、一九九六年）
・今村啓爾『日本史リブレット　縄文の豊かさと限界』（山川出版社、二〇〇二年）
・谷畑美帆『O脚だったかもしれない縄文人』（吉川弘文館、二〇一〇年）
・山田康弘『つくられた縄文時代』（新潮社、二〇一五年）

2 邪馬台国とヤマト王権にはつながりがあるのか

邪馬台国とヤマト王権の関係をめぐる謎

紀元前一世紀ごろ、百余国に分かれていた倭は次第に統合され、一〇七年には倭国王と呼ばれる存在も確認できます。しかし、それはまだかなり緩やかな小国の連合体であり、その後二世紀後半から末期にかけて、倭国は争乱状態となります。ただし考古学的所見では、争乱は三世紀初めまで下るともされていますが、この後、卑弥呼が「共立」されて政治は安定しました。

邪馬台国の所在地については未だに論争が続いており、現状では畿内説が有利なようにも思われますが、九州説を主張する学者もいます。

ここでは一応畿内説をとり、その上で近年注目されている纒向《まきむく》遺跡と邪馬台国及びヤマト王権の関係、邪馬台国とヤマト王権の関係、前方後円墳の特質から見たヤマト王権の性格などについて考えていきたいと思います。

◇

卑弥呼は邪馬台国の女王ではなかった?

一般に、卑弥呼は邪馬台国の女王と考えられています。ところが学者の中には、それは誤りとする人々がいるのです。**なぜそう考えるのか、次に示す「魏志倭人伝」(以下「倭人伝」)の記事から読みとってみましょう。**

「南邪馬台国に至る。女王の都する所なり」「景初三年(二三九)六月、倭の女王、大夫難升米《なしめ》等を遣わして郡に詣らしめ……」「其の年の十二月、詔書して、倭の女王に報じて曰《いわ》く。親魏倭王卑弥呼に制詔す……」

もうお気づきのように、卑弥呼は「倭(邪馬台国を盟主とする三十国の連合体)の女王」と表現されており、「倭人伝」全体を見ても「邪馬台国の女王」という記述は一つもなく、邪馬台国は卑弥呼が倭の都として居住する場所でしかありませんでした。ゆえに卑弥呼は倭の女王ではあっても、邪馬台国の女王ではなかった、というのです。

ただし、それでは卑弥呼はもともといずれの国の人物(王?)だったのか、という新たな疑問が生まれます。この点に関し古代史研究者の仁藤敦史氏は、二三九年に魏から「親魏倭王」の称号を授与される前の「倭人伝」には、明らかに邪馬台国そのものを「女王国」と表記している部分があることから、倭(邪馬台国連合)の女王に共立される前は、やはり卑弥呼は邪馬台国の女王であった、と推測しています。

纒向遺跡は邪馬台国の都かヤマト王権の都か

奈良県桜井市にある纒向遺跡は、弥生・古墳時代を通じておそらく国内最大の遺跡であり、生活用具が少ない一方で国内各地、それも比較的遠方でつくられた土器が多く出土し(ただし九州のものは少ない)、四棟の整然とした建物群や巨大な運河などをもつ、きわめて計画的な集落である、といわれています。

図３　楼閣が描かれた唐古・鍵遺跡出土の壺破片　(田原町教育委員会)

　このような特徴をもつ纒向遺跡について古代史研究者の吉村武彦氏は、邪馬台国の所在地としてふさわしく、四世紀前半には遺構の数が極端に減少することから、ヤマト王権の発祥地とは考えにくい、と主張しています。

　一方これに対し纒向学研究センターの寺沢薫氏は、遺跡の規模が後の藤原宮や平城宮に勝るとも劣らないほどであること、大量で広域の土器が出土していること、周辺に前方後円墳が築造され、三世紀の日本列島でこれに匹敵する遺跡を他に探せないことなどから、纒向遺跡はヤマト王権であると判断しています。では邪馬台国はどこかというと、寺沢氏は纒向から北西に約五キロのところにある唐古《からこ》・鍵《かぎ》遺跡*（奈良県田原本町）に比定しているのです。

　さらに明治学院大学の武光誠氏も、纒向遺跡からは後漢・魏時代の銅鏡や中国産鉄剣などの中国からの遺物が出てきていないので、中国と通交した邪馬台国の跡ではなく、ヤマト王権の発祥地である、と指摘しています。

このように見てくると、邪馬台国畿内説の学者の間でも、卑弥呼の王権がいわゆるヤマト王権に直接つながるのか、つながらないのかが一つの大きなポイントとなっていることがわかります。

＊紀元前三世紀と前二世紀の大型建物跡がそれぞれ一棟見つかっており、紀元前五〇年前後の土器には、二階ないし三階建ての楼閣と呼ばれる建物の絵が描かれている（図3）。また周囲には直径五〇〇メートルの範囲を環濠がめぐっている。

卑弥呼と天皇（大王《おおきみ》）家はつながるのか

纒向遺跡内にある箸墓古墳は全長二七八メートルで、これほどの巨大古墳としては最古のものとされており、卑弥呼の墓であるとする説もあります。例えば考古学者の白石太一郎氏は、この古墳から出土した埴輪や土器の年代測定により、三世紀中葉すぎのものと見ています。これは卑弥呼の没年（二四七年ごろ）より十年余り後になるが、これだけ巨大な墓を初めて造営したわけだから、それくらいの年数は当然要したはずで、箸墓は卑弥呼の墓である可能性がきわめて高い、としています。それゆえ白石氏は、邪馬台国連合がそのまま初期ヤマト王権につながるのは確か、と主張しているのです（ただし両者は政権としての性格やひろがりの面では大きな違いがある、とする）。

これに対し寺沢氏、武光氏らは、箸墓古墳の年代を三世紀後・末期（武光氏は二八〇年ごろとする）のものと見ています。微妙な違いにも思えますが、やはり卑弥呼の死から三〇年ほど後のものとすると、この古墳をその墓とみなすことは難しい、としているのです。それともう一つ、「**倭人伝**」**の次の記述から箸墓を卑弥呼の墓と見るのは難しい理由を考えてみましょう。**

卑弥呼、以《すで》に死し、大いに冢《つか》を作る……男王に更《か》え立てれども国中が服せず、更に相誅殺す。時に当りて千余人を殺す。復《ま》た卑弥呼の宗女台（壱《い》）与《よ》を立て、年十三にして王と為し、国中遂に定まれり。

答えは、もし卑弥呼が死んだ時点、あるいはその直後に前方後円墳がつくられているとしたら、その後に擁立された男王の地位が不安定で、倭国内部が混乱した、という右の記述が説明しにくくなる（そうした不安定な王権が巨大な墓をつくれるとは考えにくい）からです。

前方後円墳の特質が語るもの

以上見てきたように、初期ヤマト王権の成立と箸墓古墳のような前方後円墳の築造には、密接な関連があることは、誰しも認めるところです。

それではこの前方後円墳は、どのような特質をもったものなのでしょうか。例えば箸墓古墳の墳丘から採集された特殊器台・壺は、もともと瀬戸内海吉備《きび》地方の墳丘墓で用いられていたものでした。この他、前方後円墳を構成する墓、呪術道具、墳丘、副葬品などの多くが吉備や北部九州、出雲などの特徴を引き継いだものであり、近畿の要素はずっと少ないのです。**このことは、いったい何を示しているのでしょうか。**

それは、初期ヤマト王権が弥生時代の畿内勢力を母体としたものではなく、畿内と吉備をはじめとした西日本の諸勢力との対等な連合政権であった、ということです。そして、もしこのことが正しければ、前方後円墳の築造時期（三世紀後半）とヤマト王権の成立時期（四世紀前半）のズレも、説明しやすくなるのです。

つまり、前方後円墳の築造はヤマト王権が確立した結果ではなく、そのための手段として機能した、というわけです。

カリスマ卑弥呼に前方後円墳はそぐわない?

ところで前方後円墳の墳丘上では、権力の継承を保証するための祭祀が行われた、とする考え方が有力です。仮に箸墓古墳が卑弥呼や壱与の墓でないとすると、つじつまのあうことが一つ考えられます。それは、卑弥呼が「鬼道《きどう》に事《つか》えて能《よ》く衆を惑わす」と「倭人伝」にあるように、彼女の個人的な資質によって安定していた邪馬台国連合が、その死後乱れたということは、この段階ではまだ王の地位を安定的に継承する祭祀が行われていなかった、つまり卑弥呼の墓は前方後円墳(箸墓)ではなかった、ということです。

このことに関し寺沢氏は、『晋書』武帝紀に「二六六年十一月五日、倭人が来て特産物を献じた。(この時武帝は即位して初めての祭祀を洛陽の北にある方丘と南にある円丘であわせて行った」とあることに注目します。倭国の遣使は、この新たな祭祀のやり方を見て刺激を受けたに違いなく、それゆえ箸墓古墳の成立は、この二六六年以降ということになる、というのです。これは既に紹介した考古学的な年代観と一致し、一つの見方としては興味深く思われます。

なぜ「ヤマト」王権なのか

ただ、それにしても最初の巨大古墳がなぜヤマト・纒向の地につくられたのでしょうか。この点について寺沢氏は、明治の薩長勢力が東京に新政府をおいたのと同じように、ヤマトに王権が成立したのは、筑紫・

吉備・播磨・讃岐・出雲・近畿などの諸勢力の合意のもと、まったく新しい倭国として、その権力中枢が地理的に重要なヤマトに建設された、と主張しています。

これに対し白石氏は、明治期とは政治情勢も異なるし、何よりも権力構造がまったく異なること、また倭国とはいっても所詮地域的な政治勢力の連合にすぎないから、連合の盟主権をもつ勢力のある地に連合政権の中枢が置かれるはずであること、弥生後期の奈良盆地には唐古・鍵遺跡（ここは、前述のとおり奇しくも寺沢氏により邪馬台国のあったところと推定された）をはじめ有力な拠点集落も数多く存在すること、などを指摘して寺沢説を批判しています。

個人的には、箸墓古墳が二八〇年ごろのもので、なおかつ卑弥呼の墓でないとすると、三世紀半ばまでは盟主権を握っていた邪馬台国が北九州の地にあって、忽然と姿を消し、わずか二、三〇年後にヤマト王権のもとで箸墓古墳が築造されたというのは、どうにも考えにくく感じられます。何らかの形でヤマトにあった邪馬台国の権力を引き継いで（吸収して？）初期ヤマト王権が誕生した可能性の方が高いように思えるのですが、皆さんはどうお考えでしょうか。

謎をうけて

以上見てきたように、邪馬台国とヤマト王権の関係については、地理的な問題も含めて諸説ありますが、一つの考え方としては、地理的には近接していたが、王権としての直接的なつながりはない、ということがいえるかもしれません。両者の関係を解明することは、日本の古代国家の本質を考える上できわめて重要です。纒向遺跡の性格をどうとらえるかによっても大きく異なってきますが、いずれにせよ、今後の考古学の進展により、この問題が少しでも明らかになることが期待されます。

【参考文献】

・寺沢薫『日本の歴史02　王権誕生』（講談社、二〇〇〇年）
・白石太一郎「倭国誕生」（同編『日本の時代史1　倭国誕生』吉川弘文館、二〇〇二年）
・武光誠『邪馬台国と大和朝廷』（平凡社、二〇〇四年）
・仁藤敦史『日本史リブレット　卑弥呼と台与』（山川出版社、二〇〇九年）
・吉村武彦『シリーズ日本古代史②　ヤマト王権』（岩波書店、二〇一〇年）

3 倭の五王の実像
―国内外における位置づけを探る

倭の五王をめぐる謎

四世紀初め、中国北部（華北）には北方諸民族が侵入し、漢民族の王朝は南に遷りました。こうした中、朝鮮半島では高句麗、百済、新羅が成立し、半島南部の諸国と密接な関係をもっていた倭は主に百済と結び、拡大主義をとる高句麗と対抗しました。五世紀に入ると、中国南朝の宋に対し、倭の五人の王が次々と朝貢（使者を遣わし貢ぎ物を捧げること）しています。これは弱体化したとはいえ、なお東アジア世界の中心に位置する中国南朝の権威を背景に、倭の半島における軍事・外交上の立場を有利にするための行動と見られています。

ただ実際に、倭は宋からどのように位置づけられていたのでしょうか。これは、宋と北魏*、百済や高句麗などとの関係もあわせて考えていかなければならない問題です。また五人の王がそれぞれ何天皇にあたるのかについても、既に説は出尽くした感はありますが、あらためて考えていくことにしましょう。さらに、宋との関係にもとづいて、五王時代の倭の国内支配体制についても見ていきたいと思います。

*三八六～五三四年。鮮卑族の拓跋《たくばつ》氏が建国、四三九年に華北を統一した。

◇

王名が一字のわけ

倭の五王は、いずれも『宋書』倭国伝に「讃」「珍」「済」「興」「武」という一字名で記録されています。「○○天皇」というのは、その死後におくられた名称であり、実名は例えば「大泊瀬幼武尊《おおはつせわかたけのみこと》（雄略天皇）」のように長いことが多いのですが、なぜここでは一字名なのでしょうか。これはどうやら、中国的な名前が一文字であると倭で認識されていたためのようで、同じように高句麗や百済でも王は中国に対し一文字で名乗りました。* そうすることで彼らは、自分たちの国が中国文化を受容した高い文化レベルをもつことを示そうとした、と考えられています。

なお中国側は、倭の王に対する詔勅（命令書）の中で、「倭讃」と呼びかけています。この「倭」は、これまでの研究により国名ではなく、姓にあたることが明らかにされており、同様に百済は「餘」、高句麗は「高」を姓としています。

*例えば高句麗の広開土王は実名が「談徳」、中国名が「安」であり、百済の腆支《てんし》王は実名を「直支《とき》」、中国名を「映」という。

中国から与えられた称号が意味するもの

四三八年、倭王珍は宋に朝貢し、表2にあるような称号（官爵と呼ばれる役職と身分）を自称しているので、正式に認可してほしいと求めました。このうち「使持節都督……諸軍事」は、「……」の六地域に対し軍事権を行使できることを意味し、「安東将軍」とは宋において数多く設けられた軍事的な官職の一つ（身分も示した）でした。この時は安東将軍と倭国王しか認められませんでしたが、四五一年、済の入貢の時

表 2　中国史書に見る倭の五王と中国南朝との通交

西暦年	内　　　容
421	倭讃、宋に朝貢、官爵に任命される。
425	倭王讃、司馬曹達を遣わし、宋に朝貢。
430	①倭国王、宋に入貢。
438	④倭王珍、宋に入貢。自称「使持節・都督倭・百済・新羅・任那・秦韓・慕韓六国諸軍事、安東大将軍、倭国王」の正式な任命を申請し、「安東将軍、倭国王」に任命される。倭隋ら13人への「平西・征虜・冠軍・輔国将軍」の任命を求め、認められる。
443	倭王済、宋に入貢、「安東将軍、倭国王」に任命される。
451	倭王済、宋に入貢、「使持節・都督倭・新羅・任那・加羅・秦韓・慕韓六国諸軍事、安東将軍、倭国王」に任命される。あわせて23人に軍・郡（将軍号と郡太守号）が認められる。
462	③倭王世子興、宋に入貢。安東将軍に認められる。
475	百済、高句麗に攻められ首都をおとされる。
477	⑪倭、宋に入貢。
478	⑤倭王武、宋に入貢し上表。自称「使持節・都督倭・百済・新羅・任那・加羅・秦韓・慕韓七国諸軍事、安東大将軍、倭国王、開府儀同三司」の正式な任命を申請し、「使持節・都督倭・新羅・任那・加羅・秦韓・慕韓六国諸軍事、安東大将軍、倭王」に任命される。
479	宋から斉へ王朝交代。斉、倭王武を鎮東大将軍とする。
502	④梁、高句麗王高雲を車騎大将軍、百済王余大を征東大将軍、倭王武を征東将軍とする。

・丸数字は月数を示す。
・この他、413 年にも倭が東晋に入貢したとする記事もあるが疑問が多い。

には、おそらく珍の時と同じ要求をしたのでしょうが、おおかた認められています。ただし、**「使持節都督……諸軍事」の対象地域をよく見比べてみると、微妙に異なっていますが、お気づきでしょうか。**

答えは百済が除外され加羅が加わっている、ということです。百済は高句麗とともに宋が圧迫を受けている北魏との対抗上、どうしても支援のほしい国であり、それに倭と違って地理的に近くに位置しています。したがって「使持節都督……諸軍事」という官職が多分に名目的なものであったとしても、対象地に百済を入れておくわけにはいかなかったのでしょう（当然ながらこの官職は百済自身に与えている）。

一方加羅は、以前は任那と同じで加耶《かや》地域全体をさすとされてきましたが、近年ではこのうちの一国である金官国にあたると見なされるようになりました。しかし倭は、この金官国だけでなく、その周辺諸国とも交流が深まり、任那を加耶全域の意味で用いるようになったと推測されています。しかし中国・朝鮮側は当然そのようにはとらえていなかったため、任那・加羅を加耶地域の中の別々の地域と見なし、倭に軍事権行使を（形式的に）認めたようなのです。

表3　宋における将軍号の序列（三品まで）

一品	大将軍
二品	驃騎・車騎・衛、諸大将軍
三品	征東・征南・征西・征北 鎮東・鎮南・鎮西・鎮北 中軍・鎮軍・撫軍 安東・安南・安西・安北 平東・平南・平西・平北 左・右・前・後 征虜・冠軍・輔国・龍驤

・同じ三品の中では上段に書かれた将軍号ほど格上である。

将軍号から見た倭の位置づけ

では倭王が授与された安東将軍とは、宋を中心とした東アジア世界において、どのような位置づけだったのでしょうか。表2・表3を見て考えてみましょう。

これを見ると、高句麗・百済はそれぞれ倭より上位の車騎大将軍、征東大将軍であることがわかります。この①高句麗、②百済、③倭という序列は、既に紹介したように北魏との争いを抱える宋にとって、より頼りになる順位を示していました。

天皇比定が難しいわけ

次に、倭の五王がそれぞれ何天皇にあたるか、という問題について考えていきましょう。これについては、一部不明な点はあるものの、これまでの研究によっておおよそ特定されており（讃は応神、仁徳、履中のいずれか、珍は反正、済は允恭、興は安康、武は雄略）、なかでも武が雄略天皇をさすことは動かない、とされてきました。しかし、それは本当なのでしょうか。

表4は『宋書』倭国伝に見える倭の五王の確実な在位年（ただし興は世子、つまり王位継承予定者）と、『古事記』・『日本書紀』にもとづく関係する天皇の没年を対照させたものです。**これを見て気づくことは、どのようなことでしょうか。**

表4 『宋書』に見える倭の五王の在位年と記紀に見える関係天皇の没年

西暦年	宋書	古事記	日本書紀
394		応神没	
399			仁徳没
405			履中没
410			反正没
421	讃		
425	讃		
427		仁徳没	
432		履中没	
437		反正没	
438	珍		
443	済		
451	済		
453			允恭没
454		允恭没	
456			安康没
462	興		
478	武		
479			雄略没
489		雄略没	

・『古事記』では安康の没年は不明

まず、そもそも『古事記』と『日本書紀』でさえ、同じ天皇でも没年がかなり異なる（特に仁徳～反正）のに驚かされます。そして『古事記』によると、讃は仁徳、珍・済はいずれも允恭、興は不明となり、『日本書紀』でも讃・珍・済はいずれも允恭、興は不明というように、武（雄略）以外はほとんどが一致しないことがわかります。

また『宋書』倭国伝には、讃の弟が珍、

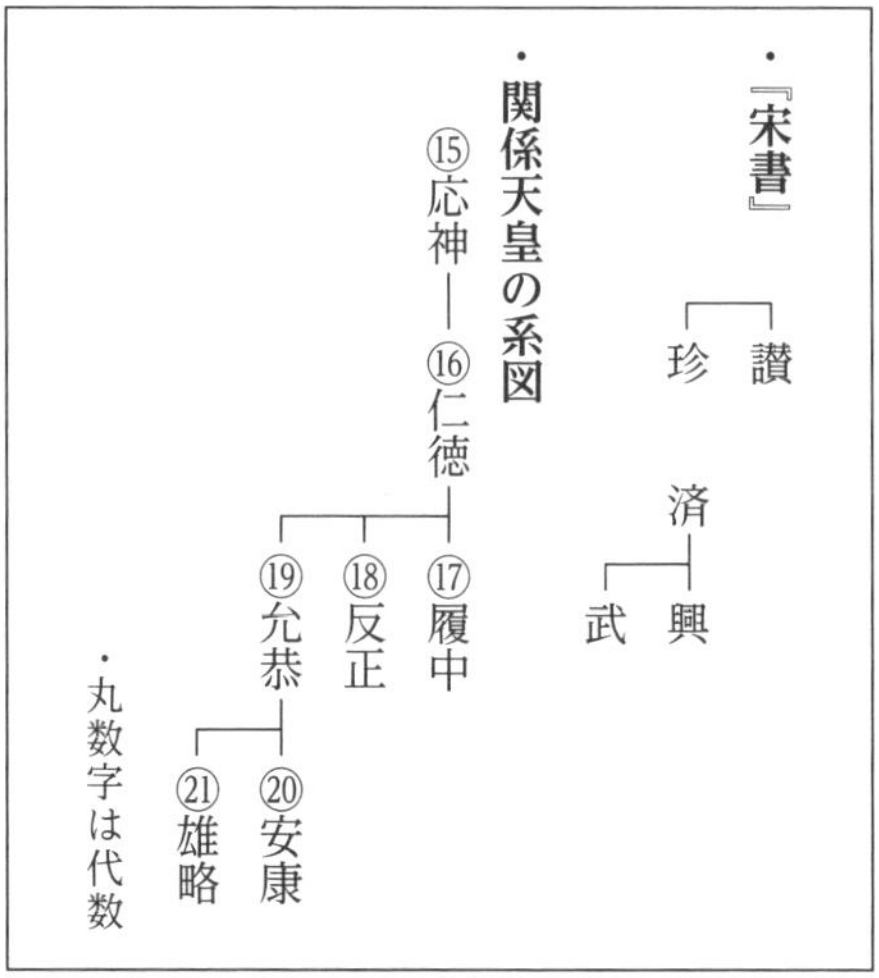

図４　宋書に見える倭の五王の系譜と関係天皇の系図

図５　稲荷山古墳出土鉄剣銘

（文化庁所蔵、埼玉県立さきたま史跡の博物館提供）

済の子が興、興の弟が武とありますが、珍と済の関係は記されておらず、ここに王家の断絶を見るのが有力な意見のようです*（図４）。しかしそうなると讃が履中、珍が反正に一応あてはまり、済が允恭、興は安康、武が雄略で系譜上はあいますが、反正と允恭が兄弟である点が一致しないし、また年代もだいぶずれがあることは、前述したとおりです。

さらに名前の音や字形の一致・類似からの比定というのも実際はかなり苦しく、仮にそちらであわせようとすると今度は系譜関係があわない、という矛盾が出てきてしまうのです。そもそも、ほとんどの学者がまちがいないと見る「武＝雄略」に関しても、河内春人氏は問題があると指摘しています。なぜなら、「武」の訓読みである「タケル」は雄略の実名である「大泊瀬幼武尊」の一字からとったとされていますが、そもそも訓読みの発生は六世紀後半にしか確認されておらず、五世紀段階では雄略のことを「獲加多支鹵《わかたける》」と一音一字で表記していて（埼玉県稲荷山古墳出土鉄剣銘、図5）、「武＝タケル」の読みが成立しているとは到底考えられないからです。

＊済も倭姓を名乗っているから、珍と同族だった可能性もある。仮に他族だったとしても、倭を名乗ることによって宋に政権が安定しているように見せようとした、と考えられている。古代史学者の河内春人氏は、五世紀には畿内に古市・百舌という二つの巨大古墳群があることに着目し、大王を出せる二つの勢力があったと推測している。

五世紀における国内支配体制の実態

ところで倭の五王が宋に入貢して官爵を得ようとしたのは、宋の権威を背景として鉄資源を握る上でも重要な朝鮮半島における有利な地位を確保するため、と一般的には見られています。しかし、これとは別のねらいが倭王にはあったようです。

ここでもう一度表2をご覧ください。四三八年、倭王珍は自らに対する官爵の他、「倭隋」以下十三人に平西・征虜・冠軍・輔国将軍号を正式に任命してほしいと求め、許されています。**まず、この「倭隋」というのは、どのような立場の人物だったと推測できるでしょうか。**

答えは、王と同じ倭姓を名乗っていることから、王と同族の有力者と推測できるということです。つまりこの十三人とは、王の一族や王権を支える有力豪族たちをさすと見なされるのです。彼らは倭王珍の申請によって、こうした将軍の地位を得たのですから、これによって王権への求心力が高まったと考えられます。

ここで表3によって、彼らの与えられた将軍号と、倭王珍自身に認められた安東将軍を比較してみてください。**何か気づくことはないでしょうか。**

いずれの将軍号も三品という点では同じで、その中で安東将軍が上位にあること（倭隋と比べるとごくわずかに上位）にお気づきになると思います。このことは、倭王が国内において一族や有力豪族に対して、もともと圧倒的な地位を得てはいなかった状況を示している、とされています。

これに関して『日本書紀』は、例えば四四二年と推定されている壬午年に、新羅を討つよう命じられた葛城氏が、新羅には向かわず加羅を攻撃して天皇から怒りを買った話を伝えています。これより五世紀代の倭の軍事・外交の実態は、個々の有力豪族に相当程度委ねられていたことがうかがい知れるのです。

武の時代に王権は強化されたのか

こうした状態は、五世紀後半の倭王武の時代にはどのようになっていたのでしょうか。

まず、武が四七八年に宋に奉呈した有名な上表文の終わりの方に、「窃《ひそ》かに自ら開府儀同三司《かいふぎどうさんし》*を仮し、其の余も咸《ことごと》く各《おのおの》仮授し、以て忠節を勧めん」という一節があります。古代史研究者の熊谷公男氏は、この中の「其の余も咸く」を開府儀同三司以外の官職もすべて武に任命されることを求めていると解し、済の時のように臣下への将軍号を申請していないのは、武の時には王権が強化され、もはやその必要性がなくなったのであろう、と指摘しています。これに対し河内春人氏は、この中のある一文字に注目し反論しています。**その文字とは何か、わかりますか。**

答えは「各」です。すなわち熊谷氏の解釈では、この「各」の説明がつかず、やはり臣下たちの将軍号申請はあったのではないか、というのです。

また、前掲の稲荷山古墳出土鉄剣銘の中に、「ワカタケル大王」（五世紀前半のものと推定される千葉県稲荷台一号墳出土鉄剣銘では単に「王」）や、「治天下」の文言が見られること、四七八年以降の遣使が行われなくなることなどから、従来武の時代には中国王朝の天下から主体的に離脱していった、との理解が一般的でした。しかし早稲田大学の田中史生氏によれば、この時倭が用いた「天下」は、同じ時期の高句麗でも用いられており、決して中国王朝の天下に対抗する意図はなく、また宋にかわって成立した斉にも建元年間（四七九～四八二）に武が使者を派遣していたと推測できる史料が近年見つかっています。

さらに『日本書紀』は、雄略天皇の時代にも葛城氏と並ぶ有力豪族である吉備氏が、新羅と結んで天皇に叛意を示した話を伝えており、六世紀前半になっても筑紫国造《くにのみやつこ》磐井《いわい》が新羅の支持を得て反乱を起こしています。

これらのことから、五世紀後半、武の時代になっても倭王権は決して専制的なものではなかったと考えられるのです。

表2にあるように、四七五年には百済が高句麗に敗れて都を南へ遷し、四七九年には宋から斉への王朝交替がありました。そうした中で倭は、強大化した高句麗への危機感を強める一方、国内にもなお有力豪族たちとの対立を抱えるという、難しい局面を迎えていたのです。

＊宰相並の地位をもつ武官で、府（役所）を開くことができた。

謎をうけて

宋は、北魏と対立する関係上、五世紀前半～六世紀初めの倭を、高句麗や百済より低く位置づけていました。また倭の五王の天皇比定については、実は一般的に考えられているほどには定かでない、というのが現状のようです。そして五世紀後半の武の段階に至っても、倭王権は専制的なものではなく、有力な大豪族との連合政権としての性格を残していたのです。

【参考文献】

・熊谷公男『日本の歴史03　大王から天皇へ』（講談社、二〇〇一年）
・森公章『日本史リブレット　倭の五王　五世紀の東アジアと倭王群像』（山川出版社、二〇一〇年）
・田中史生「倭の五王と列島支配」（岩波講座『日本歴史』第一巻原始・古代一、岩波書店、二〇一三年）
・河内春人『倭の五王　王位継承と五世紀の東アジア』（中央公論新社、二〇一八年）

4　大化改新の真偽に迫る

大化改新をめぐる謎

「大化改新＝六四五年」というのは、多くの日本国民の常識でしょう。専横をきわめる豪族蘇我氏を中大兄皇子《なかのおおえのおうじ》と中臣鎌足《なかとみのかまたり》らが討ち、中央集権的な改新政治を断行した、とされていますが、その一方でこの時政治改革は行われておらず、実際に進んだのは七世紀後半の天武・持統朝からであって、それが八世紀以降の律令体制につながる、という考え方も、かなり以前から主張されています。さらに近年では、クーデター（乙巳《いつし》の変、図6）の主役は中大兄や鎌足ではなく、他にいたのだという指摘もなされるようになってきました。

はたしてこの時、大きな政治改革は実施されたのか、その主役は誰なのか、またなぜ六四五年なのか、といった点について、以下検討していくことにしましょう。

◇

図6　蘇我入鹿が斬られた場面　（談山神社所蔵「多武峯縁起絵巻」より）

中大兄皇子は本当にクーデターの主役なのか

次に『日本書紀』（以下『書紀』）が伝える、クーデター決行の状況をまとめました。

蘇我入鹿の専横ぶりに憤慨していた中臣鎌足は、法興寺（飛鳥寺）近くで蹴鞠《けまり》が行われた際に親しくなった中大兄皇子とともに蘇我氏打倒の秘策を練った。そして鎌足は、蘇我氏一族の蘇我倉山田石川麻呂を味方とするため、その娘を皇子の妃とした。大化元年（六四五）六月、朝鮮三国が貢ぎ物を天皇に献上する儀式（入鹿も出席）の際、石川麻呂が国書を読み上げ、ここで刺客が切り込んでくるはずだったのが、気後れしてなかなか来ない。これを見た皇子は、声を張り上げ先頭に立って入鹿に切り込むと、ようやく刺客たちも後に続いた。切られた入鹿は、皇極天皇の御座まで転がるように逃れ、命乞いをした。天皇は大変驚き、「いったい何事だ」と皇子に尋ねた。皇子が「入鹿は天皇家を滅ぼそうとしています」と訴えると、天皇は黙認の意思なのか、殿中へ入ってしまった。この後、刺客が入鹿にとどめを刺した。この状況を見ていた古人大兄皇子は、私邸に引きこもってしまった（この後に出家し、さらに謀反の科《とが》で殺害される）。一方、中大兄は飛鳥寺に陣をおき蝦夷の反撃に備えたが、進退きわまった蝦夷は自邸で自刃してしまった。

さて、この話の中から中大兄皇子がクーデターの首謀者にしては不審な点を読み取ってください。

答えは、刺客の一員として命の危険があった皇子が首謀者とはとても考えられない、ということです。中大兄は舒明《じょめい》天皇と宝皇女《たからのひめみこ》（舒明の後に皇極天皇となる）を父母とし、血統は申し分ありませんでしたが、この時まだ二十歳で、クーデター後すぐに天皇に即位できる状況ではありませんでした。また『書紀』には、孝徳天皇即位の際に中大兄を皇太子としたとありますが、この時代はまだ皇太子の制度が定まっておらず、あくまで改新政権を担った王族の一人、という位置づけだったものと思われます。

中臣鎌足はどうか

それでは『書紀』においてこの中大兄を担ぎ、文字どおりクーデターの黒幕として描かれている中臣鎌足はどうでしょうか。まずいえるのは、例の蹴鞠の場で二人が出会う話は、実は新羅の史書にも同じような内容の説話的文章があり、史実とは見なしがたい、ということです。それに『書紀』ではクーデター後の鎌足の冠位は「大錦」とされ、これは実際にはまだ制定されていない七色十三階（大化三・六四七年）中の第七位であり、第一の功臣にしてはそれほど高くありません。また彼が任ぜられた「内臣《うちつおみ》」の実態も明らかではなく、さらに彼にだけ賜ったという多くの食封《じきふ》*も、この時期まだ制度的に完成していませんでした。

このように、クーデター以後の鎌足については不明な部分が多く、はっきりしているのはその死（天智八・六六九年）の直前までに左右いずれかの大臣の職にあった、ということだけなのです。

*一定の農民の戸を指定し、そこから徴収する租の半分と庸・調すべて、及び仕丁《しちょう》（労役につく人）を給与として支給する制度。

本当の主役は誰か―その1

ではこの二人でなかったとすると、クーデターの本当の主役はいったい誰だったのでしょうか。まず考えられるのが、鎌足によって仲間に引き入れられた、とされる蘇我倉山田石川麻呂（以下、石川麻呂）です。

この人物は、『書紀』ではクーデター計画を決行の四日前まで知らされておらず、当日も国書読み上げの際に、冷や汗が出て声が乱れ、手が震えたため、入鹿に不審がられるほど頼りなく描かれています。しかし古代史研究者の遠山美都男氏は、蘇我倉家は朝廷の倉庫に関わる職務を主管していたこと、渡来系の血を受け継ぎ、朝鮮半島からの貢納に関して天皇に奏上する職務についていた可能性があること、石川麻呂が従来いわれているように蘇我馬子の孫ではなく子であったと見られることを前提として、蝦夷が推古の後継者を群臣らに諮った際、ひとり回答を留保するほどの実力者だったこと、などを指摘し、蘇我一族中、第二の勢力であった蘇我倉家が、本家の権益独占*に危機感を抱いたのではないか、と推測しています。もしこれが正しければ、石川麻呂はむしろ主体的にこの計画に参加した可能性が出てきます。

＊六四三年、蝦夷は病気悪化を理由に子の入鹿へ蘇我氏の族長位を譲っている。遠山氏は、蘇我氏族長が仏教関連の施設や道路建設など、巨大な権益を生む公共事業を天皇から委託されていた、と見る。

本当の主役は誰か―その2

そしてさらに主役として最もふさわしい人物がいます。推理小説ではありませんが、このクーデターによって最も得をした人物、すなわち皇極にかわって天皇となった軽皇子《かるのみこ》（即位して孝徳天皇）その人です。『書紀』には、皇位をめぐって〈皇極↓中大兄↓軽↓古人大兄↓軽〉のような譲り合いがあった、と記されていますが、これは実際にはありえないことと見なされています。図7の関係系図を見てください。軽皇子は血統では必ずしも恵まれておらず、また世代的にも古人大兄や中大兄と同じ欽明天皇の玄孫世代となり、一見すると天皇に即位できる可能性が低いように思われます。* それが、**あることによって有利な条件を得るのですが、**

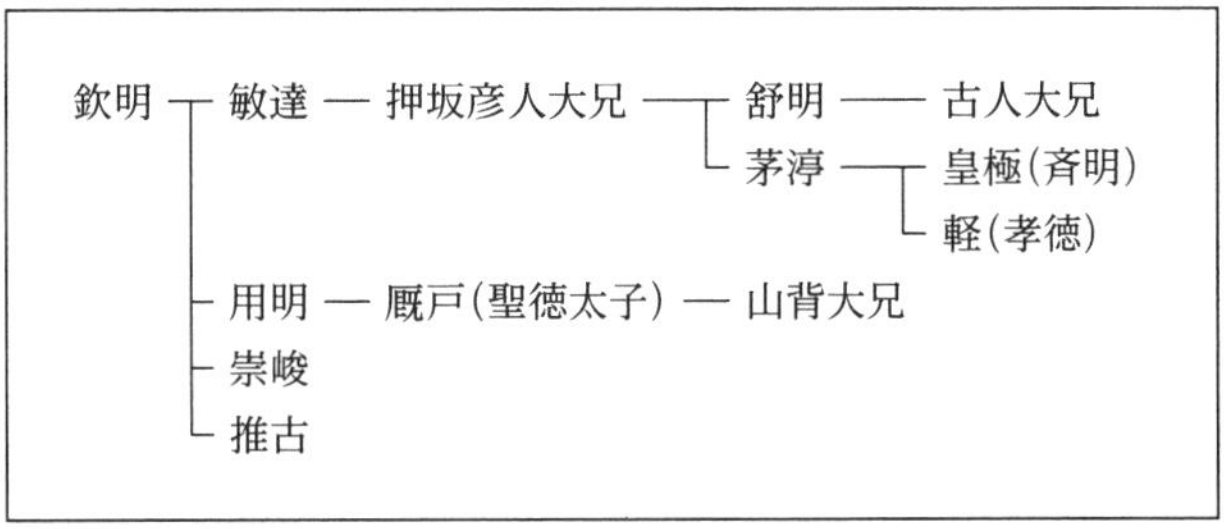

図７　舒明天皇死後の有力皇位継承候補者の系譜

それはどういうことでしょうか。

答えは姉である宝皇女が舒明の后となって一世代繰りあがったため、自動的にその弟である軽皇子も曾孫世代の扱いを受けるようになったことです。中大兄より三十歳ほど年長で、十分な政治経験を積んでいたであろう軽皇子が、これによって皇位を望むようになったとしても不思議はないでしょう。そしてそのためには、古人大兄を即位させて権威維持を図ろうとしていた蘇我氏を倒すことが、どうしても必要だったのです。

＊当時の皇位継承は、血統のみでなく世代や年齢、器量などが勘案され決定されたと考えられている。

軽皇子と中臣鎌足・蘇我倉山田石川麻呂らとの関係

ところで、実は軽皇子と中臣鎌足・蘇我倉山田石川麻呂とは、それぞれかなり深い結びつきがあったようなのです。すなわち遠山氏は、軽皇子の宮は、その近親者たちと関わりの深い土地が和泉国和泉郡とその周辺に集中していることから、同郡軽部郷にあった可能性が大きいこと、鎌足の勢力圏がこれを包みこむような形で存在し、皇子との関係は父祖の代から形成されていたと見られること、一方の石川麻呂も皇子との姻戚関係＊があり、さらにその本拠地も鎌足と同様に軽部郷と比較的近かったことなど＊＊を指摘しています。

反対に中大兄皇子は実名を葛城皇子といい、これは後に蘇我氏によってその勢力を継承された葛城氏のもとで育ったことを意味します。つまり彼は蘇我氏との関係が深く、またその拠点と鎌足や石川麻呂の勢力圏には接点が見られず、むしろ孤高の存在ともいえる立場にあったのです。もちろん石川麻呂も中大兄とは姻戚関係にあり、また軽皇子とは叔父・甥の間柄でしたが、鎌足との関係は軽皇子の方がずっと以前からの強いものでした。

＊一般に天皇即位後に石川麻呂の娘をめとったとされているが、遠山氏は両者の勢力圏が近接していることから、クーデター以前にめとっていた可能性の方が大きい、としている。

＊＊こうした関係は、改新政権で左大臣となった安倍内麻呂も同様である。

『日本書紀』が二人を主役にしたわけ

では、そもそも『書紀』において中大兄皇子と中臣鎌足が、クーデターの主役とされたのはなぜだったのでしょうか。次の二つのヒントをもとに考えてみてください。

・『書紀』が編纂されたのは、持統朝（六八六～六九七）とそれに続く文武朝（六九七～七〇七）の時期である。
・編纂には当時の実力者、藤原不比等（鎌足の子）の影響力が及んでいた。

ご存知のように持統天皇の夫、天武天皇は中大兄（即位して天智天皇）の弟であり、天智が次期天皇に指名した大友皇子（天智の子）を武力で倒すことで即位した人物です。そこでその行為を正当化するため、「悪いのは大友を支持した近江朝廷の群臣たち」とし、このことを際立たせるために「天智天皇は偉大な君主であった」ということを強調するような乙巳の変での役回りを『書紀』に描かせた、と推測されます。同様に不比等は、藤原氏の立場を強化するために、父鎌足の事績を大きなものとして描かせるよう、影響力を行使したものと思われます。*

*なお、蘇我蝦夷・入鹿父子が王権簒奪を図る専横な人物として描かれているのも、同様な事情によると見られている。

「改新の詔」をめぐる疑問

さて、このクーデターの翌年（大化二・六四六）元旦に、改革の要綱を示した四ヵ条の「改新の詔《みことのり》」（①部・屯倉《みやけ》の廃止、②地方行政・交通制度の創始、③戸籍・計帳と班田収授法の制定、④新税制の施行）が出されました。その第二条の副文に、

其の郡司には、並びに国造の性識清廉《いさぎよ》くして、時の務《まつりごと》に堪ふる者を取りて大領・少領とし、強《こは》く幹《たくま》しく聡敏《さと》くして、書算に工《たくみ》ならむ者を主政・主帳とせよ。

（『日本書紀』）

とあるのですが、養老二年（七一八）に編纂された「養老律令」にも、次のようなきわめて似た条文があります。

図８　藤原宮出土木簡「上挟国阿波評松里」

（橿原考古学研究所附属博物館所蔵）

およそ郡司には、性識清廉にして、時の務に堪へたらむ者を取りて、大領・少領とせよ。強く幹く聡敏にして、書計に工ならむ者を主政・主帳とせよ。

（『令義解《りょうのぎげ》』）

単純に考えれば、後者は前者を参考にしてつくられたことになりますが、実際にはそうともいいきれないのです。**そのわけを、藤原宮跡で見つかった「己亥（六九九）年十月上挟（総）国阿波評松里」と記された木簡（文字を記した木の札、図８）から考えてみましょう。**

答えは、この木簡に「国」の下の地方行政単位として「評」があるのに、六四六年の「改新の詔」に大宝令制定（七〇一年）以後の名称である「郡」が用いられているのはおかしい、ゆえにこの時本当に詔が出されたのかは疑わしく、さらにはそうであれば大がかりな政治改革自体もなかったとも考えられる、ということです。

しかしその一方で、個々の表記が後代のものとしても、何らかの詔が出されたこと自体は否定できず、したがって改革はやはり行われたと主張する学者たちもいて、長い論争が続きました。

結局、この「改新の詔」を検討するだけでは決着がつかないため、近年では主に木簡と王宮遺構の調査・研究にもとづく分析が進められています。

木簡が語ること

まず「改新の詔」第一条に関して、それまで天皇家や豪族たちがそれぞれ私有民を領有する形でしたが、これはわがままな収奪や中間搾取の温床となり、また私有民たちが自らの主人への帰属意識を強め、豪族間の対立が起こるなど、支配体制としてうまく機能しなくなっていました。

そこでそのしくみを改め公民制とする、というのがこの第一条のポイントですが、これにともない屯倉に代わる新しい地方行政組織として〈国―評―五十戸〉というしくみが置かれ、このうち五十戸については第三条や四条の中に見えています。しかし従来公民制は、天智天皇が六七〇年に庚午年籍《こうごねんじゃく》という、日本初の全国規模の戸籍を制定した後に成立したものとされ、それ以前の五十戸は旧来の部民を編成したものと見なされてきました。

ところが平成十四年（二〇〇二）、飛鳥の石神遺跡で見つかった六六五年の荷札木簡に「三野（美濃）国ム下評大山五十戸」と書かれ、この「大山」は明らかに地名であることから、大化改新によって公民による五十戸が編成されていたことが確実となったのです。

王宮跡の調査結果から考える

次に、改新政権が飛鳥の地を離れ、新たに建設した難波《なにわ》長柄《ながら》豊碕宮《とよさきのみや》（前期難波宮）について見ていきます。大阪城の南、現在遺跡公園になっているこの王宮について、以前は改新の歴史的評価が低かったため、天武朝（六七二〜六八六）のものとする意見もありましたが、考古学的な所見は孝徳朝期説に有利なものでした。そして平成十一年（一九九九）、王宮跡の西北から「戊申年」の木簡が見つかり、これはいっしょに出土した須恵器が七世紀中葉のものなので六四八年をさすと考えられ、王宮が孝徳朝期のものであることがほぼ確定したのです。

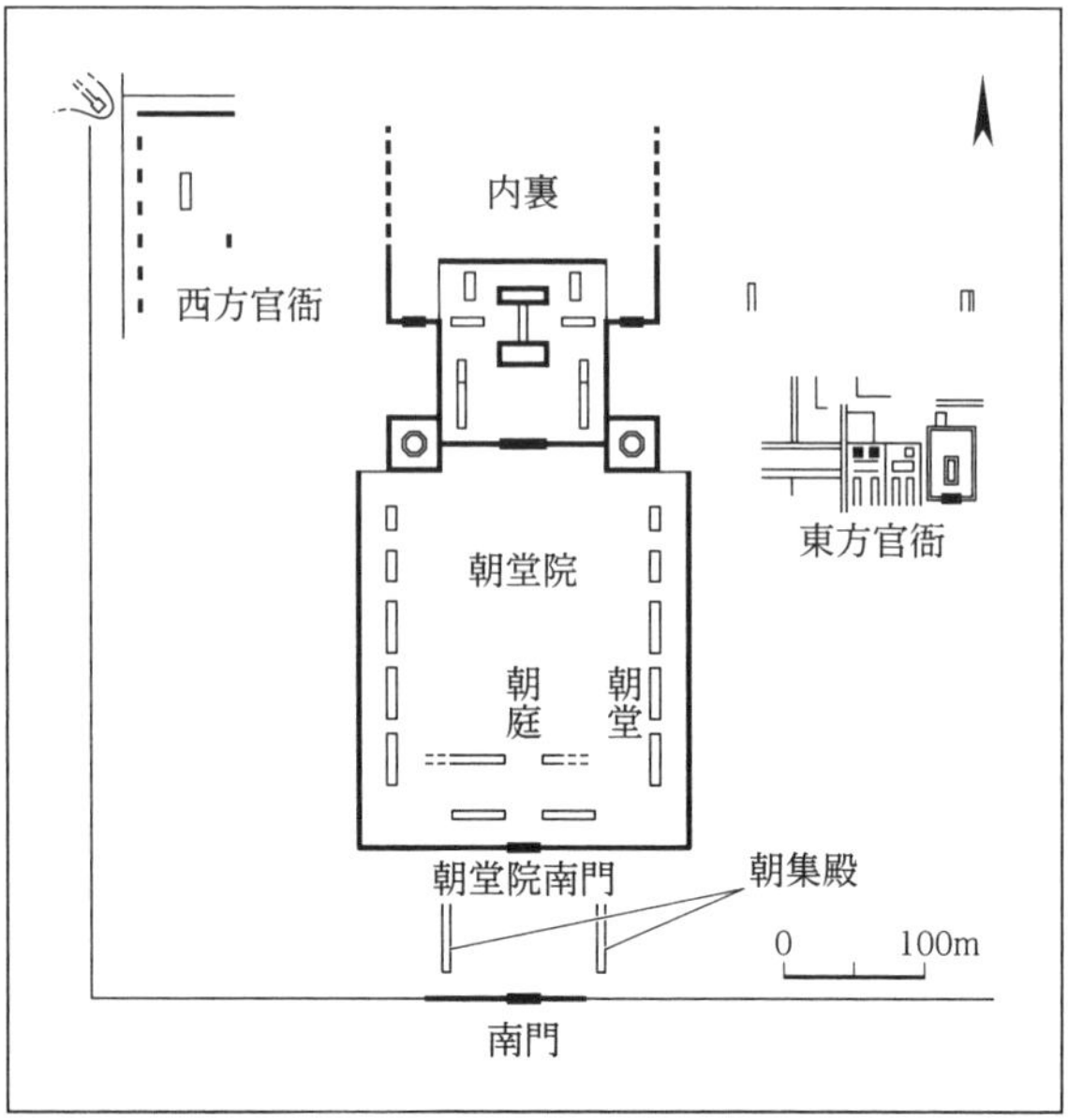

図９　難波長柄豊碕宮　（吉川真司『飛鳥の都』所掲図を一部改変）

図９は難波長柄豊碕宮の遺構を示したものです。まず驚くべきはその規模の大きさであり、このうち朝堂院は東西二三三・四メートル、南北二六三・二メートルもあって、これは後の平城宮や後期難波宮（八世紀前半、聖武天皇の王宮）をも上回るものでした。この大きさは政権の力を示すとともに、広々とした朝庭では多くの臣下が参列して国家的儀礼を行うため実際に必要なものだったと考えられています。**さて、この他に図を見て気づくことはないでしょうか。**

それは、内裏・朝堂院の東西にそれぞれ官衙《かんが》がある、ということです。十四棟以上ある朝堂が主に儀礼的な場であるのに対し、官衙は役人たちが実務を行う場所です。『書紀』では孝徳朝期に新たに「八省百官」を設置したとされていますが、これは実態を示したものではないと見なされています。ただそれでも、ある程度の官制は整備されたようであり、それがこの官衙と結びつくものと思われます。部が廃止され、公民制が不十分ながら行われた結果として、全国から新しい税制にもとづいて集まってきた物資や労働力を処理する専門集団が必要になったのでしょう。

このように、この王宮の規模やつくりから見ても、改新政治は現実に行われたこと、実際の成果は不十分な面があるにせよ、少なくともそのプランは革命的なものであったことがわかるのです。

＊例えば部の廃止とはいっても、実際にはその一部が収公されたにすぎず、残りは改新政権から改めてその領有を認められ、豪族たちの既得権益の多くは温存された。

対外的視点から考える

では最後に、乙巳の変とそれに続く大化改新がなぜこの時期に断行されたのか、対外的な視点から考えてみましょう。**表5を見て気づくことをあげてみてください。**

まず一つは、唐の成立後、その軍事的圧力を受けた朝鮮三国の動乱と権力集中が始まったことがわかります。特に六四二年、高句麗で起こった宮廷クーデターは、当時有力な王族が分立し、権力が拡散傾向にあった倭の支配層に強烈な刺激を与えたものと思われ、このことが翌年、蘇我入鹿らによる上宮王家（聖徳太子の子、山背大兄王《やましろのおおえのおう》の家）の討滅＊につながった可能性が指摘できます。

次に二つめとして、六四四年に唐による高句麗遠征が行われますが、この翌年に乙巳の変が起こっている点が注目されます。この遠征は失敗しますが、唐による半島への武力介入は続き、こうした情勢に迅速に対処するため、蘇我氏を中心とした旧来の体制ではなく、権力の一元化を行って支配体制を大きく変えなければならない、という危機感が高まった結果、〈クーデター→改新政治〉という方向性が決定づけられたものと思われるのです。難波への遷都も、王族・豪族たちを飛鳥の地から引き離してその権力基盤を弱め、新天地で王権の下に結集させるという目的の他に、朝鮮半島や中国との交流の玄関口である難波津の近くに王宮を置いて、激動する半島情勢に少しでも早く対応するねらいがあったようです。

＊この事件について『書紀』は入鹿の独断専行とするが、『聖徳太子伝補闕記』は軽皇子や巨勢氏、大伴氏なども加わったとしており、もし後者が正しければ有力な王族・豪族が上宮王家の討滅という共通の利害のために結集して起こした可能性がある。

謎をうけて

表5　乙巳の変直前の東アジア情勢

年	内　　容
618	隋が滅び、唐が成立。
619	高句麗、唐に朝貢。
621	朝鮮三国（高句麗・新羅・百済)、ともに唐に朝貢。
624	朝鮮三国、揃って唐の緩やかな支配下に入る。 〜このころより三国間の抗争が激化。
642	百済の義慈(ぎじ)王、新羅を攻め大勝利。高句麗と結び、権力集中。高句麗の権臣泉蓋蘇文(せんがいそぶん)、クーデターを起こし実権を握る。さらに新羅を攻撃。
644	唐、新羅の救援要請をうけ、高句麗遠征（〜648)
645	乙巳の変。

以上見てきたように、近年の研究では大化改新と呼ばれる政治改革においては、後の天武・持統朝時代に断行された諸改革につながる基本的な理念が定められ、一部は実行された、という見解が有力のようです。またその主役が誰かということについては、『日本書紀』の記述にとらわれすぎず、より客観的に検討した方がよいと思われます。さらに、このクーデターが六四五年に行われたのは決して偶然ではなく、当時の日本を取り巻く東アジア情勢の影響を強く受けていたことにも注意すべきでしょう。

【参考文献】
・遠山美都男『大化改新』（中央公論社、一九九三年）
・　同　『敗者の日本史1　大化改新と蘇我氏』（吉川弘文館、二〇一三年）
・熊谷公男『日本の歴史03　大王から天皇へ』（講談社、二〇〇一年）
・吉川真司『シリーズ日本古代史③　飛鳥の都』（岩波書店、二〇一一年）
・市　大樹「大化改新と改革の実像」（岩波講座『日本歴史　古代2』岩波書店、二〇一四年）
・森　公章『天智天皇』（吉川弘文館、二〇一六年）

5　聖武天皇が遷都を繰り返したわけ

聖武天皇の遷都をめぐる謎

図10　聖武天皇

一般に聖武天皇（図10）は、長屋王の変（七二九年、後述）や天然痘の流行（七三七年）、藤原広嗣《ひろつぐ》の乱*（七四〇年）などの政情不安に悩んで東国へ行幸し、恭仁《くに》京、紫香楽《しがらき》宮、難波京と遷都を繰り返した、とされています。確かにこうした動きだけを見れば、甚だ計画性を欠き、それゆえ「彷徨《ほうこう》する（さまよえる）王権」などと呼ばれることも納得できます。

しかし聖武は本当に何の計画性もなく、こうしたことを行ったのでしょうか。実はこの動きには、聖武が行った別の大事業が大きく関係していたようなのです。そのあたりのいきさつを、主に遠山美都男氏の研究にもとづいて見ていくことにしましょう。

＊大宰少弐藤原広嗣が橘諸兄《もろえ》、玄昉《げんぼう》、吉備真備《きびのまきび》らを排し、藤原氏の復権をめざして起こした乱。追討軍に敗れ、処刑された。

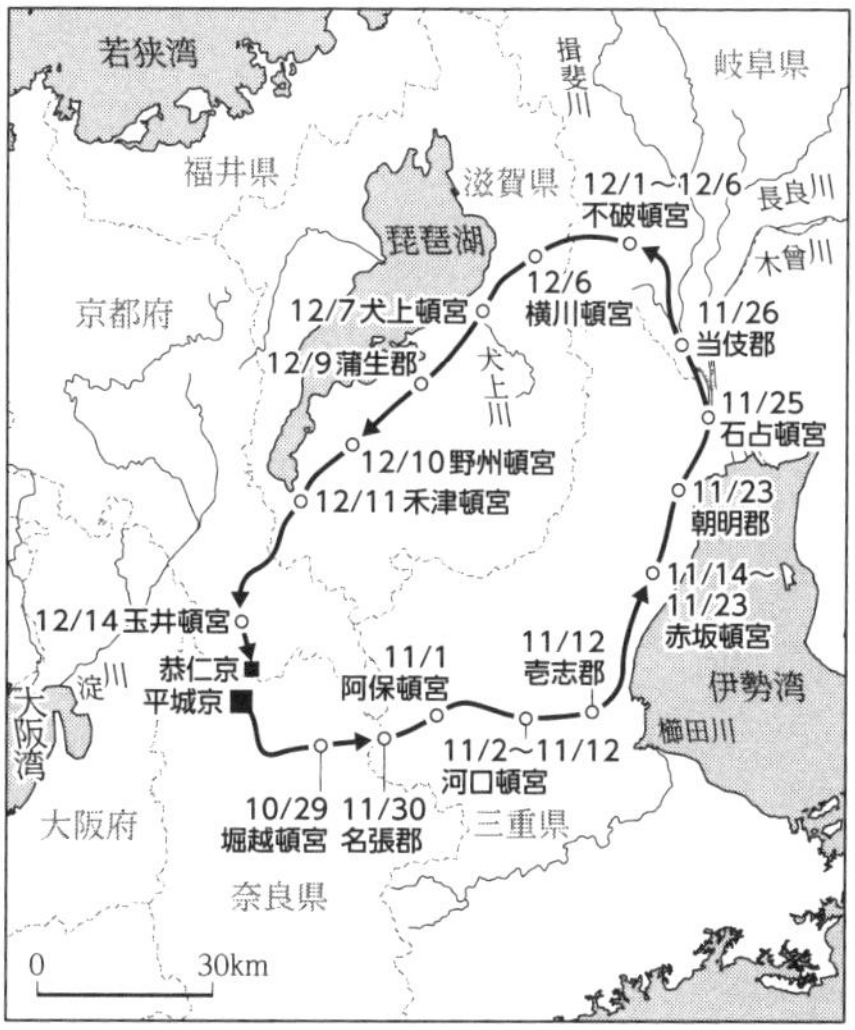

図11　聖武天皇関東行幸図

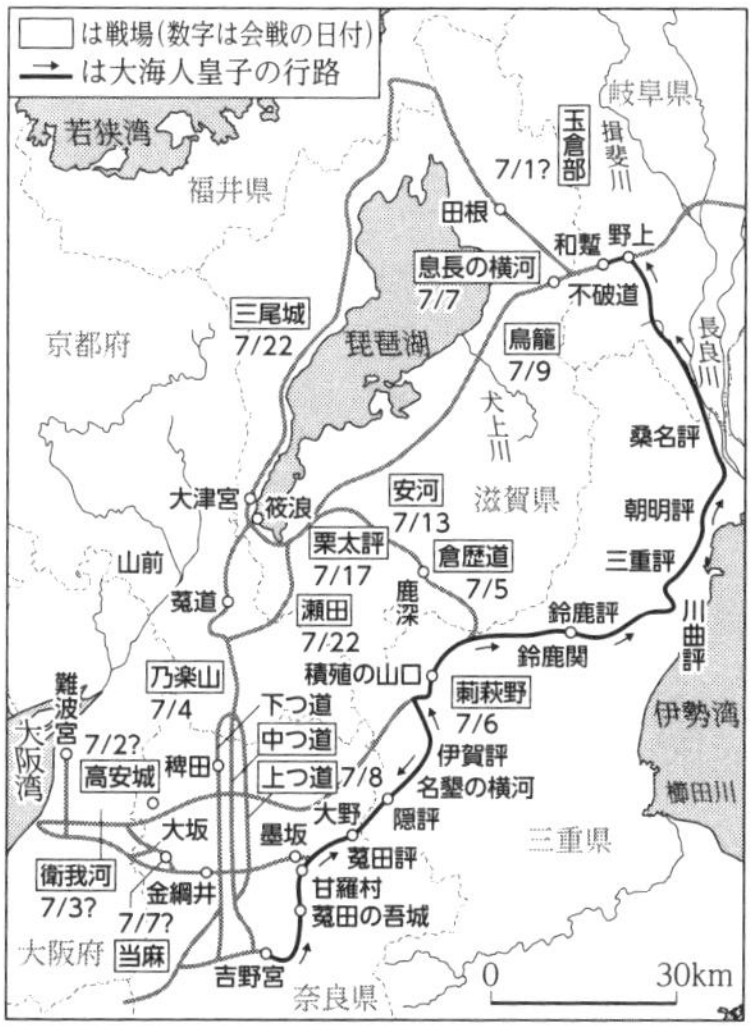

図12　大海人皇子の進軍ルート

（両図とも遠山美都男『彷徨の王権 聖武天皇』所掲図を一部改変）

◇

東国行幸のルートが意味するもの

図11は聖武の東国行幸ルートを示したものです。**これは七世紀後半に、ある天皇（当時は皇子）が内乱の際に移動したルートとほぼ重なっていますが、おわかりでしょうか。**

答えは、聖武の曾祖父にあたる天武天皇（当時は大《おお》海人《あまの》皇子）が、壬申の乱*の際に進軍したルートです（図12）。ではなぜ聖武は大海人皇子の跡をたどるようなことをしたのでしょうか。これについては、壬申の乱を追体験することによって皇子が抱いたであろう危機意識をつき従う官人たちと共有し、政情不安に陥っていた状況を打開するための一体感を得ようとしたため、との意見があります。確かにそのような面も否定できませんが、他に何か理由はなかったのでしょうか（この点、後述）。

＊天智天皇没後の六七二年、その子大友皇子と弟大海人皇子との間で起こった内乱。大海人が大友を破り、天武天皇として即位した。

母宮子の称号をめぐって

神亀元年（七二四）に即位した聖武天皇の初政を支えたのは、皇親（天皇家の親族）にして左大臣の長屋王＊でした。即位直後の二月初め、聖武は生母藤原宮子《みやこ》（不比等の娘）を尊んで「大夫人」と呼ぶように命じます。ところが三月後半になって長屋王らは、公式令《くしきりょう》という決まりによれば天皇の母は「皇太夫人」と呼ばれるはずである、と疑義を述べました。結局聖武は、先の命令を撤回して「文書では皇太夫人とし、口頭では「大御祖《おおみみや》」と呼ぶように」と改めて命じました。

この一連のできごとの評価については、従来は聖武と長屋王の対立と見る説が一般的でした。しかしその後「長屋王らの提議は聖武を批判しているわけではなく、聖武の命令と公式令との板ばさみとなった長屋王らが、どうすればよいか伺ったものであって、そこに対立を見るのは誤り」とする意見が強まりました。近年では、「聖武は皇族出身ではない宮子を権威づけるため、本心では皇太夫人の称号を与えたかったが、はじめ遠慮してそうしなかった。長屋王らはそれを察知して、いわば恩を売る形で申し出たのであって、実は聖武もそれを期待していた」とする説（渡辺晃宏氏）がある一方で、「藤原氏出身で、自分を生んだ後に精神を病み、通常の生活もままならない宮子に、皇太夫人などという虚飾に満ちた称号を贈ることに抵抗があった」というまったく異なる意見（遠山氏）もあるのです。

＊天武天皇の孫。八世紀前半、政治の実権を握ったが謀反の疑いをかけられ天平元年（七二九）自害（長屋王の変）。昭和

六十三年（一九八八）、平城京付近で屋敷跡と大量の木簡が発見された。

長屋王との関係

なかなか聖武の胸の内を推し量るのは困難ですが、いずれにしても一ついえそうなのは、聖武が自分の母が皇族出身ではないこと（天皇の母が皇族でないのは史上初）を強く意識していた、ということです。

このことは、長屋王の変とも関わりがあるように思われます。当初、聖武と長屋王との関係は良好でしたが、なぜその長屋王がその後国家転覆の疑いをかけられ、自尽に追い込まれてしまったのでしょうか。この時、追討軍を指揮したのが藤原四兄弟の三男宇合《うまかい》だったことから、事件は藤原氏による謀略とする説がありますが、追討を決断・命令したのはあくまでも聖武でした。やはり聖武の長屋王に対する何らかの思いが関わっているようです。それはいったいどのようなものだったのでしょうか。

ここで図13をご覧ください。**聖武と長屋王それぞれの両親を見て、何か気づくことはないでしょうか。**

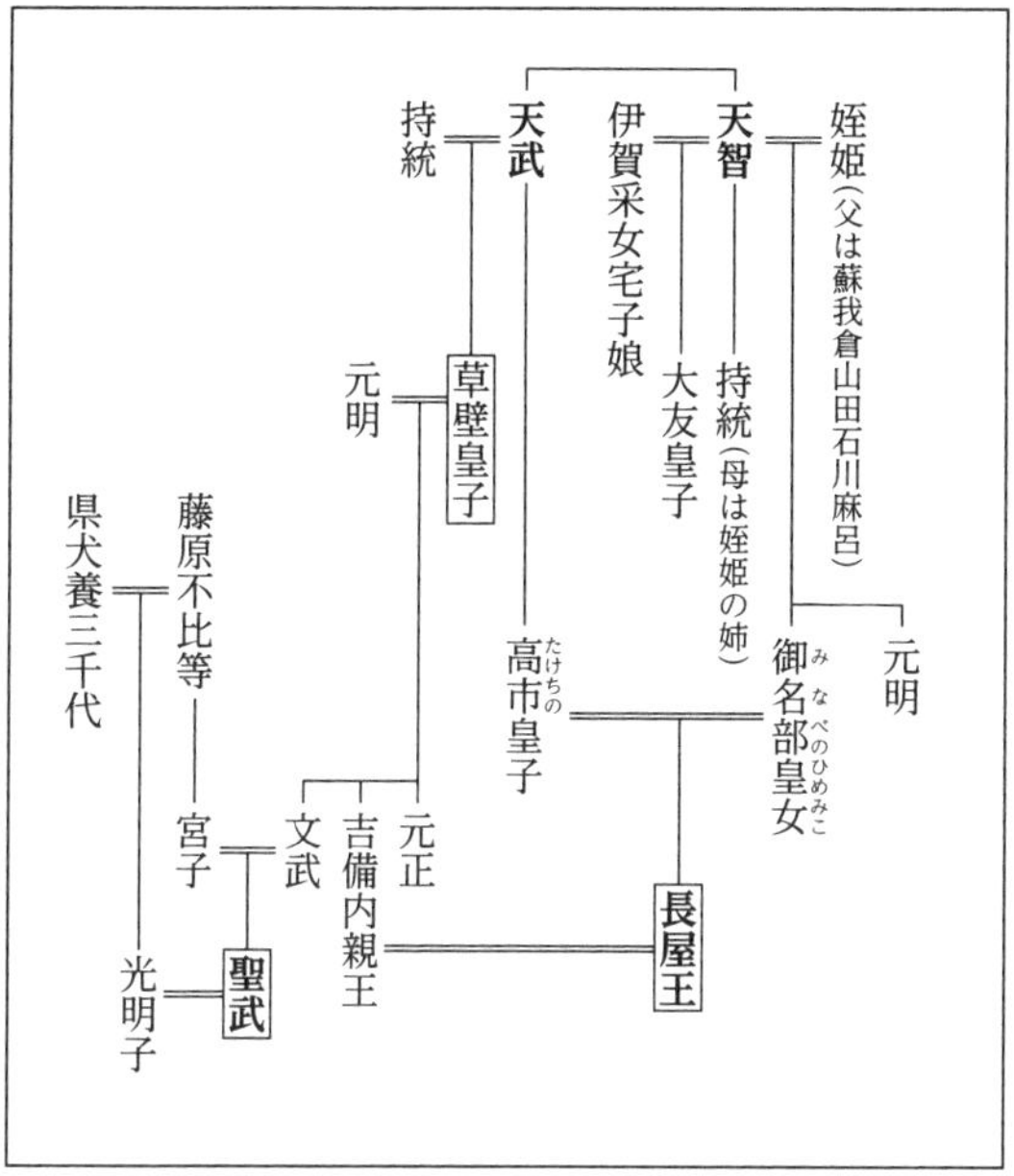

図13　聖武天皇・長屋王の関係

聖武は長屋王より一世代後の人物であり、父は文武天皇ですが、母は既にふれたように皇族ではない藤原氏でした。これに対し長屋王は両親とも皇族であり、しかも祖父は父方が天武、母方は天智という、この上ない血統でした。聖武即位前の和銅八年（七一五）、長屋王と吉備内親王との間の子を皇孫扱いにすることが決まっており、長屋王は聖武（この時点では首《おびと》皇子）に次ぐ天皇候補者と見なされていたのです。しかも王は多数の子女をもっており、皇位の継承という点でも安定した家系でした。

聖武がこうした長屋王とその家に潜在的な危機感を抱いていた可能性は、否定できないのではないでしょうか。壬申の乱の追体験は、天武、より直接的には天武により嫡子とされた草壁皇子の直系であることを官人たちに認識させるため（こうすれば同じ天武系の長屋王との違いがはっきりする）でもあった、と遠山氏は指摘しています。

天皇不適格者？

そもそも聖武の即位は幼少時から約束されていたようなイメージがありますが、実際にはどうだったのでしょうか。

聖武（首皇子）が十五歳（父文武は同じ年齢で即位）の和銅八年、元明天皇（首の祖母）は、「皇太子（首のこと）はまだ幼すぎ、とても天皇としての政務をこなすことは無理」と述べています。また十九歳の時にも、元正天皇（首の伯母）は「（首は）まだ幼く政務に習熟していない」として二人の親王を輔佐につけています。

これらのことから推測できる聖武の心情とは、どのようなものでしょうか。

それは、もう年齢的には十分即位できるはずなのに、このようにいわれるということは、自分は天皇としては不適格なのではないか、という疑念を抱いた、ということです。遠山氏は前述した血統とともに、この点でも聖武が強いコンプレックスをもっていた可能性を指摘しています。

恭仁京の位置づけ

さて、以上のようなことをふまえて、聖武が都を次々と遷していったいきさつを見ていくことにしましょう。伊勢への行幸へ出発する直前の天平十二年（七四〇）十月に発した声明の中で、聖武は「考えるところあって今月末からしばらく関東（鈴鹿関の東という意味）に行幸しようと思う。このようなことをしている場合ではないのだが、しかたのないことである」と述べています。時あたかも九州で藤原広嗣が反乱を起こしており、「このようなことをしている場合ではない」と自らを責めていますが、それでも考えるところがあるので出発する、というのです。この「考えるところ」とはいったい何なのでしょうか。

まず、最初に建設した恭仁京の位置づけについて見ていきます。この年十二月に聖武は恭仁京（既に造営は始まっていたが未完成）に入りますが、その約一年後の天平十三年十一月、時の政権を主導していた右大臣橘諸兄《もろえ》が「此の間の朝廷を何という宮名にしますか」と尋ねると、聖武は「大養徳恭仁大宮《やまとくにのおおみや》」と命名しました。**さて、この話には二つ気になる点がありますが、おわかりでしょうか。**

まず一つは、諸兄が「此の間の」といっている点です。これは彼が聖武の意をうけて、恭仁京が時期的に限定されて使われる都だと理解していたことを示しています。そして二つめは、恭仁京は山城国相楽《そうらく》郡内（京都府木津川市）にあったにもかかわらず、聖武が宮名の前に「大養徳」（これは天皇の統治が及ぶヤマトではなく大和国をさす。七三七年十二月、「大倭国」から「大養徳国」へ変更）と付していることです。

これらのことから、聖武にはもともと平城京を完全に廃都にして恒久的に恭仁京へ遷都したというつもりはなく、平城京の機能を残しつつも、ある目的(後述)のために一定期間恭仁京へ遷ったと推測されます。現に、平城京の大極殿や歩廊などの主要殿舎が解体され、次々と恭仁京へ移建された一方で、近年の発掘調査により、恭仁京の規模は平城京のほぼ半分であったと判明したこと、恭仁京への移住が強制されたのは五位以上の貴族のみであったこと、聖武が恭仁京を離れる際には恭仁京・平城京ともに留守が任命されていることなどから、奈良大学の渡辺晃宏氏は、おそらく平城京には役所の現業部門は残っており、恭仁京と一体となって機能していたのであろう、と指摘しています。

予定通りだった紫香楽宮の造営

さて天平十四年(七四二)二月、恭仁京から近江国甲賀郡へ通じる「東北道」がつくられ、八月に聖武は同郡紫香楽《しがらき》村(滋賀県甲賀市)へ行幸しました。前述した天皇のある目的とは大仏の建立であり、そのためにこの紫香楽の地を選定したのです。その理由について遠山氏は、紫香楽が周囲を山に囲まれた盆地で、完結した小宇宙(仏教的な空間)としての景観を備えていたためとし、一方古代史研究者の小笠原好彦氏は、大仏建立に必要な大量の銅を溶かすためには膨大な量の木炭が必要であり、それを紫香楽の山から調達しようとしたため、と述べています。

ただ、それならなぜ直接紫香楽宮をつくらず、わざわざ恭仁京を造営したのでしょうか。これについては、恭仁が当時泉川と呼ばれていた木津川に近く、大仏建立のために必要な大量の物資や労働力を運ぶための中継地として必要だったから、と考えられています。

つまりここまでの流れは、聖武が初めから計画していたものと見られているのです。

天皇自らが行ったアンケート調査

ところが天平十五年十二月末になって、それまで莫大な費用をかけて続けていた恭仁京の造営が中止されます。これは紫香楽宮の造営も重なり、その負担が限界を超えたためと思われます。ただし、このことに関して『続日本紀』は「茲《ここ》にその功纔《わず》かに畢《おわ》りぬ」と記していて、これは紫香楽宮を造営するために必要な最小限度の施設は恭仁京にできた、という天皇の気持ちを反映したものだ、との意見もあります。

翌年正月、聖武は今度はこの時期も都をおける施設として維持されていた難波（大阪府大阪市）への行幸準備に着手し、閏正月一日には官人たちに対し「恭仁京と難波のどちらを都としたらよいか」と尋ねました。平城京が選択肢に入っていない点に天皇の強い意志を感じますが、結果はほぼ半々（わずかに恭仁京が優勢）で、市人《いちびと》に対して行った同様の意見聴取では、恭仁京のままというのが圧倒的な回答でした。聖武のねらった難波遷都への合意は得られなかったわけですが、それでも天皇はこれを強行、同月十三日に難波へ行幸し、翌二月二十六日には勅を出して同地を「皇都」と定めています。

大仏建立の真意

ところが聖武は、その二日前に難波を去って紫香楽に赴いてしまいました。天皇の気持ちがいかに紫香楽の地、そしてそこで建立する大仏へ向けられているかがわかります。結局その後、紫香楽周辺で山火事が何度か起こり（これは無計画に見える遷都の繰り返しを嫌う庶民、あるいは官人による放火の可能性が高い）、天平十七年（七四五）五月、聖武はついに平城京へ戻ることとしました。しかし、それを認める交換条件だったのでしょうか、大仏建立を平城の地で続行させたのです。次に掲げるのは天平十五年十月に出された、有名な大仏建立の詔《みことのり》です。ここから建立の真意を探ってみましょう。

朕は徳の薄い身でありながら、かたじけなくも天皇の位を受け継ぎ、その志は広く人民を救うことにあり、努めて人々を慈《いつく》しんできた。……ここに……菩薩の大願を発して、盧舎那仏《るしゃなぶつ》の金銅像一体をお造りすることとする。……天下の富を所持する者は朕である。天下の権勢を所持する者も朕である。この富と権勢をもってこの尊像を造るのは容易なことであるが、それではその願いを成就させることは難しい。ただいたずらに人々を苦労させるようなことがあっては、この事業の神聖な意義を感じることができなくなり、あるいは誹《そし》りを生じてかえって罪に陥ることを怖れる。……もしさらに一枝の草や一握りの土のような僅かなものでも捧げて、この造仏事業に協力したいと願う者があれば、望みどおりこれを許そう。（以下略）

（『続日本紀《しょくにほんぎ》』、意訳）

まず聖武は「自分は徳が薄く……」と述べていますが、これは単なる謙遜ではなく、既に紹介した血統、あるいは政治的能力に関するコンプレックスをうけての言葉であると見るべきかもしれません。そしてさらに、聖武の治世の初めごろに天皇としての徳に欠けていると見なされるようなできごとが続きました。**それはどのようなことだと思いますか**。

答えは天平二十年（七三〇）ごろから続いた旱魃《かんばつ》、落雷、大地震などの自然災害や疫病の流行でした。中国の讖緯《しんい》思想では、こうしたことは支配者の政治に徳が欠けている場合に天からの警告として起こる、とされていたのです。聖武自身、天平七年（七三五）五月に出した詔の中で、「このごろ災害や異変が頻りに起こって、朕の不徳を咎《とが》める徴候がたびたびあらわれている」と述べています。反乱を起こした藤原広嗣も、こうした点で聖武を非難していました。

つまり聖武は大仏を建立することにより、自らの天皇としての徳を高めようとしたと考えられるのです。

寄付方式による造立にこだわったわけ

そしてさらに、この建立の方法について聖武がこだわっていることがありました。**それはどのようなことか、前掲の大仏建立の詔から読みとってみてください。**

答えは、自らがもつ富や権勢を用いれば建立はたやすいが、それをあえて行わず、知識と呼ばれる、仏を信仰する点でまったく平等な人々があくまで自発的に資材や労力を提供することによって、仏教に関わる事業を成し遂げる方法を用いようとしたことです。* それまで民衆を惑わす者たちとして弾圧していた行基とその弟子たちにも造立への協力を求めたのも、この方針にもとづくものと思われます。遠山氏は、これによって律令制的な行政機構の長としての天皇をも超えた存在になろうとしたのではないか、と指摘しています。

*聖武は東国行幸中の天平十二年（七四〇）二月、河内国智識寺（大阪府柏原市）に立ち寄り、知識という方式で建立された盧舎那仏を拝し、感銘を受けていた。

謎をうけて

聖武天皇の無定見に思われる遷都の繰り返しは、実は彼が自らの血統上、あるいは資質上のコンプレックスを乗り越え、ひときわすぐれた天皇となるために推進した大仏建立事業と深く関わっていたようです。また平城京を完全に廃したわけではなく、これと聖武が新しくつくらせた都や、従来から対外関係の拠点として重要視されていた難波京などを適宜併用して国家を運営しようとしたものと思われるのです。

【参考文献】

・宇治谷孟『続日本紀　全現代語訳（上）』（講談社、一九九二年）
・　同　『続日本紀　全現代語訳（中）』（講談社、一九九二年）
・遠山美都男『彷徨の王権　聖武天皇』（角川書店、一九九九年）
・瀧浪貞子『帝王聖武』（講談社、二〇〇〇年）
・渡辺晃宏『日本の歴史04　平城京と木簡の世紀』（講談社、二〇〇一年）
・坂上康俊『シリーズ日本古代史④　平城京の時代』（岩波書店、二〇一一年）
・小笠原好彦『聖武天皇が造った都』（吉川弘文館、二〇一二年）

※図11・12は地球地図日本（国土地理院）を用いて作成しました。

6 律令体制下における下級役人の悲哀

律令官人をめぐる謎

大宝元年（七〇一）、大宝律令が完成し、日本は中国の唐にならった律令国家体制をつくりあげました。この体制における人事制度には、どのような特徴があったのでしょうか。また、独立性の強かった旧来の豪族たちが、律令国家の高級官僚となっていく際に、何か問題は起きなかったのでしょうか。こうした点について、平城京跡や長屋王邸跡などから出土した大量の木簡により、明らかになってきた律令官人の実像を通して考えていきましょう。

◇

下級役人たちの本籍地が語ること

七世紀末から百年間、わが国の都は次に示すように、めまぐるしく移動しています。

藤原京（六九四年）→平城京（和銅三・七一〇年）→難波京・紫香楽京（天平十六・七四四年）→平城京（同十七・七四五年）→長岡京（延暦三・七八四年）→平安京（同十三・七九四年）

表６　下級役人の本籍地

地域	人数	割合
平城京内	32	14.9%
畿　内	110	51.2%
畿　外	73	33.9%

（東野治之『木簡が語る日本の古代』所掲表を一部改変）

これほど短期間に次々と遷都しなければならなかった事情は別に考えることとして（「5　聖武天皇が遷都を繰り返したわけ」を参照）、**ここでは表6を見て、こうしたことが可能だった理由を考えてみましょう。**

答えは、政府を実質的に支える下級役人たちの本籍地が、平城京に比較的近い畿内五ヵ国に分散していたため、都が大和、難波、山城あたりを移動している限り、おおかたの下級役人たちにとっては、それほど大きな不都合がなかったからです。

勤務時間と給与

ではいよいよ、下級役人たちの実態について見ていきましょう。まず勤務時間について、現在のサラリーマンの出勤時間は、だいたい八時半か九時といったところだと思います。

では奈良時代の場合は、何時だったと思いますか。

答えは、六時半です。これは、『令集解《りょうのしゅうげ》』が引用する大宝令の註釈書古記（成立は天平十・七三八年ごろ）の記述からわかります。この時間には政務（朝政）が開始されました。そして勤務終了の時間については、奈良時代の史料はありませんが、前後の時代の様子からみて、正午ごろだったと思われます。ただし、その時間に仕事が終わらなければ、残業もあったようです。総じて役人たちの勤務は、かなりきついものだったといえましょう。

次に彼らの給与は、年に二回支給される季禄で、なかみは絁《あしぎぬ》（絹織物の一種）・綿・布、それともう一つは、**当時としては最新のある道具でした。いったい何だと思いますか。**

答えは鍬《くわ》でした。これは当時の役人が、農業と密接な関係にあったことを示しています。特に下級役人は、季禄だけではとても暮らしていけず、口分田経営に頼る部分が大きかったのです。役人本人は忙しくて農業はできなかったようですが、家族に頼むか他人に貸して耕作させ、収益の五分の一を得た（これを賃租という）のかもしれません。

この役人に支給された鍬は貴重な鉄製であり、木製のものを使っていた一般農民に比べれば、よく耕すことができるし、新たな開墾にも有効でした。

勤務評定のしくみ

さて律令官人の役職は、大きく長上官（常勤の正規職員）と番上官（交替制の下働き）に分かれています（何か現代と似ていますね）。また勤務評定には、毎年行われる「考」と、昇進に関わる「選」の二種類がありました。長上官は四回の「考」を経れば「選」が実施されましたが、番上官の場合は六回の「考」を必要としたのです。

また昇進には位階（序列を示すもの）とそれに対応した官職の二種類があります。表7に示したとおり、合計で三〇のランクがありました。

番上官の場合、年間一四〇日出勤してはじめて「考」の対象となります。これを六年続け、上中下三段階のうち、普通である中の評価を受けると位階で一ランク、良好を示す上の評価にあると二ランク、それぞれ

表 7　大宝律令の位階別俸給

位階＼俸給			位田（町）	位封（戸）	位禄（年間）				季禄（半年ごと）				位分資人（使用人）（人）
					あしぎぬ（疋）	綿（屯）	布（端）	庸布（常）	あしぎぬ（疋）	綿（屯）	布（端）	鍬（口）	
上級貴族	正一位		80	300					30	30	100	140	100
	従一位		74	260					30	30	100	140	100
	正二位		60	200					20	20	60	100	80
	従二位		54	170					20	20	60	100	80
	正三位		40	130					14	14	42	80	60
	従三位		34	100					12	12	36	60	60
中・下級貴族	正四位	上	24	100	10	10	50	360	8	8	22	30	40
		下	24	100	10	10	50	360	8	8	22	30	40
	従四位	上	20	80	8	8	43	300	7	7	18	30	35
		下	20	80	8	8	43	300	7	7	12	30	35
	正五位	上	12		6	6	36	240	5	5	12	20	25
		下	12		6	6	36	240	5	5	12	20	25
	従五位	上	8		4	4	29	180	4	4	12	20	20
		下	8		4	4	29	180	4	4	5	20	20
下級官人	正六位	上							3	3	5	15	
		下							3	3	4	15	
	従六位	上							3	3	4	15	
		下							3	3	4	15	
	正七位	上							2	2	4	15	
		下							2	2	4	15	
	従七位	上							2	2	4	15	
		下							2	2	3	15	
	正八位	上							1	1	3	15	
		下							1	1	3	15	
	従八位	上							1	1	3	10	
		下							1	1	3	10	
	大初位	上							1	1	3	10	
		下							1	1	3	10	
	小初位	上							1	1	3	5	
		下							1	1		5	

上がりました。

では例えば、二十歳で無位からスタートした人が、六十歳まで毎年「考」を受け、中の評価を受け続けたとすると、最終的な位階は（従八位上・正六位上・従四位下・正三位）のうち、どれになると思いますか。

正解は従八位上です。最も順調にいった場合、すなわち六回の昇進のチャンスすべてに上の評価を受け続けた場合（実際にこんなことはありえなかったでしょうが）でさえも、正七位上どまりでした。つまり、普通の人が上級貴族になることは、ほぼ絶望的だったのです。

勤務評定の実態

それでは、実際の勤務評定の様子を伝える、平城京東南隅から出土した木簡の分析結果を見ていくことにしましょう。

評定は、人事を担当する式部省（武官の場合は兵部省《ひょうぶ》）で慎重に行われ、対象者にどれくらいの位階を与えるか、案が決定されていきます。そしてその結果を木簡に記入するのです。

分析した一一一点のうち、五十四点は本人死没や規定の勤務日数に達していなかった、などの理由で評定の対象外となっています。評定の条件を満たすこと自体が、なかなか難しかったようです。

残りの五十七点の評定結果の内訳は、上48、中9、下0でした。評定を受けられる条件を満たしさえすれば、全員が中以上、しかもその多くが上だったわけで、かなり甘かった印象を受けます。決して高位は望めませんが、典型的な年功序列の体制だったといえましょう。

貴族層形成のいきさつ

さてここで、あらためて表7をご覧ください。**ある位階を境として、待遇面で大きな違いが見られますが、お気づきでしょうか。**

そうです、これは有名なことですが、五位以上と六位以下では大きな格差があったことがよくわかります。すなわち六位以下には季禄しか与えられませんが、五位以上になると、それ以外のさまざまなものや使用人が支給されるのです。また五位以上には蔭位《おんい》の制度があり、子どもは従八位上（庶子の場合は従八位下）からスタートすることができました。ちなみに三位になると、嫡子は従六位上から、そして嫡孫も従六位下からのスタートになりました。こうして上級役人の家柄は固定され、名門＝貴族となったのです。

また給与の額（季禄と位禄をあわせたもの）を比較してみると、最下位の少初位下の年俸は、現在のお金にして約二百万円に相当するのに対し、トップである正一位（官職では太政大臣に相当）は、約三億八千万円にもなりました。しかも五位以上の貴族には、これらの俸給以外に位田、位封、資人などが支給されたので、実際にはもっと高額な収入があったことになります。* 最下級役人との差は、現在の中央官庁の役人の場合より、ずっと大きかったのです。

＊さらにこの他、官職に応じて与えられる職田、職封などがあった。

律令官制に潜む二面性

ところで律令体制は大宝律令の制定によって始まり、やがてそれが実態から離れて形骸化する、などといわれることがあります。しかし、そのように単純に考えてよいのでしょうか。このことを、今まで見てきた役人の仕組みから検討してみましょう。

奈良時代前半の政府中枢部は、藤原氏、大伴氏、阿倍氏、石上（物部）氏、石川（蘇我）氏、紀氏などの一族から出された代表者たちによって構成されていました。彼らはいずれも律令以前の古来から続く名族です。すなわち律令制は進んだ新しい方式ではありますが、一面では旧来の豪族層の特権を擁護する、という本質も最初からあわせもっていたのです。ですから、**例えば上級貴族に与えられた土地などは、実は国家が律令体制になって新たに与えた、というわけではなかったのです。どういうことか、おわかりでしょうか。**

大化の改新以降、政府は旧来の豪族層が所有していた私有地と私有民を廃止する方針をとりました。しかし、実際にはすぐに没収してしまうというわけにはいかなかったため、これを上級貴族に対し給与する、という形でそのまま認めたのです。すなわち位田・職田がかつての私有地、位封・職封がかつての私有民にあたる、というわけで、こうしたところにも律令制の保守的な側面が見てとれるのです。

謎をうけて

以上見てきたように、律令国家体制は、膨大な数の官人たちによって運営されていましたが、その大多数を占める下級役人たちにとっては、厳しい勤務実態の中で、まじめに勤め上げても上級貴族になることは絶望的な状況でした。その一方で、上級貴族の家に生まれさえすれば、その身分は安泰であり、圧倒的な経済力を維持することができたのです。そしてその上級貴族というのは、もともと律令国家以前の時代の豪族に出自をもつ者たちであって、建前上与えられたとされる土地や人も、従来から私有していたものをあらためて認められた、というのが実態でした。

【参考文献】

・青木和夫『日本の歴史2　奈良の都』（中央公論社、一九六五年）
・東野治之『木簡が語る日本の古代』（岩波書店、一九八三年）
・吉田孝『大系日本の歴史3　古代国家の歩み』（小学館、一九八八年）
・栄原永遠男『日本の歴史4　天平の時代』（集英社、一九九一年）
・太田隆次『万葉時代のさらりーまん』（悠飛社、一九九八年）
・舘野和己『日本史リブレット　古代都市平城京の時代』（山川出版社、二〇〇一年）

7／律令制度によって社会は変わったのか

律令体制をめぐる謎

大宝元年（七〇一）に大宝律令が施行され、これによってわが国は整った法制にもとづき全国を支配する中央集権的国家体制が成立した、とされています。しかし、あらためて考えていただきたいのですが、本当にこれによってすぐにそれ以前の体制が変わり、新たな体制が実現したのでしょうか。また、それからしばらく経つと、現実の社会情勢に対応して三世一身の法（養老七・七二三年。新たに水路や池をつくって土地を開墾した場合は、子・孫・曾孫の代まで、既存の水路や池を用いた場合は本人一代に限り田地の保有を認める）、墾田永年私財法（天平十五・七四三年。身分による面積の制限などの条件付きながら、開墾地の永久私有を認める）が次々と施行されました。かつては、これらにより公地公民の原則が崩れ律令体制は変質していった、と見られてきましたが、近年では土地支配はむしろ、より整えられていった、との見方が強まっています。これらの問題について、具体的に検討していくことにしましょう。

◇

租の起源とは

律令国家における税制を租庸調といいますが、実はこれらは律令施行以前の慣習を引き継ぐ形で整えられたのでした。例えば土地税で、収穫の約三％の稲を納める租は、諸説ありますが、もともとは初穂儀礼（その年最初の収穫を神に捧げる）で、それがいつしかその地域の共同体の首長への貢納に変わっていったもの（タチカラ）と見られています。そしてこの首長が律令国家体制に組み込まれると、彼へ納められていた稲は、国家のものとされました。しかしさすがにこれを直ちに中央へ運んで財源とするわけにはいかなかったため、各郡へ新たにつくった倉（正倉）へ蓄積し、飢饉の時や老人・飢えた人のために拠出する建前としたのです。

税と変わらなかった種籾の貸し付け

この租とともに実質的な地方税となっていたものが、公出挙《くすいこ》です。これは国や郡が春に種籾を貸し付け、秋に五割（後に三割）の利息を付けて稲を返却させるもので、半ば強制的に行われたため、ほとんど税と変わりませんでした。この公出挙も、初穂儀礼に由来する稲を、その地域の再生産のために用いてきた慣習が国家によって取り込まれたものでした。そしてこれも正倉に集められ、実際は租と一括して管理・運用されたのです。

調に見る「人民の個別支配」のからくり

これに対し国税にあたる調は、律令制以前に行われていた在地豪族からヤマト王権に対する二種類の貢納物（定期的に服属関係を確認するためのツキと、時に応じて山海の珍味を届けるニエ）が、個人単位で賦課

図14　駿河国志太郡衙跡

される税となったものです。平城宮跡から出土した木簡の中には、各地から送られてきたニエの荷札が見られます。この荷札にはどこの誰が納めたものかを示す住所と名前が書かれ、追記として別人の筆で貢納物の数が付け加えられました。**この追記から、貢納物がいったん郡役所（図14）に集められ、そこで荷造りが行われたと推測されているのですが、なぜかおわかりでしょうか。**

それは、この追記の筆跡が、郡単位で共通性が認められるからです。例えば伊豆からは鰹《かつお》を納めることになっていましたが、それは個体数ではなく重さで決まっていました。当然ながら鰹の重さは一匹ごとにまちまちですから、郡役所において数を調整の上、荷造りされたと考えるのが合理的でしょう。

律令国家の特徴の一つは「個別人身支配」（人民一人一人を国家が掌握し、それぞれに税負担を課す）とされていますが、以上のように実際には郡が中心であり、あくまでも帳簿（木簡）上、個別支配のように見

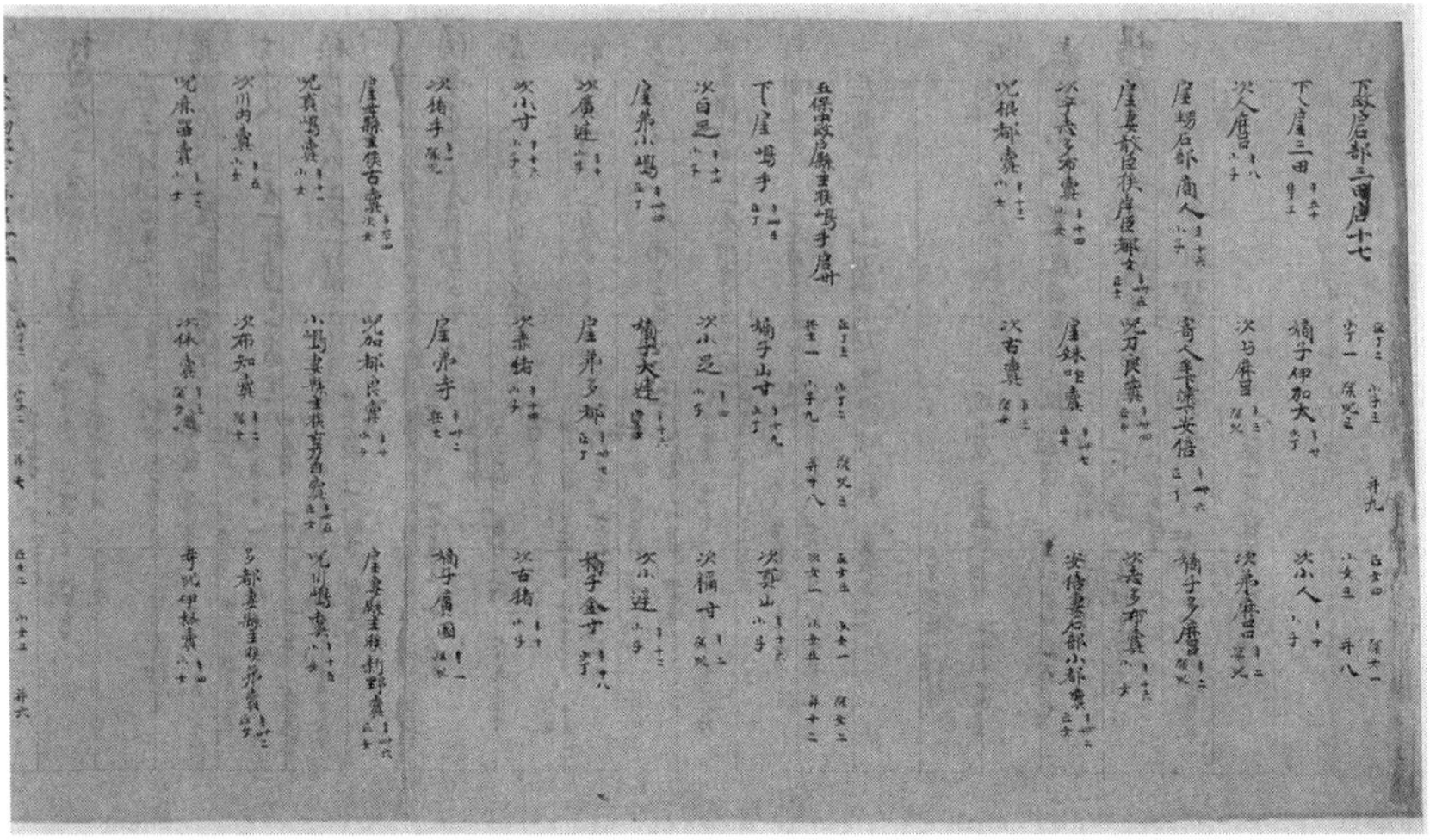

図 15　大宝 2 年 (702) 御野（美濃）国加毛郡半布里戸籍　（複製：国立歴史民俗博物館所蔵、現品：宮内庁正倉院事務所所蔵）

えるだけだったのです。これは調の起源を考慮に入れれば、当然のことといえましょう。

班田収授の実態

①六歳以上とはいっても

さて、こうした税を納めるもととなったのが、人々に班給された口分田です。この口分田の班給と回収の方法を定めたものが班田収授法であり、六年ごとに作成される戸籍（図15）に登録された六歳以上の男子に二段（教室の約三十倍）、女子にはその三分の二（ただし私有の賤民《せんみん》は三分の一）が班給され、本人の死後回収されるしくみでした。しかし現実には、初めて口分田を班給される子どもの年齢は、どんなに早くても九歳、最も遅いと十五歳になってしまったのです。**これはいかなる事情によるものか、推測してみてください。**

答えはこういうことです。戸籍を作成するのは六年に一度ですから、作成年に生まれた子は一歳（数え年）で登録されますが、その翌年に生まれた子は七歳でようやく登録されることになります。そしていずれの場合も戸籍に二度登録されないと班田の対象とはされませんでした（そもそも前者は一歳だから資格はない）し、その後の事務手続もあって、実際に班田が行われるのは戸籍作成年のさらに二年後だったため、結局九歳から十五歳ということになってしまったのです。実際には、このきまりさえ守れなくなり、延暦二十年（八〇一）には班田は十二年に一度と変更されています。

②班田の場所

また「本人が死亡するとその田地は政府に返却され、別の家の子どもが班田の対象年齢になるとこれが班給される」ということが繰り返されると、**現実的にどのような問題が起きてくるでしょうか。**

それは、同じ家族に班給される口分田の場所がばらばらになってしまう、という問題です。例えば天平神護二年（七六六）ごろの越前国坂井郡では、ある農民の住所と口分田の所在地が数キロも離れていたことがわかっています。『万葉集』に収められている「秋田刈る　仮庵《かりいお》を作り　我が居れば　衣手寒く　露ぞおきにける」（読み人知らず）という和歌は、班給された口分田が自宅から離れていたために、稲刈りの際に仮屋を建てた様子を描いている、という指摘もあります。

杓子定規だった日本の班田制

さて、人口の増加にともない口分田が不足したため、養老七年（七二三）、時の長屋王政権は三世一身の法を施行し、さらに天平十五年（七四三）、橘諸兄政権が墾田永年私財法を発布しました。従来これらの政策は公地公民制の解体を促し、それによって律令国家体制は崩壊していった、というのが一般的な見方でした。しかし冒頭で紹介したように、近年そのとらえ方は大きく変わってきています。

まず、この時代の土地の開墾ということについてですが、三世一身の法の印象が強すぎて、私たちは当時の人々がこの法の施行後に、はじめて開墾を行ったようなイメージをもたされていなかったでしょうか。実はこの時代の田地は、全体としてそれ以前から開墾と荒廃を繰り返す不安定な状態にあったのです。そしてここで問題なのは、日本の班田制が、農民の小規模な開墾田をそのまま口分田の中に含めるようなしくみにはなっておらず、熟田（既耕田）だけを規定どおりに班給するという、甚だ硬直した制度だった、という点でした。一方、班田制のお手本となった唐の均田制は、はるかに柔軟なしくみでした。すなわち、成年男子の受田額は百畝《ぼ》（日本の約百倍）でしたが、これは限度額であって、実際にはこれを超えることは、まずありませんでした。したがって農民がこの他に小規模な開墾を行っても、百畝を超えるようなことはなく、これをそのまま受田の中に含めることが最初から認められていたのです。この点、日本の場合は、開墾して田地を増やしても、本人の死後国家によって収公されてしまうので、開墾しようという意欲が生まれませんでした。*そして唐では、**開墾地を受田の一部として認めることが、政府にとっては大きなプラスとなりました。**

なぜかおわかりでしょうか。

それは、こうすることによって政府は開墾地を正式に把握し、課税対象地とすることができ、制度的に田地を増やせるようになっているからです。日本では三世一身の法で一時的に、墾田永年私財法では永久にこれをようやく認めたわけですが、前述のように唐の均田制では最初からこうしたなかみを含んでいた（つまり初めから公地公民制では貫徹できないことを承知していた）ので、日本でのこうした変更も、律令制の弛みととらえる必要はなく、むしろ支配体制はより進化した、ということになるのです。

＊実際、三世一身の法が施行される前年の養老六年（七二二）、百万町歩開墾計画（農民に食料や道具を支給して田地を開墾させようとした）が実施されたが、農民たちの意欲が低く、成果はあがらなかった。

謎をうけて―律令国家と在地社会とのせめぎあい

以上見てきたように、八世紀の律令国家による地方支配は、書類の上では国家が人民を直接把握し、統治する形になってはいました。しかし、実際には前代までの遺制をふまえ、《国家―在地首長（多くは旧国造《くにのみやつこ》の系譜をひく郡司）》と《在地首長―人民》という二重の支配関係から構成されていたのです。もちろん国家としては、こうした関係を弱め、人民の直接支配を志向していました。**そのために政府が権限強化を図ったのは、どのような立場の役人だと思いますか。**

答えは国司です。例えば前述した租を入れた正倉を開けるための鎰《かぎ》は国司が握っていましたし、墾田永年私財法の中には「開墾予定地の占定には国司の許可を必要とする」という項目があり、これは国司を媒介にして王臣家（天皇の親族や上級貴族）や大寺院などの中央の大勢力が地方へ浸透していくきっかけとなったのです。

渡辺晃宏氏は、八世紀とは律令国家と在地の社会が激しくぶつかりあった時代だった、と指摘しています。大宝律令の制定は、律令国家体制の完成ではなく、むしろ体制構築へ向けてのスタートを意味していたのであり、それ以後は中国とは大きく異なる日本社会の実情にあわせて修正が繰り返されていった、ととらえるべきである、というわけなのです。

【参考文献】

・早川庄八『日本の歴史４　律令国家』（小学館、一九七四年）
・吉田孝『大系日本の歴史３　古代国家の歩み』（小学館、一九八八年）
・渡辺晃宏『日本の歴史04　平城京と木簡の世紀』（講談社、二〇〇一年）
・木簡学会編『木簡から古代が見える』（岩波書店、二〇一〇年）
・坂上康俊『シリーズ日本古代史④　平城京の時代』（岩波書店、二〇一一年）

8 桓武天皇の権威確立と二大事業との関係は？

桓武天皇をめぐる謎

図16　桓武天皇　（延暦寺所蔵）

桓武天皇（在位七八一〜八〇六、図16）は、平安京へ都を遷したということもあって、平安時代で最も有名な天皇といえるかもしれません。古代では飛び抜けて長い二十五年もの間在位し、「軍事（蝦夷《えぞ》征討）と造作（長岡京・平安京の造営）」の二大事業を推し進めた、強い権力をもつ天皇、というイメージがありますが、実は天皇になること自体が奇跡（？）に近い立場にあったのです。したがって、即位当初は常に天皇としての正統性を問われ、反対派からの抵抗に悩まされたのですが、いったいどのようにして自らの権威を確立していったのでしょうか。当時の日本をめぐる東アジア情勢もあわせ見ながら、調べていくことにしましょう。

◇

表8　桓武天皇関係年表

年	で　き　ご　と　（丸数字は月を示す）
宝亀　4 (773)	①皇太子となる。⑩井上（いのえ）内親王、他戸（おさべ）親王を幽閉。
5 (774)	⑦対蝦夷38年戦争が始まる。
11 (780)	⑪蝦夷で伊治呰麻呂（いじのあざまろ）が反乱を起こす。
天応　1 (781)	④父光仁が譲位、桓武天皇即位。弟の早良（さわら）親王が皇太子となる。
延暦　1 (782)	①氷上川継（ひがみのかわつぐ）が謀反、これを流罪とする。
3 (784)	⑪長岡京へ遷都。
4 (785)	⑨造長岡宮使藤原種継、暗殺される。皇太子早良親王を廃す。 ⑪河内国交野（かたの）で郊祀（こうし）を行う。
7 (788)	⑤夫人藤原旅子（百川の娘）没。
8 (789)	⑥征討軍、阿弖流為（アテルイ）の軍に大敗。⑫母の皇太后高野新笠（たかののにいがさ）没。
9 (790)	閏③皇后藤原乙牟漏（おとむろ）没。
10 (791)	⑦征東大使に大伴弟麻呂、副使に坂上田村麻呂らを任命。
11 (792)	⑥皇太子安殿（あて）親王発病。卜いで故早良親王の祟りとされたため、その霊を祀る。陸奥、出羽、佐渡、太宰府以外の軍団兵士制を廃し、健児（こんでい）の制を定める。
13 (794)	⑥征東副将軍坂上田村麻呂ら、蝦夷を討つ。⑩平安京へ遷る。
16 (797)	①征夷大将軍に坂上田村麻呂を任命。
21 (802)	①胆沢城を造営。④阿弖流為投降。⑧阿弖流為を斬る。
24 (805)	⑫藤原緒嗣と菅野真道が天下の徳政を論じ、平安京の造営を中止。
大同　1 (806)	③没。

父光仁の即位

まず桓武が即位できた前提として、父光仁のことにふれる必要があります。宝亀元年（七七〇）に称徳天皇が後継者を明確にしないまま没すると、時の政権担当者であった藤原百川《ももかわ》・同永手らは、亡き女帝の遺言（偽作説が有力）として、天智天皇の孫にあたる白壁王を即位させました（光仁天皇）。

奈良時代は、基本的に天武天皇の子孫が皇位を受け継いでおり、そのため天智系の子孫は、時が経つほど天皇との血縁は薄れていき、皇位につく可能性はきわめて低くなっていました。しかし白壁王は、妻に迎えた天武系の皇女井上《いのえ》内親王が、王と別の女性との間にできた他戸《おさべ》王を養子としたため、にわかに政権内での地位を上げていき、そのことが皇位継承者となる有力な背景となったのです（表8・図17）。

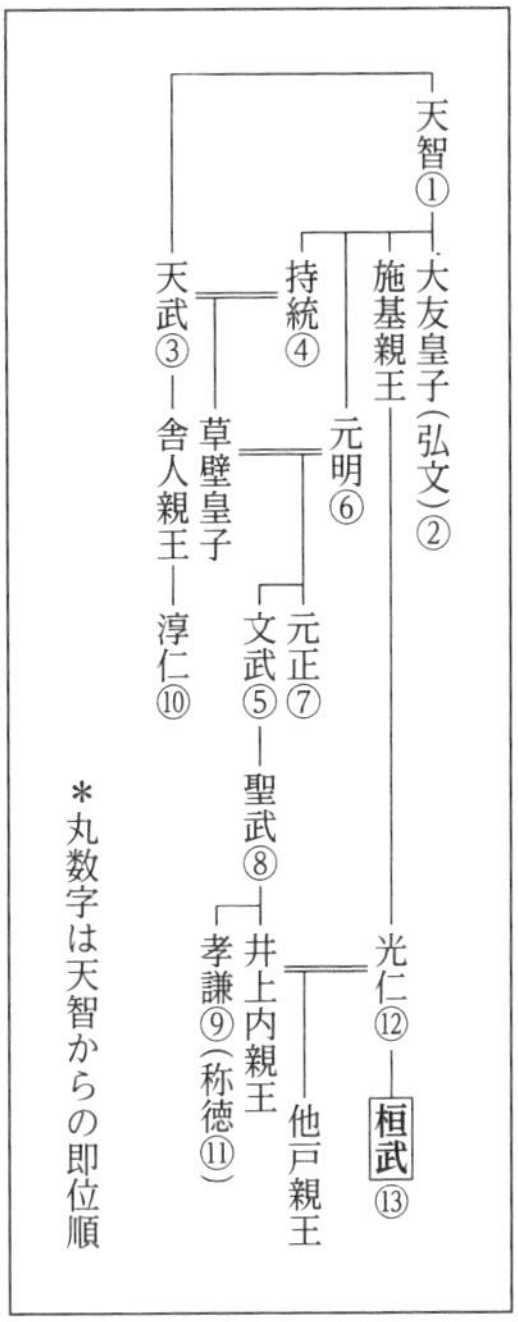

図17　桓武天皇関係系図

ところが宝亀三年、皇后井上内親王は、光仁を呪詛《じゅそ》（災いが起きるよう神仏に祈願すること）したとして、皇太子となっていた他戸親王とともに、その地位を追われ、この三年後の四月二十七日に二人同時に亡くなっています。これは藤原百川が仕組んだもので、内親王による呪詛というのはおそらく事実無根だったろうと考えられているのです。

「母の出自」というハンデ

では、なぜ百川がこうした行為に及んだかというと、彼はかねてから光仁（即位時に六十二歳）の子、山部親王（後に即位して桓武天皇）に心を寄せ、いずれ山部を皇位につけるために、いわば「つなぎ」として光仁を擁立したので、天武系に連なる皇太子の他戸親王を即位させるわけにはいかなかったからなのです。

さて、その山部親王の即位には、大きな問題がありました。それは、親王の母親が、百済系の下級氏族である和氏《やまと》出身、ということです*。それまで渡来系氏族出身の女性の生んだ子が天皇となった例はなく、この点について公卿以下の官人たちからは強い反対がありました。それを百川がはねのけて皇太子としたので、山部はこのハンデをいかに乗り越えるか、という重い課題を以後ずっと背負っていくことになるのです。

＊後に桓武は、和氏について下級氏族ではなく、百済の王氏一族と公言するようになる。

ハンデを強みに

ただ、このことは一面では**桓武天皇にとっての強みにもなりました。**それは、長岡京・平安京への遷都を実行したこととも深く関わっているのですが、**いったいどのようなことだったのでしょうか。**

答えは、桓武が安定した政権運営を行っていくためには、従来、政治勢力としては除外されていた渡来系氏族の支持を得なければならず、そのことがそれまで天皇の権力を大きく制約していた伝統的な貴族たちを自然と遠ざけることにつながった、ということです（桓武と渡来系氏族との具体的な関係については後述）。

天応元年（七八一）四月、光仁の譲位により桓武天皇が即位、その子安殿《あて》親王はまだ幼かったため、弟の早良《さわら》親王が皇太子となりました。

桓武が即位してまもなくの延暦元年（七八二）には、氷上川継《ひがみのかわつぐ》の変が起こります。これは、桓武の即位に反対していた貴族たちが結集し、これを廃して天武の曾孫にあたる川継を皇位につけようと謀った事件ですが、失敗して反対勢力は失脚しました。そして、この前後にもそれまで政権に重きをなしていた老練な貴族たちが解任や左遷、引退、死などによって姿を消したため、次第に桓武政権も安定度を増していったのです。

長岡京への遷都

さて、延暦三年（七八四）六月、桓武は山背国《やましろ》乙訓《おとくに》郡長岡村（京都府長岡京市）に都を遷すべく造作を開始させ、そのわずか五ヵ月後には長岡宮に移り住みました（図18）。この、まさに断行ともいえる長岡遷都の理由としては、①人心の一新、②僧侶勢力の強い平城京を去るため、③水陸の交通の便がよいため、などのことがあげられています。

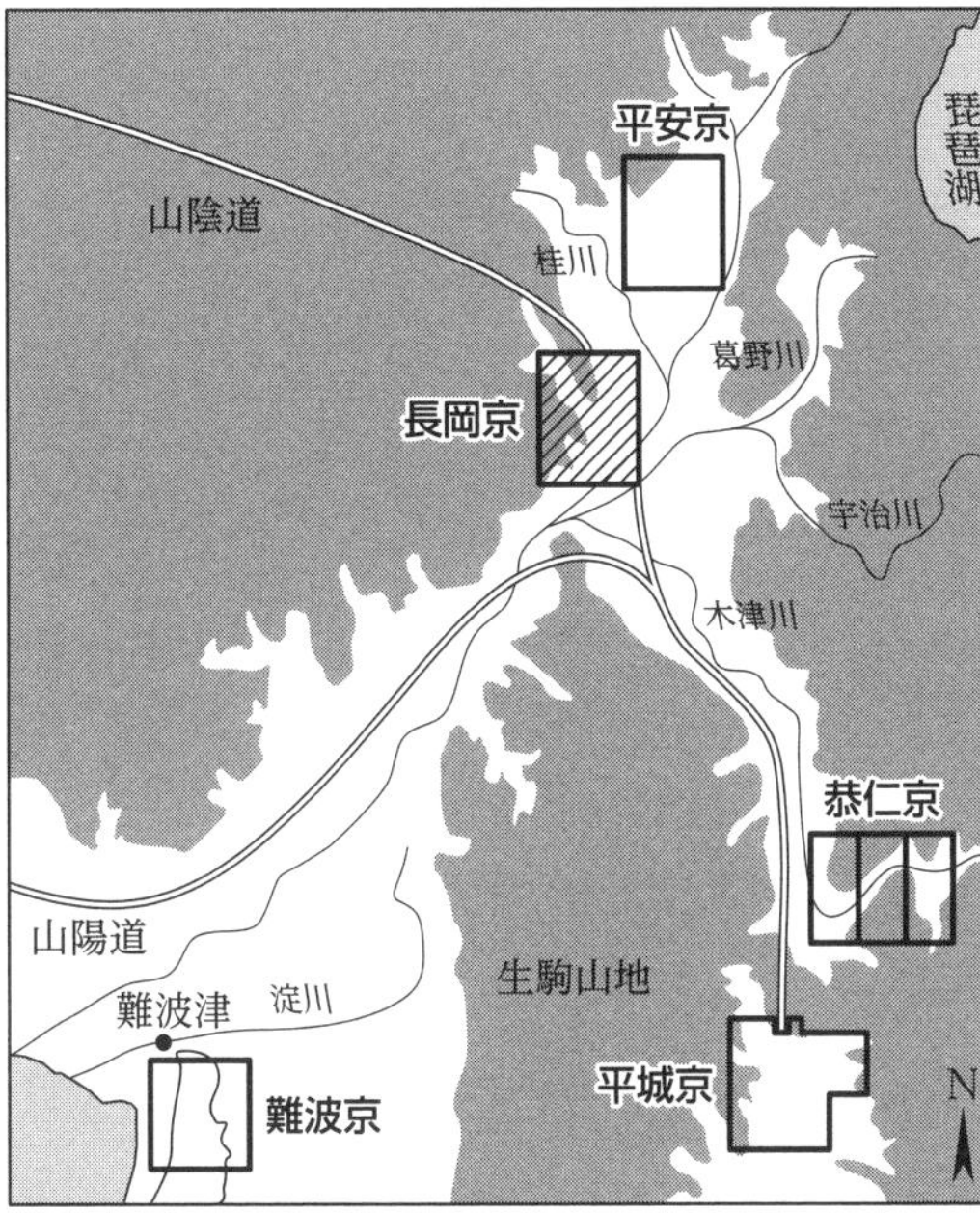

図 18　長岡京の位置
（日下雅義『古代の『難波京』と大阪』所掲図を参考に作成）

このうち③については、桓武自身が「水陸の便がよいので、都を長岡に遷す」（『続日本《しょくにほん》紀《ぎ》』）と述べていますし、実際このあたりは木津川・宇治川・桂川が合流して淀川となる河川交通の要地であり、しかも平城京から山陰・山陽道へ向かう際の経路にも接しています。しかし交通の要衝といえば、政府は既に難波宮をもっていたはずですが、どうしてそこととは別の都が必要だったのでしょうか。実は**奈良時代を通じて造都・造寺が続いたことが、難波宮の維持にとってきわめて重要な難波津を機能不全に陥らせていたのですが、それはどのようなことだったでしょうか。**

答えは、造都・造寺に大量の木材が必要だったため、森林を伐採したり瓦用の粘土を採掘したりした結果、淀川などから大量の土砂が大阪湾に流れ込んだ、ということです。天武天皇（在位六七三〜六八六）以来、日本は唐にならって二つ以上の都をもつ複都制がとられたため、難波宮はずっと維持されていたのですが、前述したような事情でそれが困難となったこともあって、桓武は廃都を決断したのです。その強い意志は、難波宮の資材を長岡京造営に再利用させたことにも示されています（もちろん造都による財政支出を抑えるためでもあった）。

皇太子早良親王の死

ところが延暦四年（七八五）九月、桓武が絶大な信頼を寄せていた造長岡宮使藤原種継が、造営工事を督励中に暗殺されました。この事件は、長岡遷都に反対する勢力が皇太子早良親王を擁して起こしたものとの見方がありますが、その一方で反対派の中には後に平安京造営に携わった者もいること、桓武の子、安殿《あて》親王に近い種継（安殿の母は種継の従姉妹藤原乙牟漏《おとむろ》）と早良が以前より不仲だったことなどから、皇位継承をめぐる対立が要因、とする説もあります。結局数十名の関係者が捕らえられ、早良は長岡京内の乙訓寺《おとくにでら》に幽閉されましたが、自ら飲食を断って（実際には政府側が飲食を与えなかったとする説が有力）淡路へ流される途中、絶命しました。この皇太子早良親王の壮絶な死は、後述するように桓武を深く悩ませることとなります。

新王朝誕生を告げる神事

さて延暦六年（七八七）十一月、桓武は長岡京の南、河内国交野《かたの》の地（大阪府枚方市《ひらかた》）で、「交祀《こうし》」と呼ばれる祭祀を行います。これは、中国の皇帝が都の南方の地に円丘を築いて天帝（天にあって宇宙を主宰する神）と太祖《たいそ》（自らの王家の祖）を祀《まつ》った神事にならったものですが、この時桓武は太祖を父の光仁天皇としています。これは本来なら神武天皇とすべきところですが、**桓武がそれを父としたねらいは何だったのでしょうか。**

考えられるのは、光仁が天命をうけ、従来の天武系にかわって天智系の新王朝をつくった始祖ととらえようとした、ということです。これも既にふれたように、母が渡来系下級氏族出身というハンデをもち、即位当初は天皇としての十分な正統性をもっていなかった桓武が、このようにしてこれを強化させることを狙ったといえましょう。

平安京への再遷都

しかしその後、冒頭に掲げた年表に示したように、桓武の生母や妻が次々と亡くなったり、延暦十年（七九一）には皇太子となった安殿親王が発病し、それがあの早良親王の祟りによるもの、と卜《うらな》いで出てしまいました。そこで桓武は、その霊を慰めるために淡路にある親王の墓に使者を遣わして墓域を清浄に保たせたりしています（さらに平安遷都後の同十九・八〇〇年には崇道《すどう》天皇と追称）。

一方、長岡京は未だに造営が続いていたにもかかわらず、同十一年には大雨による洪水で大きな被害を受けました。ここに至って桓武は翌年一月に遷都を決意し、山背国葛野《かどの》郡宇太《うた》村の地（京都府京都市）を視察させました。そして同十三年（七九四）十月に新京へ移り、翌月これを平安京と名づけました。この長岡京からの再遷都の理由については、種継の暗殺や早良の怨霊を怖れたことなどもあげられていますが、関西大学の西本昌弘氏は、水害が相次いで明るみに出た長岡京の地形的な制約、という点に注目しています。水害に遭いやすいのは平安京も同じですが、長岡京は遷都を急いだために、宮（皇居と役所の部分）と京（宮を含む都全体）のバランスを欠き、そのことが役所における政務再興を考えていた桓武には不満だった、というのです。

あるいはこの再遷都には、側近の和気清麻呂が密かに桓武に勧めた、という事実から、背景に政争があり、かなり緊迫した政治的状況の中で天皇が決断し実行したもの、という推測もなされています。それは、**これまでの都とは異なる新京の名前のつけかたにも示されているというのですが、どういうことかわかりますか。**

答えは、それまでの都の名前がすべて地名に由来していたのと異なり、初めて「平安」という世の中の安泰を願う天皇の気持ちからつけられた、ということです。

なお平安京ができた地には、もともと渡来系の秦氏の邸宅があったとの記録があり、今回も同氏一族が都の造営に大きく貢献していました。

坂上氏の出自

さて既にふれたように、桓武はその出自から渡来系氏族を重用しました。表9は、それらをまとめたものです。**この中にとても有名な人物が含まれていますが、お気づきでしょうか。**

そうです、蝦夷征討で活躍した坂上《さかのうえの》田村麻呂《たむらまろ》も、渡来系氏族出身の人物だったのです。坂上氏は代々武を以て朝廷に仕え、田村麻呂の父苅田麻呂は光仁天皇の信頼を得て栄達し、鎮守将軍[*]となっています。また、あの道鏡[**]を下野へ左遷させる上でも力を尽くしました。その子田村麻呂も近衛府（天皇の側近くで警護することを任務とする役所）の役職を歴任し、またその姉妹が皇太子時代の桓武の後宮に入り、さらには即位後

表9　桓武政権に貢献した主な渡来系氏族関係者

人　名	業　績	出自・桓武との関係
菅野真道	桓武のブレーン	百済系渡来氏族
藤原継縄	桓武の信頼厚く、右大臣となる。	妻が渡来氏族の百済王明信で、桓武の寵愛を受けた。
藤原小黒麻呂	大納言。桓武の政権運営に貢献。	妻の一人は渡来氏族秦氏の娘。
坂上田村麻呂	征夷大将軍。蝦夷征討に活躍。	本姓は渡来氏族漢（あや）氏
和（やまとの）家麻呂	渡来氏族で初めて公卿（太政官最高幹部）となる。	桓武の従兄弟

にも娘を入内させるなど、桓武とはきわめて近い関係にありました。

＊蝦夷鎮圧のために陸奥に設けられた鎮守府の長官。後に鎮守府将軍と呼ばれた。
＊＊称徳天皇の寵を得て権勢を振るい、皇位につけようとする動きもあったが、藤原百川らの妨害により失脚した。

征夷への坂上田村麻呂登用の意味

一方、蝦夷征討は光仁天皇以来の事業であり、はかばかしい成果を得られないまま、桓武の代までもちこされていました。実は律令国家の人々と蝦夷の人々とは、対立ばかりしていたわけではなく、交易もさかんに行われていました。したがってそのような状況の中での征討は難しく、桓武としては成果を上げないまま征討軍が解散して帰ってきてしまうことが不満でした。そこで延暦十年（七九一）、征東大使に大伴弟麻呂、**四人の副使の一人として田村麻呂を起用したのですが、このねらいは何だったのでしょうか。**

答えは、特に信頼の厚い田村麻呂を起用することによって、それまで中途半端に終わっていた蝦夷征討に、桓武の意志をより明確に反映させ、戦略を確実に実行させようとした、ということです。田村麻呂の参陣によって征討軍が大きな成果を上げたことは、ご承知のとおりです。そしてこのことも、少なくとも結果として光仁を始祖とする新王朝の権威を高める上でプラスとなったことでしょう。

謎をうけて—東アジア情勢から見た「軍事と造作」

そもそも父光仁の即位に反対する勢力が存在したこと、母の出自に問題があったことなどから、桓武の即位は当初、多くの反対がありました。桓武はこれらを克服するため、渡来系氏族の支持を得ながら、新しい考えのもとに都をつくり、蝦夷征討に一定の成果を上げることなどにつとめたのでした。

ところで桓武政権の権威を確立させる上で重要な二つの政策であった「軍事と造作」は、いずれも大量の人員を動員することが必要でしたが、これが可能となったのは、当時の**唐や新羅の政情とも関係がありました。どういうことかわかりますか。**

それは、白村江《はくすきのえ》の戦い（六六三年）での大敗以来、日本は唐と新羅の侵攻に備えるという軍事体制をとってきたのですが、両国ともに内乱が起きて力が衰えたため、その必要性がなくなった、ということです。実際に宝亀十一年(七八〇)には畿内と陸奥・出羽などの辺境地域を除く軍団兵士制は縮小、延暦十一年(七九二)には陸奥・出羽・佐渡・太宰府以外は廃止され、健児《こんでい》制（一般人民ではなく郡司などの有力者の子弟を採用）となりました。そして、これによって余った兵力・労働力が「軍事と造作」に投入可能となったのです。東アジア情勢の変化と桓武の政策遂行とが、深く関係していたことにもっと注目すべきではないでしょうか。

【参考文献】

・坂上康俊『日本の歴史05 律令国家の転換と「日本」』(講談社、二〇〇一年)
・井上満郎『桓武天皇』(ミネルヴァ書房、二〇〇六年)
・川尻秋生『日本古代史⑤ 平安京遷都』(岩波書店、二〇一一年)
・西本昌弘『日本史リブレット 桓武天皇』(山川出版社、二〇一三年)
・熊谷公男「坂上田村麻呂」(石上英一他『古代の人物④平安の新京』清文堂出版、二〇一五年)

9 国司が受領と呼ばれるようになったわけ

受領をめぐる謎

『今昔物語集』に、信濃守《しなののかみ》藤原陳忠《のぶただ》が任を終えて上京する途中、峠の懸け橋から馬もろとも転落したものの、這い上がってくる際にもてるだけの平茸《ひらたけ》（食用きのこの一種）を携え、上で心配していた供の人々をあきれさせた有名な話があります（巻第二十八　藤原陳忠、御坂《みさか》より落ち入る語《こと》、第三十八）。この中に「受領《ずりょう》は倒るる所に土をつかめ」（転んでもただでは起きない、の意）という台詞《せりふ》があり、これは平安中期における受領の強欲さを示していますが、守というのはもともと律令制下の地方官である国司（図19）の長官をさします。それが、このころ受領と呼ばれるようになった背景には、どのようないきさつがあったのか、見ていくことにしましょう。

◇

ありえない戸籍のなかみ

律令体制下の税である租庸調は、人を対象として賦課されるものでした。そして、その人を国家として把握するために戸籍と計帳（徴税のための原簿）が定期的に作成されたわけですが、これらが実態と合わない

図19　因幡守橘行平の赴任（「因幡堂縁起絵巻」）　（東京国立博物館所蔵）

ものとなってしまったのです。

これには大きく二つの事情がありました。一つは、重い税負担を嫌った多くの人々が、本籍地を離れて他所へ移住してしまったことです（この点後述）。そしてもう一つは、そもそもこの戸籍制度の実施自体に無理があった、ということです。すなわち中国とは異なり、当時の日本では夫婦関係が流動的で、今でいう家族のまとまりが弱かったにもかかわらず、政府は便宜上戸籍を作成したため、実態からかけ離れていってしまったのです。

例えば延喜二年（九〇二）阿波国板野郡田上郷の戸籍を見てみると、現実にはありえない記載がなされています。それは圧倒的に女性が多い、ということです。例えばある戸主のところには四十六人が記されています（このこと自体が生活実態とは大きく異なる）が、**このうち何と四十人が女性でした。なぜこのような記載になっていると思いますか。**

これには、調庸がかからない女子で申告しておきたい、という庶民の思惑があったと考えられ、それをとにかく把握する人数だけは減らしたくない国司や郡司が受け容れた、という事情があったようです。なお、この戸籍には百歳以上の女性も何人か記されていました（これが本当なら、現代に近い？）。

国家財政の逼迫

その一方で、八世紀末ごろから国家財政は厳しい状態になっていました。蝦夷《えみし》（東北地方に住み、政府に抵抗した人々）対策や宮都・寺院造営などの臨時的費用がかさんだ他、貴族・官人の数が増大したために、その人件費がふくれあがってしまったこと、などがその背景としてあげられます。

このため例えば多くの子女をもうけた嵯峨天皇（在位八〇九〜八二三）は、財政削減の一環として、あることを行いました。**それはどのようなことだと思いますか**。

答えは、子どもに「源」という姓を与えて皇親から離脱させる、ということでした。ちなみにこの時代の皇太子への給与は左右大臣と同じで、ほぼ一国分の租庸調に匹敵しましたから、皇親の数を少しでも減らそうとした、というわけです。

有力な「浪人」の誕生

さて、天平十五年（七四三）に出された墾田永年私財法を契機として、各地で墾田開発がさかんとなりました。その主体には郡司のような伝統的な有力者だけではなく、一般農民も含まれていました。彼らの中には有力となり、やがて郡司の支配からも自立し、自らの資産で食料を提供して浮浪人（前述した重税を嫌って本籍地を離れた農民）や周辺農民などを雇い、大土地経営を行う者も現れました（「富豪之輩」）。そして自身も戸籍を離脱し、その結果「富豪之浪人」などと呼ばれる人々が増えていったのです。

国司制度の変質

ここに至って政府は、従来の律令制にもとづく税制がもはや機能しなくなったことを認識し、こうした「富豪之浪人」たちが蓄えた富を吸い上げるようなシステムを築き上げる必要に迫られました。*そして地方にあって、その矢面に立った（立たされた）のが国司だったのです。律令制下の他の官職と同様に、国司も四等官制（守《かみ》―介《すけ》―掾《じょう》―目《さかん》）をとっており、彼らの総意を以て地方行政にあたっていました。しかし、これまで述べてきたような新たな状況の中で、「富豪之輩」や「富豪之浪人」たちから徴税を行うという困難な仕事を実現させるためには、国司のトップである守（「官長」とも呼ばれる）に権力が集中していかざるをえませんでした。**このことに関し、有名な尾張国郡司百姓等解文《げぶみ》***の中の一条で、「（租穀について）それまで、ある国司は段別一斗五升、別の国司は二斗以上だったのを、藤原元命は三斗六升に増やした」と訴えています。それまで元命が大幅に増税したことを非難しているわけですが、それとは別にもう一つわかることがあります。**それはどのようなことでしょうか。**

答えは元命以前の国司が賦課した税率が、一斗五升、あるいは二斗以上と人によって異なっていましたが、それについては非難しておらず、この点から国司が税率を変動させること自体は認められていた、ということがわかるのです。****

＊なお、それまでの租庸調及び公出挙利稲などは官物、雑徭《ぞうよう》（労役税）などは臨時雑役という形にそれぞれまとめられ、い

ずれも田地に対し賦課されるようになった。
＊＊これに伴い、介以下の任用国司は有名無実化していった。
＊＊＊永延二年（九八八）、尾張の郡司・百姓らが国司藤原元命《もとなが》の悪政に対し三十一ヵ条にわたって訴えた文書。
＊＊＊＊さらに中央へ納める税のチェックも、それまでの政府の各役所にかわって国司自身が行うようになった。

郡司の弱体化

さて、この解文の作成者として名を連ねる郡司も、当初は実質的な地方行政の担い手として国司に対し比較的強い独立性をもっていましたが、国司（官長）への権力集中に伴い、その立場は大きく変わっていきました。すなわち、国司（官長）の郡司に関する人事権が強まり、八世紀末にはその任用に際しては伝統的な家柄よりも徴税能力の高い者が優先されるようになったのです。また、郡司に対する処罰権をもっていた任用国司が有名無実化し、九世紀末には国司（官長）にその権限が奪い取られてしまいました。こうして郡司は、国司（官長）の部下としての性質を強めていったのです。

国司VS在地の有力者

それでは「富豪之輩」や「富豪之浪人」たちは、権限を強めた国司（官長）からの税の収奪に、どのように対応したのでしょうか。

今は昔、大蔵大夫藤原清廉《きよかど》という者がいた。前世がねずみだったのか、猫をひどく怖がったので、世間の人は清廉に猫怖《お》じの大夫《だいふ》とあだ名をつけた。さてこの清廉は、山城・大和・伊賀の三国にたくさんの田をもつ大変な財産家だったが、藤原輔公朝臣《すけきみあそん》が大和守の時、清廉はその国の税をまったく納めなかった。輔公が清廉を侍の宿直する部屋に閉じ込めてこのことを問い詰めると、清廉は調子のよい返答をしたが、内心では「何をぬかすか、この貧乏国司。屁でもひっかけてやろうか。国に帰って東大寺の荘園の中に潜り込んでしまえば、どんなに偉い国司様でも責め立てられまい。ちゃんちゃらおかしい」などと思っていた。輔公はなおも迫ったが、清廉はうまく言い逃れ、笑みさえ浮かべている。輔公は怒り、灰毛まだらの身の丈一尺余りの大猫を五匹、清廉のいる部屋に入れたので、清廉はみるみるうちに真っ青になり、今にも気を失いそうになった。そしてとうとう税を納める旨を約束した書類を書かされてしまった。

（『今昔物語集』、意訳・要約）

右の話から、**藤原清廉は国司からの税の督促をどのようにして逃れようと考えていたか、読みとってください。**

そうです、国司の追求を受けにくい大和国内にある東大寺領の荘園に潜り込もうとしていたのです。地方の有力者たちは、院宮王臣家《いんぐうおうしんけ》（院、中宮、皇族や上級貴族たち）の従者となったり、衛府などの中央官庁の下級官人になったりして、その権威をかさに国司（官長）の命令にはなかなか従おうとしませんでした。

「国司」から「受領」へ

以上見てきたように、地方社会の大きな変質に対応し、政府は国司（官長）にある程度権限を委ね、各国での徴税を担わせるようになったわけですが、国司が交替する際、事務手続きに不備がないかどうかを勘解《かげ》由使《ゆし》と呼ばれる中央派遣の役人（八世紀末ごろに設置）によって監査させることで、統制するようにしました。*一般に、ある官職についた者が、前任者から官物（ここでは税ではなく、役所の施設や財産・文書などをさす）に対する管理責任と権限を引き継ぐことを「受領」といいましたが、これが特に国司の交替の際に用いられるようになりました。そしてさらに官物を受領する人自身、すなわち国司の中で現地支配の最高責任者となった官長自身を「受領」と呼んで、他の任用国司と区別するようになっていったのです。つまり受領とは、律令制的な税徴収ができなくなった情勢に対応して生まれ変わった国司（官長）の新しい呼び名だった、というわけです。

*現地勢力の抵抗によって税不足が常態化し、このことをめぐって前任と新任の国司の間で争いが目立つようになり、勘解由使は両者の主張を裁定した。仁和四年（八八八）には、国司に対し毎年の税に加え、それ以前の累積した未納額の一割を納めれば残りは免除することとした。しかしそれでもこの一割の額自体が巨額にのぼったため、その五年後には前年の未納額の一割だけを加えて納めればよいことに変更した。

受領の配下となった人々

ところで、いくら受領に権限が集中したとはいっても、広い国内で税を取り立てるためには、さすがに一人ではどうにもなりません。任用国司も有名無実化し、郡司たちにもかつてのような力はなかったので、受領は威嚇・懐柔などあの手この手で他ならぬ「富豪之輩」を国務に従わせようとする一方で、都から自らの配下として徴税の実務に長けた人たちを複数採用するようになりました。次に紹介するのは、このうち後者についての話です。

今は昔、伊豆守となった小野五友《いつとも》が目代《もくだい》（受領の代官）として採用した男は、六十歳くらいで事務能力も高く、まわりの仲間たちにもとても信用される評判のよい人物だった。ある時、この目代が五友の前で事務をとっていると、大勢の傀儡師《くぐつし》（各地を遍歴しながら操り人形などを用いて歌ったり踊ったりする芸能民。人々から賤視された）たちがやってきて歌舞を披露した。すると目代は、その歌にあわせてからだを動かし始め、やがて大きくしわがれた声を張り上げて歌い出した。そしてついには「昔のことが忘れられなくて」と言うやいなや、急にその場に起ち上がり、走って踊り出した。五友は驚き、館の人々は笑い興じたので、目代は恥ずかしくなり、その場から飛び出し逃げていった。五友がわけを尋ねると、傀儡師たちは「あの人も昔、傀儡師をしていたのに、能力が高く、出世して目代になっていると聞いたので、昔の心が消え失せているのではないかと思い、こうして御前にまかり出て囃《はや》してみたのです」と答えた。一同納得し、その後は「傀儡師目代」とあだ名をつけられて笑われたが、五友は気の毒に思い、以前と同じように目代として用い続けた。

（『今昔物語集』、意訳・要約）

これより受領の配下となった者について、どのようなことがわかるでしょうか。

それは、賤視された芸能民の出自をもつ者であっても、とにかく実務能力に長けていれば受領の配下として活躍できた、ということです。彼らは一方では、受領の権威を背景に百姓たちへのさまざまな不法行為（規定量以上の税の取り立てや接待・付け届けの強要など）を行ったようで、その状況が前掲の尾張国郡司百姓等解文において糾弾されています。
なお受領は京に上る際、任国から大量の特産物を（この後、少しでも実入りのよい国の受領に任じてもらおうと）摂関家などの上級貴族たちに贈るため、配下の者たちに運ばせました。冒頭で紹介した藤原陳忠の話も、そうした際に起こったできごとを描いたものと考えられます。

謎をうけて

「受領」というのは、もともと税制に実態とのズレがあった上に、国家が独立性を強めた地方の有力者たちから何とか税を徴収しようとして、国司のトップである官長に権限を集中させた結果を象徴する呼び名だったのです。そして終わりの方で述べたように、その受領たちも、大量の特産物などを贈って何とか自分たちの地位を上昇させようと躍起になっていました。その贈り先こそ、彼らの人事権を握る藤原摂関家、後には院だったのです。

【参考文献】
・武石彰夫訳注『今昔物語集　本朝世俗部（三）』（旺文社、一九八八年）
・坂上康俊『日本の歴史05　律令国家の転換と「日本」』（講談社、二〇〇一年）
・佐々木恵介『日本史リブレット　受領と地方社会』（山川出版社、二〇〇四年）

第2章

中世

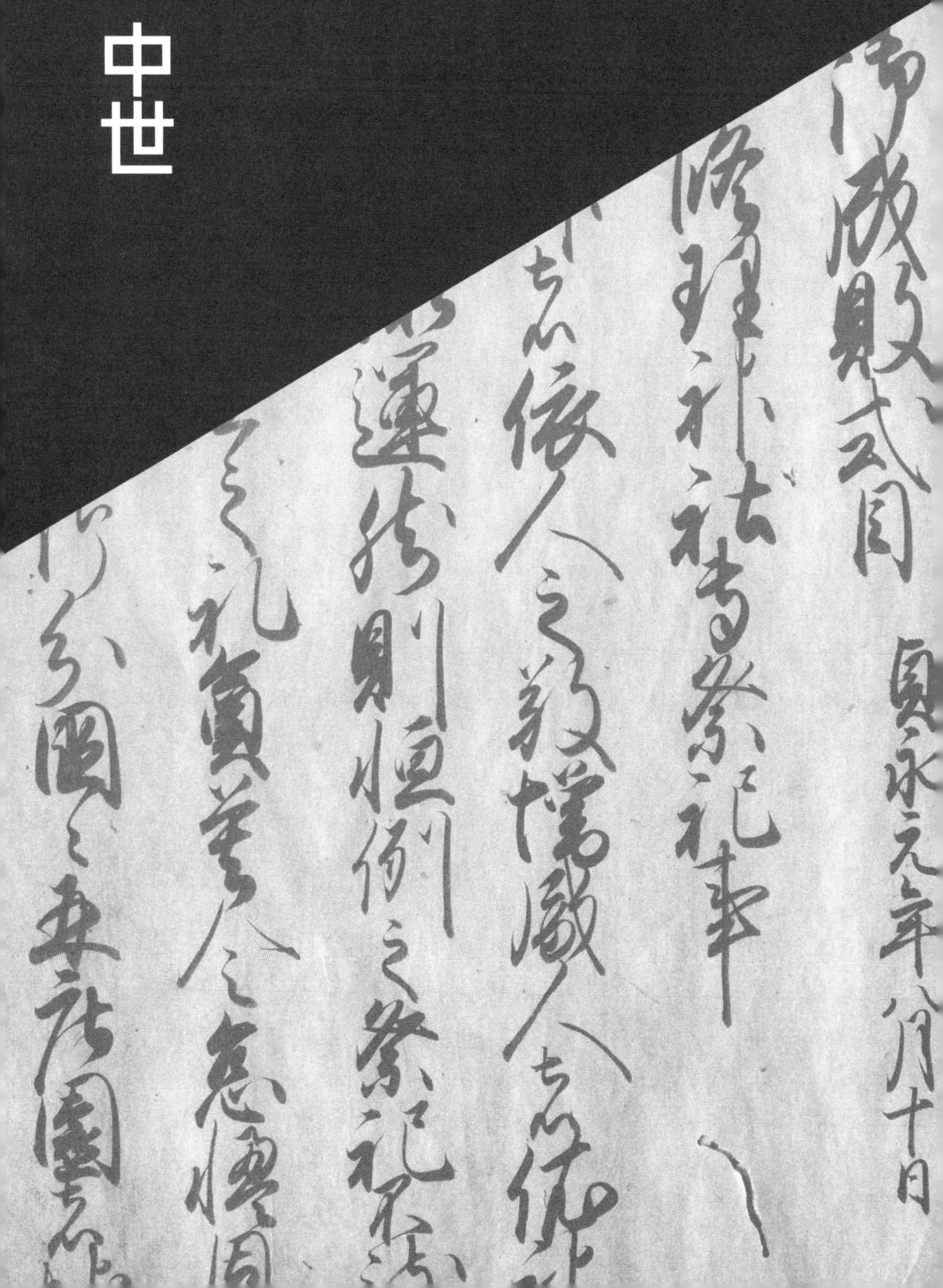

10 院政はどのように成立したのか

院政成立をめぐる謎

院政とは、上皇や法皇が自ら国政を行ったことをさし、一般には応徳三年（一〇八六）、白河天皇が幼少の堀河天皇に譲位して始めた、とされています。しかし、上皇自体は奈良時代以降、何人も存在していたのに、なぜ白河以前は院政が実現しなかったのでしょうか。平安末期の社会情勢と院政には、何らかの関わりがあるのでしょうか。それにそもそも白河は、当初から何らかの政権構想をもって国政を担当しようとしていたのでしょうか。以下、見ていくことにしましょう。

◇

摂関家の陰り

ご存じのように平安後期に藤原道長は、娘たちを次々と四人の天皇の后とし、外祖父の立場を得て最高権力者となりました。そしてその地位は長く続くかに思われましたが、嫡子頼通の時代になると、早くも陰りが見え始めます。その理由として、まず頼通には父道長のように多くの娘ができず、ついに外祖父となれなかったことがあげられます。また道長の子どもが多いということは、すなわち頼通に男の兄弟が多いことを意味し、そのため例えば四歳下で、頼通と同様に嫡男としての扱いを受けた教通《のりみち》との関係も微妙なものとなりました。*

　さらに図20の関係系図を見て、**道長の男子たちに関し何か気づくことはないでしょうか。**

　それは、摂政や関白となったのが倫子の子に限られる、ということです。一方の明子も倫子と同様、道長の正妻の地位にありましたが、その子たちが比較的冷遇されたのは、どうやら明子の父、源高明が安和の変**で失脚したことが関わっているようです。

　しかし明子の子、能信《よしのぶ》は、頼通に対抗して寛徳二年（一〇四五）に後朱雀天皇が東宮（皇太子）親仁《ちかひと》へ譲位する（後冷泉天皇）際、頼通とつながりのない尊仁《たかひと》を東宮とするよう迫り、これを実現させました。

　治暦四年（一〇六八）に後冷泉天皇が死去し、その尊仁が即位します（後三条天皇）。ここに宇多天皇以来一七〇年ぶりに藤原氏を外戚としない天皇が誕生しました。

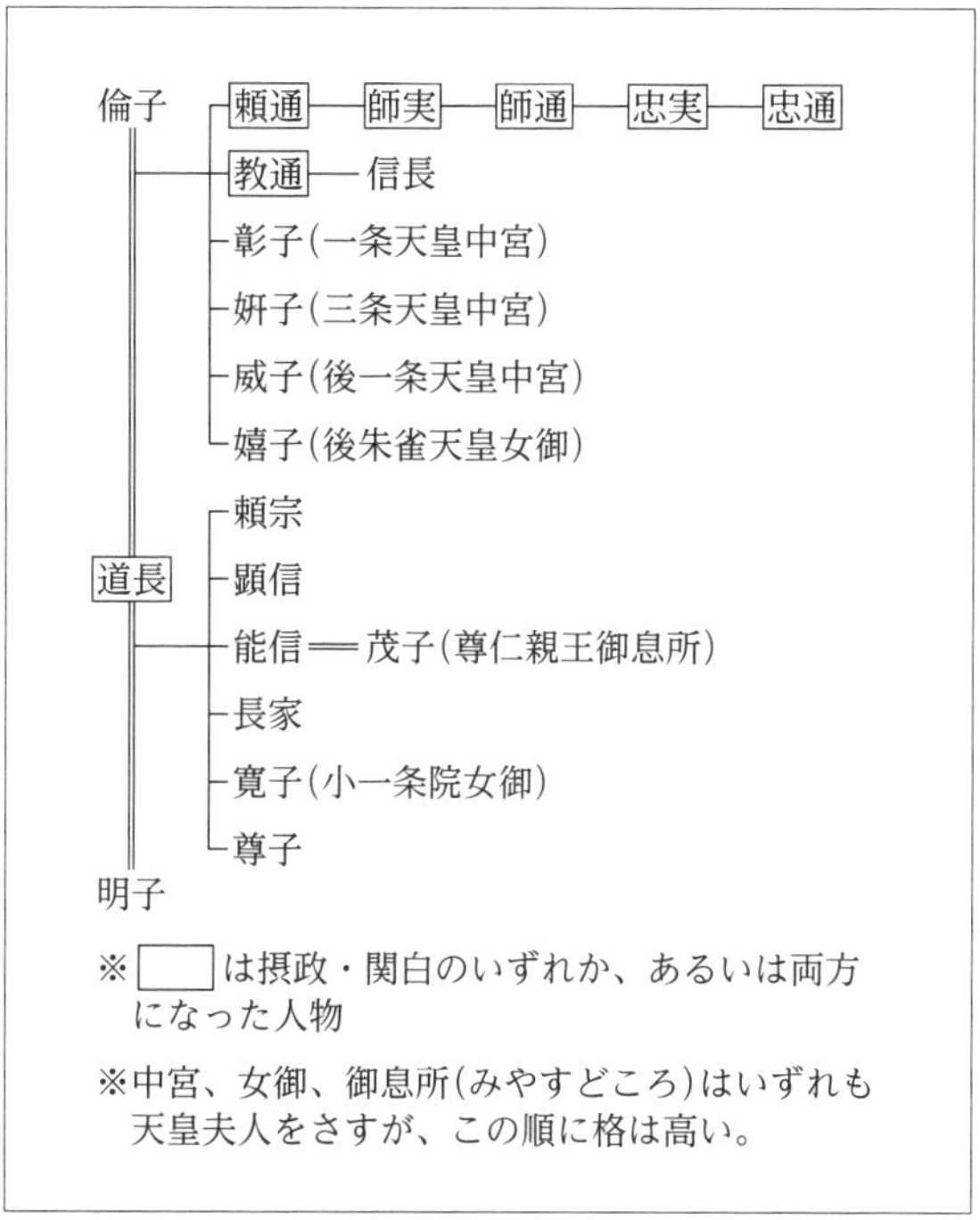

図20　藤原道長関係系図

＊道長も兄弟はいたが次々と病死し、競合者はいなくなった。
＊＊安和二年（九六九）、右大臣藤原師尹《もろただ》らが、左大臣だった源高明に皇太子を廃そうとする陰謀があるとしてこれを追放した事件。

実現しなかった後三条院政

二十三年もの東宮時代を経験し、満を持して即位した後三条天皇は、長年続いた摂関家の政治的影響力から解放され、天皇を主体とした改革を行いました。その代表的な政策が、延久元年（一〇六九）に出された荘園整理令です（この法令の内容・意義については後述）。そして同四年、天皇は突如、摂関家傍流（道長の叔父公季《きんすえ》を始祖とする閑院流）の出で、能信の養女の茂子《もし》を母とする東宮貞仁《さだひと》に譲位し（白河天皇）、それと同時にその異母弟でわずか二歳の実仁《さねひと》（生母は源基子《きし》）を皇太弟と定めました。**ここで後三条は、なぜ貞仁の妃となった賢子《けんし》（源顕房《あきふさ》の娘で頼通の嫡子師実《もろざね》の養女）が生むであろう子ではなく、わざわざ弟を次の天皇にしようとしたのでしょうか。**

それは、既に決まっていた貞仁はともかく、その次からは摂関家と関わりのない実仁を即位させることによって、天皇家の政治的な主体性を確立しようとしたから、と考えられています。そして、ここでさらに重要なのは、それまでずっと摂関家によって握られていた天皇の人事権を、天皇自身が自らの譲位と引き替えに奪い取った、という点なのです。ですからこの後しばらくは後三条上皇が最高権力を掌握し、いわゆる院政を始めてもおかしくはありませんでしたが、それは実現しませんでした。なぜなら譲位のわずか一年後に上皇が死去してしまったからです。

白河の裏切り

こうして後三条が中継ぎ目的で即位させた白河天皇は、父の死により、その遺志に反しながらも父とまったく同じやり方によって、自らの血筋による皇位継承を図りました（図21）。すなわち、まず皇太弟実仁が応徳二年（一〇八五）に病死すると、もう一人の弟輔仁《すけひと》（母は実仁と同じ源基子）がいるにもかかわらず、翌年には当時八歳の第二子善仁《たるひと》（母は賢子。なお第一子敦文《あつふみ》は承保四・一〇七七年に夭折《ようせつ》）を皇太子とし、同日に譲位しています（堀河天皇）。この時、**白河は堀河の後継をあえて定めませんでした。なぜかわかりますか。**

答えは、この時点で定めてしまうと、異母弟輔仁を皇太弟とせざるをえず、それを避けて将来生まれるであろう堀河の嫡男を後継とする、という意思を示すためでした。そして嘉承二年（一一〇七）七月、堀河が在位中に死去すると、白河は自らの命令により輔仁ではなく、堀河の嫡子で五歳の宗仁《むねひと》を即位させたのです（鳥羽天皇）。その輔仁は永久元年（一一一三）、天皇呪詛《じゅそ》事件（真偽は不明）に巻き込まれて失脚したため、ここに白河の家父長権が確立しました。

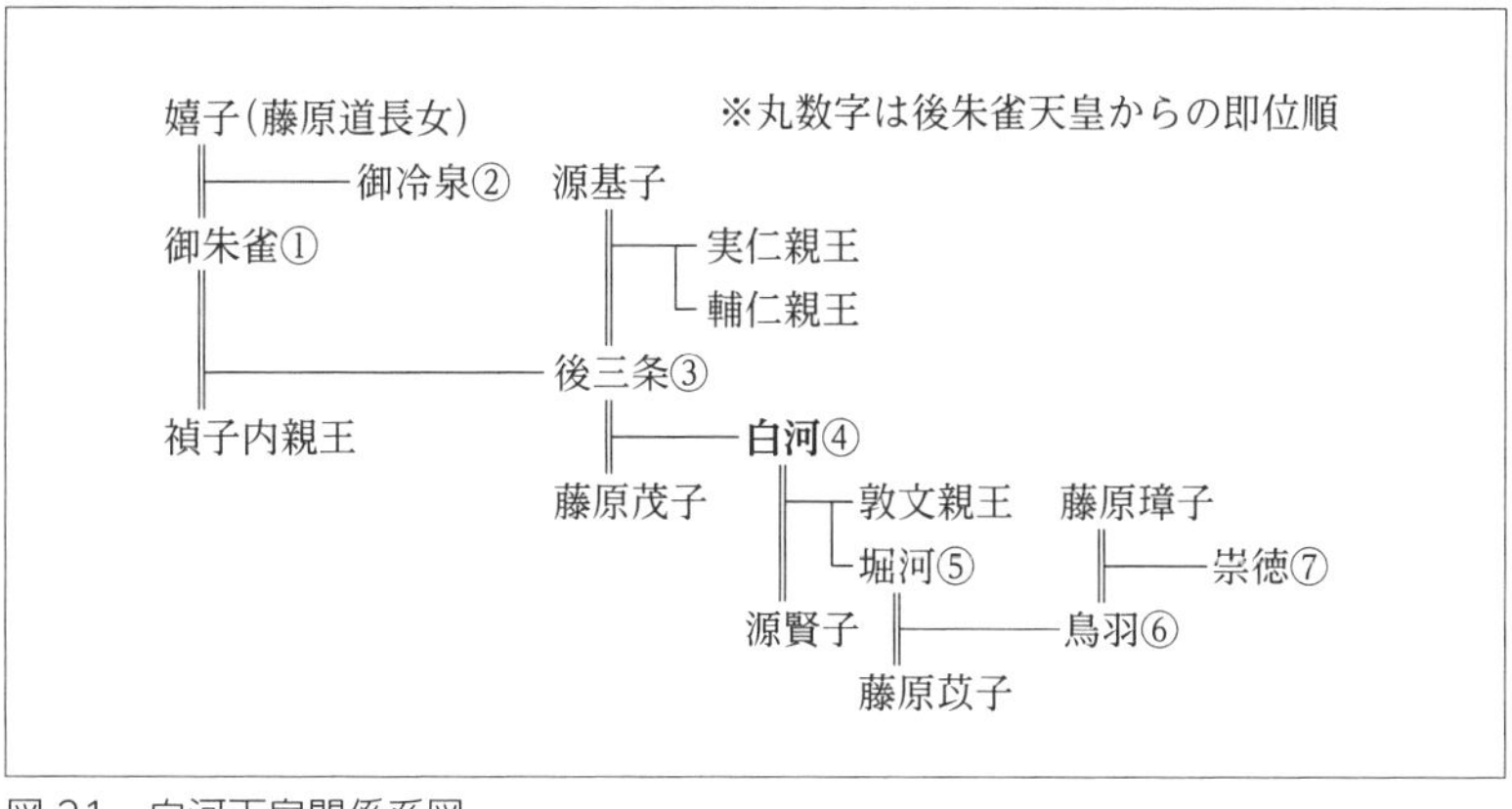

図21　白河天皇関係系図

白河にとって大切なこととは

ところで冒頭でも紹介したように、通説では白河が堀河天皇に譲位した時点で院政を開始した、とされていますが、どうやら実態は異なるようです。すなわち、堀河天皇の幼少期は摂政、また長じてからは関白となった藤原師実《もろざね》や、その嫡子で関白職を引き継いだ師通《もろみち》が、天皇の意をうけて政治を行っており、*基本的には摂関政治ないしは天皇親政とも呼べる状態でした。

ところが鳥羽天皇の成人後、時の関白忠実《ただざね》（師通の嫡子）が、その娘勲子《くんし》（後に泰子《たいし》と改名）を入内《じゅだい》させようと独断で天皇と交渉したことに激怒した白河は保安元年（一一二〇）十一月、忠実の内覧を停止して（事実上の関白罷免）宇治に謹慎させてしまいました。**それまで摂関家と対立していたわけでもない白河が、なぜこの問題についてはこれほど厳しい処置をとったと思いますか。**

それは、これを黙認することは、それまで自らが握っていた次期天皇の決定権を現天皇に奪われることを意味するからであり、白河は忠実を謹慎させることによって、間接的に鳥羽にそのことを理解させようとしたのです。事実、鳥羽はこれ以後、白河に対し従順になりました。保安四年、白河は鳥羽の子で、璋子《しょうし》（閑院流出身で白河の養女）を母とする顕仁《あきひと》を即位させ（崇徳《すとく》天皇）、その六年後の大治四年（一一二九）には関白忠通（忠実の子）の娘聖子《せいし》をこれに入内させました。

こうして白河は、自らの意思により子から孫、そして曾孫に至るまでの皇位継承を実現させ（皇位継承者以外の男子は幼くして出家させた）、この年に七十七歳で逝去したのです。

さて、これまで見てきたように、白河は初めから院政を行う目的で譲位したわけではありませんでした。この点に関し東京大学の本郷恵子氏は、三代の天皇に対して長期間保持し続けた父権を根拠に政治的権威を獲得し、それがいつしか実績となって院政というものを人々に認めさせていった、と指摘しています。

＊ただし寺社による強訴などの重大事案に関しては白河院と協議し、その裁断に従って対策を決定したりもしていた（この点も後述）。

摂関家という立場の変化

ところで頼通以後、摂関家の立場はどのように変化していったのでしょうか。天皇の外祖父となれなかった弱みのある頼通は治暦三年（一〇六七）、関白職を弟の教通に譲りますが、その後二人の嫡子どうし（師実と信長）が関白職をめぐって競合し、結局師実がその養女で白河の中宮となった賢子の嘆願により関白となりました。

その子師通は、前述したように堀河天皇と提携して辣腕を振るいますが、承徳三年（一〇九九）に三十八歳の若さで急死してしまいます。この六年後、白河によりようやく関白就任を認められた忠実は、堀河天皇が死去して鳥羽天皇が即位すると、摂政の地位を望みます。ところが鳥羽の生母苡子《いし》は閑院流の出身であり、その伯父公実《きみざね》（父は死去していた）も同職を要求したため、忠実は窮地に立たされました。白河は迷ったあげく、結局は忠実を摂政としますが、こうしたことを通じて摂関家の地位は、完全に院の下に置かれることとなりました。それと同時に忠実以降、天皇の外戚ではないにもかかわらず、道長の子孫である御堂《みどう》流に摂政・関白が世襲されるようになったのです（摂関と外戚の分離）。

院政期の政治構造

図22は、中世史研究者の元木泰雄氏の研究に基づき、摂関政治期と院政期の政治構造を示したものです。

どのような変化が起きているでしょうか。

まず摂関政治期には、外祖父としてミウチとなった摂関家が実質上の最高権力を掌握していましたが、院政期には外戚ではなくなったことによりミウチを離れ、天皇の父（あるいは祖父・曾祖父）がこれにとってかわります。そして摂関家傍流の閑院流や小野宮流藤原氏、醍醐・村上源氏などの公卿、優れた実務能力をもつ中・下級貴族、院の政治顧問的役割を果たした学者などが、父院を支えていったのです*。

なかでも注目されるのが、院の近臣（院司）となった実務官僚たちです。一般にこの時期の政治は、院庁で行われたとされてきましたが、この院庁とは上皇のためだけの役所であり、直接国政に関わる機能をもってはいませんでした。中央官制である太政官は厳然として存在していたのです。しかし天皇を通じて太政官の人事を握っていた院は、彼らを弁（太政官の事務局長）や蔵人（天皇の秘書官）などとして配置することによって、政府の命令伝達ルートや政務処理組織を掌握したのです**。

また、同じく院の近臣となった上級貴族たちは、公卿として重要政務を審議する政府の会議をリードしていきました。た

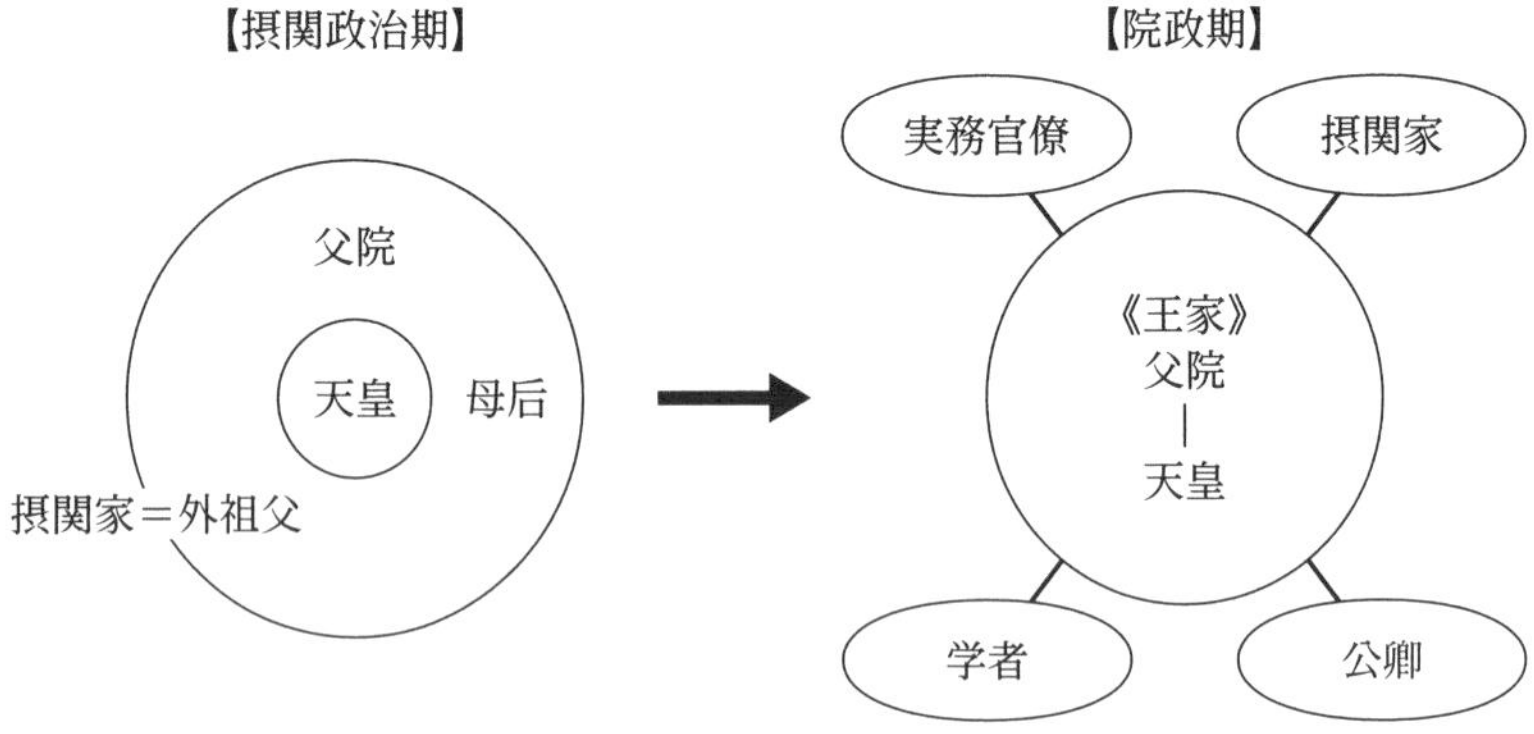

図 22　摂関期と院政期の政治構造　（元木泰雄氏の研究をもとに作成）

だ、こうした会議は次第に機能を低下させ、鳥羽天皇のころからは、これらにかわって院御所で開かれる会議（メンバーは従来の決まりにとらわれず、院の意向により有能な人々が集められた）が、実質上の最高審議機関となっていきました。

＊この点に関し九世紀末から十世紀前半に宇多上皇（後に法皇）は、側近の菅原道真を登用して院政的な政治形態をめざしたが、公卿らの反発を買い、また側近の学者どうしの不和もあって権力基盤をつくることに失敗し、結局藤原氏との融和の道を選んだ。

＊＊この他、実務官僚たちは受領として院の経済基盤を支えた。

謎をうけて―院政成立の社会的背景

最後に、当時の社会情勢と院政成立との関係について見ていきましょう。

話を後三条天皇が出した延久の荘園整理令に戻します。この法令の名前から、これによって多くの荘園が整理され、公領が回復されたかのような印象をもつかもしれませんが、実はそれほど単純な話ではありませんでした。例えば、まずこの法令の中の「寛徳二年（一〇四五）以後に新たにたてられた荘園は停止せよ」という条文は、**裏返して読めばどういうことになるでしょうか。**

答えは、逆にそれ以前の荘園は正式に認める、ということです。そしてここでいう荘園とは国免荘《こくめんのしょう》といって、政府非公認ながら受領の権限で認められたものをさします。当時、内裏や大寺社の焼亡が重なり、政府は荘公を問わず一国平均役という新税をかけようとしていましたが、国免荘のままでは正式な荘園ではなく、しかも公領でもないために、この税を賦課できなかったのです。

それともう一つ、「古くからの荘園でも証拠書類をきちんと揃えて太政官に提出せよ」という条文には、要するにこれも新税をかけるため、すべての土地を荘園か公領のいずれかに明確化させたいというねらいがありました。当然、それにともなって荘園領主と国衙との間でもめごとが頻発するようになり、彼らの訴えはすべて太政官（最終的には院）が処理しなければならなくなります。

その一方、この時代は寺社による強訴《ごうそ》*が増加していました。荘園領主として強大化し、また院と結びついて権威を高めた彼らは、他の有力寺社との対立抗争や内部での派閥抗争をさかんに起こしていたのです。

以上あげてきたような、当時の王朝国家を揺るがす深刻な問題を解決させるために、当時最高の権力をもつに至った院の決断が求められるようになりました。つまり院政とは、藤原摂関家の力が衰えた平安末期の社会情勢が生んだ特殊な政治形態であって、それゆえ明確な政権構想などというものは、もともとなかったものと考えられるのです。

*僧徒らが集団で宗教的権威の象徴である神輿《しんよ》や神木を奉じて入京し、自らの要求実現を求めること。

【参考文献】

・下向井龍彦『日本の歴史07　武士の成長と院政』（講談社、二〇〇一年）
・元木泰雄『日本の時代史7　院政の展開と内乱』（吉川弘文館、二〇〇二年）
・美川圭『白河法皇　中世をひらいた帝王』（NHK出版、二〇〇三年）
・　同　『院政　もうひとつの天皇制』（中央公論新社、二〇〇六年）
・本郷恵子「院政論」（岩波講座『日本歴史』第6巻中世1、岩波書店、二〇一三年）

11／頼朝が平氏を打倒できたわけ

頼朝による平氏打倒をめぐる謎

治承四年（一一八〇）八月十七日、源頼朝は伊豆でわずかな手勢を以て挙兵しました。その後の歴史を知っている私たちは、頼朝が急速に勢力を拡大し、ついには平氏を打倒していくのが自明のことのように思えます。しかしそれならなぜ、挙兵に際し、頼朝の乳母の子、山内首藤経俊《すどうつねとし》や、源頼義以来の家人であった波多野氏は、参加を拒んだばかりか、使者に暴言を浴びせたりしたのでしょうか。

以下、挙兵当時の頼朝が置かれていた状況、東国武士たちがこれに従っていった本当の理由、結果として勢力を拡大し、平氏を打倒できたわけなどについて考えていきましょう。

◇

追い詰められての挙兵

一般に、政治とは無縁な流人生活を送っていた頼朝に対し、平氏の専横に窮した周辺の武士たちが挙兵を強く勧めたため、ようやく重い腰を上げたかのようなイメージを抱いている人も多いと思います。しかし、はたして実態はどうだったのでしょうか。

実は頼朝が配流生活を送っていた伊豆国の知行国主*は、源頼政でした（国守はその子、仲綱《なかつな》）。しかしご存知のように、頼政は以仁王《もちひとおう》とともに挙兵し、治承四年五月に宇治川合戦で敗死、平清盛は仲綱の子で伊豆国目代の有綱《ありつな》を討つため、同年八月二日に家人大庭景親《おおばかげちか》を相模へ下向させました。当然、討手は同じ源氏である頼朝のもとへも向けられる可能性があります。

また、これより少し前の六月十九日、自らの伯母が乳母をつとめた関係で、月に三度京都情勢を知らせてきていた下級貴族の三善康信《みよしやすのぶ》は、頼朝へ「以仁王関係者に対する平氏の追及が厳しくなりつつあるので、早く奥州へお逃げください」と伝える使者を送っています。**以上のことから、どのようなことがわかるでしょうか。**

答えは、以仁王と頼政の挙兵失敗後、頼朝には平氏方によって殺害される危機が迫っており、それを坐して待つか、あるいは一か八かの挙兵にふみきるか、のいずれかを選ばざるをえなかった、ということです。頼朝の挙兵時、これに従った人々は、姻戚であった北条時政や近江の武士で所領を失い放浪中だった佐々木四兄弟ら、ごくわずかな勢力にすぎず、したがって八月二十三日の石橋山（神奈川県小田原市）での敗戦は、当然の結果といえましょう。

*平安後期、国司制度が変形し、特定の貴族や寺社などを知行国主として一定期間国務を執行させるかわりに、その国の収益を与えた。一族や子弟を国守とし、現地には目代（代官）を派遣した。

頼朝に従った上総氏・千葉氏の本音

劣勢だった頼朝を救ったのは、下総の千葉常胤《つねたね》と上総の上総介広常《かずさのすけひろつね》でした。なかでも広常は『吾妻鏡』によれば九月十九日、いったん逃れた安房から房総半島を経て武蔵国隅田川付近まで進んでいた頼朝のもとに、二万騎の大兵力を率いて参上したのです。

ではなぜ彼らは、頼朝に従ったのでしょうか。平氏の打倒・源氏の再興などという大義名分のために本気で起ち上がったのでしょうか。

まず上総介広常は、房総最大の豪族上総氏の家督ではありましたが、一族内には平氏と結んでその統制に従おうとしない者もおり、また相馬御厨《みくりや》（茨城県取手市・守谷市、千葉県柏市・流山市・我孫子市付近にあった伊勢神宮の荘園）の権益をめぐって平氏の家人であった常陸の佐竹氏と争っていました。さらに治承三年のクーデター*により正式な上総介となった平氏の有力家人伊藤忠清《ただきよ》が、広常の所職を奪おうと抑圧してきたのです。

一方の千葉常胤も、佐竹氏により相馬御厨の権益を奪われた他、下総国守で平氏と姻戚関係にあった藤原親政《ちかまさ》により、さまざまな圧迫を受けていました。

以上のように、彼らは平氏勢力から強い圧迫を受けており、自らの権益が侵されるという現状を打開するためにこそ、頼朝のもとに結集していったのです。

なお『吾妻鏡』には、千葉常胤に比べて上総介広常の参陣が遅れ、しかもはじめ頼朝の人物を見極め、とるに足らないと見た場合、広常はこれを討ちとるつもりだった、と記されています。しかし実際には、当時の公家の日記などから、広常は八月末には反平氏の行動を起こしていたことが推測されています。**ではなぜ広常は、『吾妻鏡』でそのような描かれ方をしていると思いますか。**

寿永二年（一一八三）十二月、頼朝は広常に謀反の企てがあるとして、梶原景時に命じ殺害させました。

一方の千葉常胤は一貫して頼朝に忠実に従い、初期の鎌倉幕府を支える代表的な御家人となります。広常の疑いは殺害後に晴れますが、一族を強い統制下におき、独立性の高かった広常の存在は、すべての御家人を直接管轄したい頼朝にとって、危険な存在となっていたのでしょう。[**] そのあたりの思惑を隠すため、『吾妻鏡』では広常の言動をことさら尊大なものとして記述したように思われます。

*この年十一月、平清盛は後白河法皇の院政を停止、約四〇名の院近臣を排するなどして軍事独裁権を掌握した。この時、平氏一門の知行国は三〇余りとなった。

**なお後述する甲斐源氏の一条忠頼(武田信義の子)や安田義定も、その後頼朝により殺された。

源氏一族における頼朝の立場

表10は頼朝が挙兵した治承四年八月から翌年初めにかけての諸国での動きを示した年表です。**これを見て、どのようなことに気づくでしょうか。**

答えは、有名な源(木曾)義仲の他、各地の源氏や寺院勢力などが、次々と蜂起している、ということです。しかも、彼らは示し合わせて起ち上がったわけではありませんでした。[*]

では各地の源氏は、それぞれ頼朝からの指示をうけて挙兵したのでしょうか。

表10　頼朝挙兵直後の諸国での動き

年　月		で　き　ご　と
治承4年 (1180)	8月	源頼朝、伊豆で挙兵。
	9月	信濃で木曾義仲、甲斐で甲斐源氏武田氏、紀伊で熊野別当湛増らが蜂起。
	11月	近江源氏、延暦寺や園城寺と連携して蜂起。美濃源氏らもこれに同調する動きを見せる。
	12月	興福寺と結んだ河内石川源氏らが蜂起。九州・四国でも反平氏勢力が挙兵。

（前日の富士川合戦で敗れた）平維盛《これもり》を追撃するため、頼朝は上洛するよう士卒等に命じた。しかし千葉常胤・上総介広常等はこれを諫め、佐竹氏等の東国の反対勢力を討った後に上洛すべきです、と言上した。このため頼朝は黄瀬川に移って宿陣し、安田義定（甲斐源氏）を守護として遠江に派遣し、武田信義（同）を駿河国に置いた。（意訳）

この『吾妻鏡』治承四年十月二十一日条を素直に読むと、頼朝は甲斐源氏の二名に命じて、富士川合戦後の駿遠両国の治安維持にあたらせようとした、と解せられます。**ところがこの記事の中で、とても気になる語句が一つあるのですが、それはどれでしょうか。**

答えは「守護」です。まだ非合法の一軍事勢力にすぎなかった段階で、守護という役職はまちがいなく存在しませんでしたから、明らかにおかしいのです。もっとも守護という役職はなかったとしても、記事の内容自体は事実だったのではないか、という考えも成り立つかもしれません。しかし吉田経房《つねふさ》という公家の日記『吉記《きっき》』によれば、富士川合戦の際、平氏政権は頼朝とともに武田信義を追討の対象としていますし、安田義定などは、この後義仲が台頭して上洛するとその勢力に加わり、その没落後には、一ノ谷の合戦（寿永三・一一八四年二月、兵庫県神戸市）において源範頼・義経とは別に、一方の大将として参加しています。つまり、明らかに甲斐源氏は後々まで頼朝の統制下にはない形で活動を続けており、したがって先ほどの『吾妻鏡』の記事は、幕府をつくった頼朝に配慮して書かれたものと考えられるのです。

なおこの他、義仲が頼朝に対抗し続けたことは有名ですが、同じ源氏一族である佐竹氏や新田氏なども反頼朝の立場で行動しました（後に屈服）。

頼朝は、一時期京都で勢力のあった義朝の嫡男で、それなりに高い官職にもついていたので、他の源氏一族に比べると、公家たちにもよく知られていました。しかしだからといって、諸国の源氏一族の中で当初から抜きん出た存在だった、ということではなかったようです。

＊このようにこの時期の争乱は、単純に源平の棟梁どうしの戦いととらえることはできず、地域社会や寺院勢力をも巻き込んだ大規模なものであった。そのため近年は、「源平の内乱」ではなく「治承・寿永の内乱」と呼ばれることが多い。

急速に勢力を拡大できたわけ

それでは、必ずしも圧倒的な権威をもっているわけでもなかった頼朝が、なぜその後急速に台頭し、ついには初の武家政権をうちたてるまでに至ったのでしょうか。

自らに従ってきた武士たちに対し、頼朝は彼らの所領を保証したり（本領安堵）、新たな所領を与えたりして（新恩給与）これに報いたわけですが、従来はその際、朝廷からそうした権限やしくみを公認されることが最も重要な問題とされ、このことに関する膨大な研究が積み重ねられてきました。

ところが近年、大阪大学の川合康氏はまったく新しい見解を発表したのです。ここにいう新恩とは、すなわち合戦の結果、敵方から没収した所領のことをさします。つまり新恩給与とは、御家人への恩賞給付ということの他に、**実際にはもう一つ重要な目的があった、というのです。それはどのようなことでしょうか。**

答えは合戦で奪い取った没収地をそのまま占領し続ける、ということです。これによって、いったん逃げた敵が戻ってきても、その土地は取り返されず、戦勝の成果を維持することが期待できるわけです。

ここで何よりも重視しなければならないのは、こうしたしくみが内乱の続く中で形成されていった、ということなのです。戦争がうち続く状況の中では、占領地の維持と拡大が喫緊の課題であり、そのことに対する法的根拠というのは、二の次の問題でした。

頼朝の勝因

ではなぜ同じようなことが、それ以前の軍事貴族*、特に実質的に政権を掌握した平氏にできなかったのでしょうか。

まず、そもそも反乱勢力を鎮圧し、その所領を没収するというのは、王朝国家が行う刑罰（没官刑《もっかんけい》）でした。仮に軍事貴族がそれにあたる場合でも、天皇の命令を伝える宣旨《せんじ》などがないと、刑の執行はできなかったのです。このことと、当時置かれていた頼朝の立場も勘案して、先ほどの疑問を考えてみましょう。

実は、頼朝が東国で挙兵し、しばらくの間は朝敵という立場にあったことが、結果として幸いしたのです。なぜなら、朝敵ですから没官刑を執行するための宣旨をいただく必要はなく（そもそももらえるはずもない）、それゆえ事実としての没官（占領）行為を続けることができました。一方の平氏は、王朝国家の体制内にあった政権でしたから、後白河法皇が認めない限り、自分たちだけで勝手にこうした行為はできなかったのです。

寿永二年十月に発せられていた、いわゆる十月宣旨**によって、頼朝の行為は国家により公認されました。当時京都をおさえていた義仲にではなく、頼朝に期待をかけていた法皇としては、その軍事力のさらなる拡大が必要であり、そのためには頼朝のそれまでの行為を認めざるをえなかったのではないか、と考えられています。

＊古代末期から中世初めに出現した軍事専門の貴族で、具体的には桓武平氏や清和源氏、秀郷流藤原氏などをさす。
＊＊後白河が、東海道・東山道の国衙領・荘園管理者で年貢を納めようとしない者に対する頼朝の指揮権を認めた内容で、実質的にはこれらの地域を頼朝が支配することを王朝国家が正式に認めたことを意味する。

謎をうけて―平氏の敗因

平氏の急速な台頭、特に治承三年のクーデター以降、各地で続いていた武士団どうしの争いは激しさを増し、たとえ同じ平氏方でも特定の武士にのみ特権が与えられたため、その他の武士たちの不満は頂点に達していました。平氏政権はこうした状態を放任したのに対し、頼朝は彼らを広く受け容れ、本領安堵や新恩給与を行って（実際には対立していた武士たちもいたが）平氏打倒という一点のためにまとめあげていくことに成功しました。当然ながら戦意の高い頼朝軍に対し、平氏軍は忠誠心の強い伊勢・伊賀の武士たちを除くと、国家の義務としてかり出された兵士が多く、戦意も低かったと推測され、このことが富士川合戦以後の敗戦の連続、という結果につながったものと推測されているのです。

【参考文献】

・野口　実「平家打倒に起ちあがった上総広常」（同『中世東国武士団の研究』高科書店、一九九四年）
・川合　康『源平合戦の虚像を剥ぐ』（講談社、一九九六年）
・同　「治承・寿永の内乱と鎌倉幕府の成立」（岩波講座『日本歴史』第六巻中世1、二〇一三年）
・元木泰雄『武士の成立』（吉川弘文館、一九九六年）
・同　『敗者の日本史5　治承・寿永の内乱と平氏』（吉川弘文館、二〇一三年）
・上杉和彦『戦争の日本史6　源平の争乱』（吉川弘文館、二〇〇七年）

12 「得宗」成立の謎
――北条氏権力の本質に迫る

得宗をめぐる謎

北条氏嫡流の当主を得宗と呼び、鎌倉中期に五代執権となった北条時頼のころから専制的な権力をもつようになったことは、よく知られています。

ところでこの得宗とは、二代執権義時の法名（出家の際に授けられた名）とされていますが、実は確たる証拠はないのです。実際のところは、どのようないきさつがあったのでしょうか。このことを探っていくと、一般にはあまり知られていない義時と、その曾孫にあたる時頼の、ある共通点を見出すことができます。

以下、ここでは主に中世史研究者の細川重男氏の研究にもとづいて考えていきましょう。

◇

義時の名字は「江間」だった

一般に北条義時は、時政の次の北条家当主と見なされています。ところが『吾妻鏡』では義時の苗字は、大半が「北条」ではなく「江間」と記されており、その嫡男泰時に至っては、すべて「江間（ないしは江馬）」なのです。**これは、どのようなことを示しているのでしょうか。**

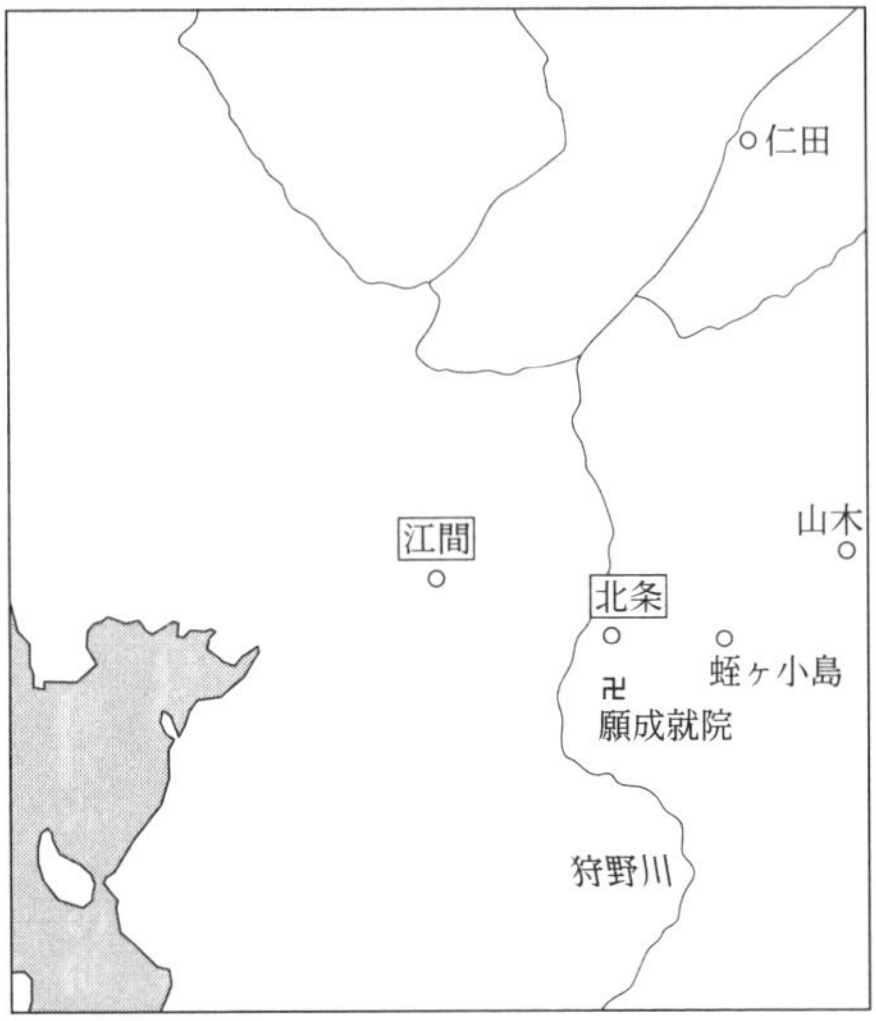

図23　北条近辺図

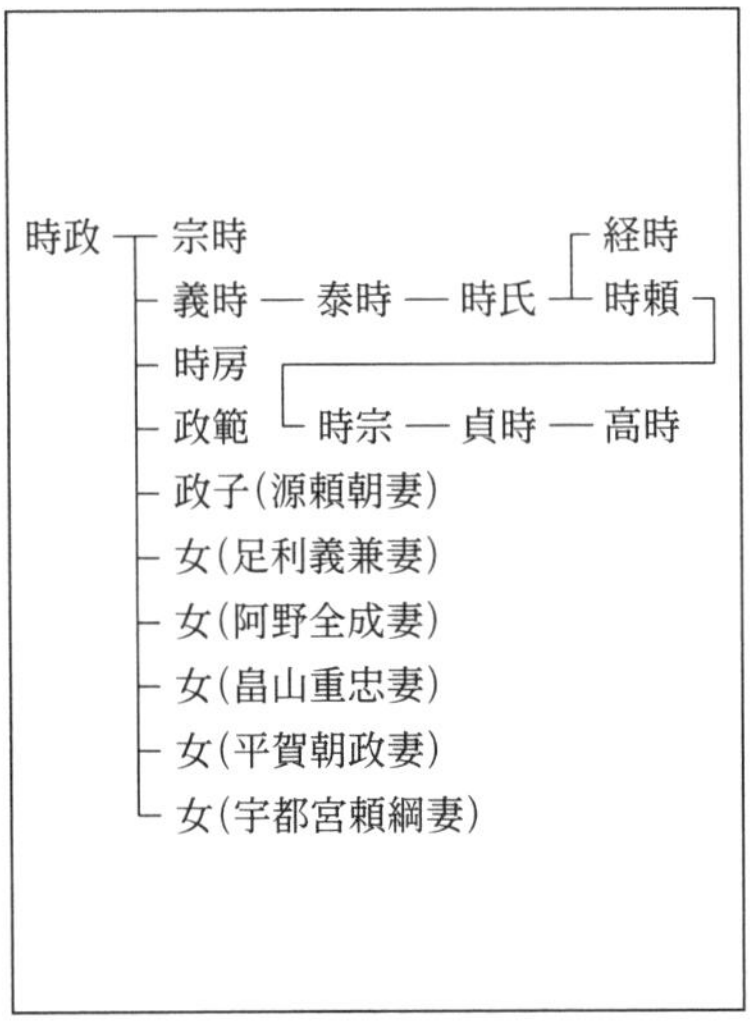

図24　北条氏系図

「北条」や「江間」はいずれも北条氏が支配する領域内にある地名をさし（図23）、このうち前者はいうまでもなく北条氏の本拠地です。そして後者は、北条の西北、狩野川をはさんだ対岸にあります。つまり義時は、時政から江間の地を与えられた庶子家の当主だった、ということになります。

義時の立ち位置

では時政の嫡男は誰だったのでしょうか。実は義時には宗時という兄がおり（図24）、この人物が嫡男だったようなのです。ところが治承四年（一一八〇）八月、石橋山合戦で敗れた際、宗時は（おそらく北条家の存続を図るために）時政・義時とは別行動で逃げたことがかえって災いし、戦死してしまいました。

これにより義時がすんなりと嫡男になったかというと、そうではなく、時政は後妻牧《まき》の方《かた》の生んだ政範（義時とは異母兄弟）を後継者としたのです。ところが、この政範も元久元年（一二〇四）に十六歳で夭折《ようせつ》してしまいました。

この間頼朝の義兄弟でもある義時は、その側近グループの最有力者（『吾妻鏡』では「家子専一」と記されている）として活動しており、そのことが義時を他の御家人たちからひときわ抜きん出た存在に押し上げていった、と考えられています。

しかし義時は、治承・寿永の内乱・梶原景時の乱（正治元・一一九九年）・比企氏の乱（建仁三・一二〇三年）・源頼家暗殺（元久元年）などにおいて、めだった動きを示していません。むしろ権謀術数の限りを尽くしたのは父時政の方であり、逆に権力掌握を急いだために失脚、伊豆北条に追放されてしまいました（牧氏の変*）。そしてその結果として、義時が北条氏嫡流の当主となり、なおかつ幕政を握る立場にまで昇りつめたのです。

*元久二年（一二〇五）閏七月、時政と牧の方が三代将軍実朝を廃し、源氏一門で牧の方の娘婿である平賀朝雅を擁立して政権を握ろうとしたが失敗、時政らは伊豆に隠居させられた。

図25　北条時頼像　（建長寺所蔵）

庶子だった北条時頼

次に時頼（図25）について見ていきましょう。仁治三年（一二四二）に三代執権泰時が死去した時点で、既にその嫡男時氏、次男時実はともに故人となっており、その結果、時氏の嫡男である経時が家督を継承し、四代執権となりました。時頼はその経時の三歳下の弟であり、そのまま何事もなければ、兄の補佐役として生涯を送るべき存在だったのです。

ところが経時は病気がちであり、寛元四年（一二四六）閏四月に三十三歳で卒去してしまったため、北条氏の当主と執権の立場が時頼のところに転がり込んできました。

義時と時頼の共通点

以上見てきたように、**義時と時頼には共通点がありました。どんなことでしょうか。**

それは、二人とも当初から北条氏の当主という立場が約束されていたわけではなく、さまざまないきさつにより結果的に当主となった、という点です。このうち時頼に関して、そのことをよく示す事例を紹介しましょう。

寛元四年五月、北条一族の名越光時が前将軍九条頼経と結び、時頼を排して自ら執権になろうという企てが発覚しました。これは結局時頼に阻止され、光時も降伏するのです（宮騒動）が、『保暦間記《ほうりゃくかんき》』という歴史書には、光時が行動を起こす際に「自分は義時の孫だが、時頼は曾孫である（だから自分がより執権にふさわしい）」と述べたと記されています。

名越氏の始祖朝時（光時の父）は、泰時の弟にあたり、祖父時政の鎌倉名越にある屋敷を受け継いだことから名越氏を称し、泰時とは異なり義時の正室の子ということで、当初はその嫡男とみなされていた可能性があります。したがって光時の言動も必ずしも無謀なものとはいいきれず、そうした謀反が起きてしまうほど時頼の地位は、はじめ不安定なものだった、ということになります。

時頼の専制化

さて、時頼はこの宮騒動や宝治合戦*（宝治元・一二四七年）に勝利して反対勢力を抑え、さらには執権・連署制を復活させ**、裁判の迅速化を図るために引付を創設する一方で、「寄合」と呼ばれる北条氏当主を中心とした私的な会議を初めて催し、幕政の重要事項を決定するようになりました。そのため、従来は時頼の時期に執権政治が完成したと見なされてきましたが、近年ではいわゆる得宗専制への移行期、あるいは第一期とすべきである、との意見も有力になっています。

*有力御家人三浦氏が時頼らの陰謀により挙兵したが敗亡、これにより北条氏の権力は強大化した。
**執権の補佐役である連署は初代時房が延応二年（一二四〇）一月に死去した後、空席となっていた。

得宗の由来

その得宗ですが、冒頭でも紹介したように、これは北条義時の法名、あるいは別称、ないしは追号（死後に贈られた称号）と諸説あり、定まっていません。

まず義時が「得宗」と号した根拠は、延文四年（一三五九）の古文書の中に「義時（得宗と号す）」とあるのが唯一のものなのですが、義時が没して一三五年後の史料であり、しかもこれが法名なのかどうかはわかりません。また「とくそう」にあてる漢字も、「得宗」以外に史料によっては「徳宗」（『太平記』・『梅松論』など）、「徳崇」（「若狭国税所今富名領主代々次第」など）と、まちまちなのです。通常こうした文字は、正式なものから次第に簡単な漢字で表記されるようになる傾向があるので、「とくそう」の本来の文字は、これらのうち最も複雑な「徳崇」だったのではないかと考えられます。

その一方で、実は「佐野本北条系図」には、義時の法名は「徳崇」とはまったく異なる「観海」だったと記されているのです。これは義時の子、泰時の法名が「観阿」で、同じ「観」を用いている点から見てかなり確からしいと思われます。もしそれが正しければ、「徳崇」は少なくとも義時の法名ではなかった、ということになります。

次に時頼の法名は「道崇」、時宗が「道杲《どうこう》」、貞時が「崇暁」（「崇演」）、高時が「崇鑑」であることがわかっています。**これらを見て、何か気づくことはないでしょうか。**

それは、時宗を除いていずれも「崇」の文字を用いていることです。他に北条政村や金沢貞顕などの鎌倉後末期における一族の要人たちも同様です。**これらをふまえると、義時を「徳崇」と呼ぶ由来は、どのように考えられるでしょうか。**

答えは、時頼以降のいずれかの北条氏当主が、義時に「徳崇」を追号として贈ったこと、そしてその当主とは、はじめは義時と同様に北条氏の庶子として生まれながら、兄の急死により当主となったため、当時既に偉大な武家政治家との評価を得ていた曾祖父義時との共通性を誇示することによって、自身をより権威づける必要があった時頼その人ではないか、ということです。

これらは細川重男氏による推測ですが、かなり説得力のある内容といえるのではないでしょうか。

将軍をしのぐ立場となった得宗

時頼の子、時宗（図26）の代になると、得宗権力はいよいよ専制的なものとなっていきます。例えば建治

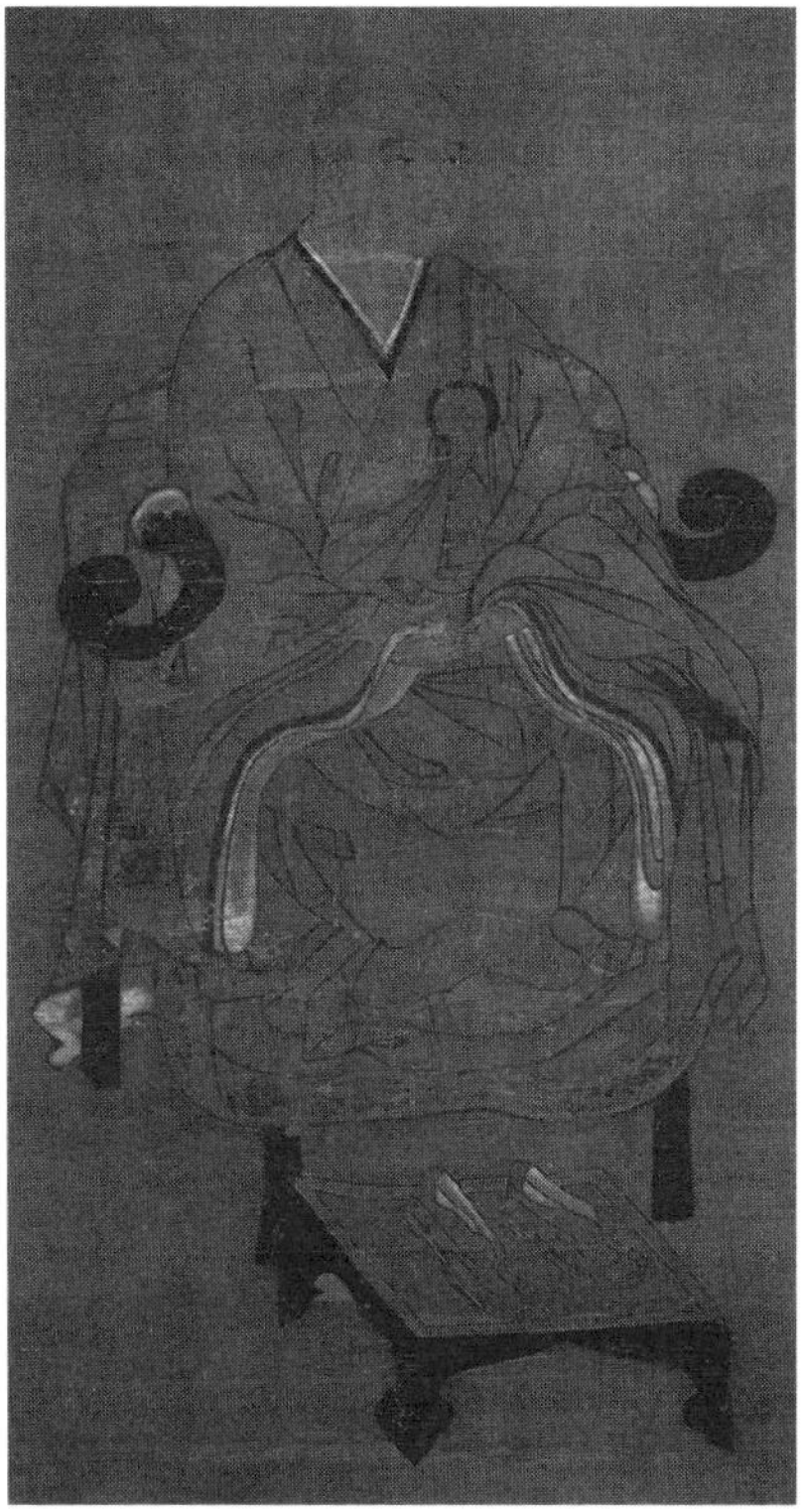

図 26　北条時宗像　（円覚寺所蔵）

三年（一二七七）六月以前の時点で、時宗は本来将軍の専権事項である御家人への新恩給付の権限を行使していたことがわかっています。一方、時宗の代以降の将軍は、「13 鎌倉将軍家の四代以降の影が薄いのはなぜか」でも紹介するように、現実の政治にはほぼノータッチとなり、祭祀王としての性質を強めていました。

得宗が将軍にならなかったわけ

このような状態ならば、得宗自身が将軍となって名実ともに幕府の最高権力者となることも不可能ではなかったように思えますが、**実際にはそのようなことは起こりませんでした。それはなぜだったのでしょうか。**

時宗の子、貞時や孫の高時について「太守」「副将軍」、さらには「将軍」とさえ呼ぶ、ほぼ同時代の史料がたくさんあります。もちろん彼らが実際に将軍となったわけではありませんが、こうした表現がされているというのは、貞時や高時（そしておそらく時宗）がそれまでの単なる執権とは異なる特別な存在と、当時から見なされていたことを示していると考えられます。

その一方で『吾妻鏡』には、「執権・連署は将軍の御後見である」という意味の記述が見られます。また『平政連諫草《かんそう》』（幕府奉行人中原政連の作）という鎌倉最末期の史料の中に、「北条義時は武内宿禰《たけしうちのすくね》の生まれ変わり」と述べた部分があります。この武内宿禰とは、八代孝元天皇の子孫で、十二代景行から十六代仁徳の五代の天皇に二四四年間も仕えたという、伝説上の忠臣です。話のなかみはともかく、少なくとも鎌倉最末期において、幕府上層部を含む武家社会にこの話が広く知られていたことは事実といえましょう。その武内宿禰について、『愚管抄』では「応神天皇の後見」と記されています。

つまり、得宗のルーツとされる義時の立場が（武内宿禰が天皇を後見したように）将軍の後見ということなので、その本質が継承されたと考えられるのです。将軍あっての得宗なのであり、したがってその得宗自身が将軍になるなどという発想そのものがなかったのです。これは例えば、平安中・後期の藤原摂関家の政治権力がいくら強大なものでも、彼ら自身が天皇になることなどありえなかったことと同様に考えることができるのではないでしょうか。

謎をうけて

北条義時の別称である得宗（徳崇）とは、実はその曾孫にあたる五代執権時頼が、自らの権力を正当化するため、当時既に偉大な武家政治家とみなされていた義時に追贈したものである可能性があります。実際の義時は、当初から北条家当主としての地位を約束されていたわけではなく、また権力も絶対的なものではありませんでした。そしてこの義時が、武内宿禰の生まれ変わりとされていた点に、将軍を後見するという得宗の本質が示されていたのです。

【参考文献】

・安田元久『北条義時』（吉川弘文館、一九六一年）
・細川重男『北条氏と鎌倉幕府』（講談社、二〇一一年）
・高橋慎一朗『北条時頼』（吉川弘文館、二〇一三年）

13 鎌倉将軍家の四代以降の影が薄いのはなぜか

四代以降の鎌倉将軍家をめぐる謎

鎌倉幕府の将軍が何代続いたか、すぐに答えられる方はほとんどいないでしょう。頼朝・頼家・実朝の源氏三代は有名ですが、その後は摂関家の子弟が二代、親王が四代続きました。しかし彼らのことがほとんど知られていないということは、はじめからまったく形式的で、意味のない存在だったのでしょうか。この謎を調べていくことは、得宗専制体制がどのような過程を経て確立していったのかを解明することにつながるので、以下見ていきたいと思います。

◇

「将軍は源氏」というこだわりはなかった

承久元年（一二一九）正月に三代将軍源実朝が、甥にあたる公暁に殺され、その公暁も討たれると、幕府の実権を握る北条政子・義時は、頼朝の甥の阿野時元を滅ぼしました。そして宿老らの同意をとりつけて、京都から親王を迎えようとします。

もちろん御家人たちの中には源氏将軍の継続を願う人々もいましたが、北条氏は頼朝の姻戚であったにもかかわらず、源氏そのものへの思い入れはなかったようです。そもそも晩年の実朝自身、実子がなく、自分の代で源氏将軍は終わりにするとの意思をもっていました。それをうけて建保六年（一二一八）に政子が上洛し、後鳥羽上皇が寵愛する藤原兼子と親王将軍を迎えるための交渉をしていたのです。

摂家将軍の誕生

しかしこの交渉は行き詰まり、結局摂関家である左大臣九条道家の子、三寅《みとら》（後の頼経、頼朝の姉の曽孫）を将軍として迎えることとしました。承久元年七月、三寅は鎌倉に下向しますが、この時わずかに二歳であり、政治の実権は引き続き政子が握ります。承久の乱（承久三年）を経て貞応三年（一二二四）六月に義時、翌嘉禄元年七月には政子が相次いで死去すると、十二月には三寅が八歳で元服、翌年正月に四代将軍となりました（摂家将軍）。

源氏将軍時代とは異なり、新将軍頼経（図27）は政治向きのことには関与せず、神事など幕府儀礼に関わる部分のみに携わりました。

図 27　九条頼経像（『集古十種』より）

九条頼経の世俗権力化

寛元二年（一二四四）四月、頼経は天変を理由に将軍職を嫡子頼嗣《よりつぐ》（当時六歳）に譲ると、自ら「大殿」と称し、政治にも積極的に関わり始めました。**この体制、既に存在する別のあるしくみに似ていますが、それは何でしょうか。**

それは院政です。成人した天皇が、直系の幼い子に譲位して自らの皇統を守り、その結果として自由な立場から政治権力を握るしくみですが、この時の頼経が上皇、頼嗣が天皇に相当する、というわけです。

しかし、頼経が一人でそのようにふるまったとしても、大きな問題にはならなかったはずですが、実際には義時・泰時と続く、いわゆる北条得宗家を中心とした政治に不満を抱く人々が、この頼経を旗頭として結束していきました。それは例えば、有力御家人三浦氏の一部や、得宗家に次ぐ力をもつ北条一族の名越氏などといった人々でした。

またこの他、九条家に代々仕える人々の一部が頼経とともに鎌倉へ下向していました。それらの中には例えば恩沢《おんたく》奉行や官途《かんと》奉行（いずれも御家人の恩賞に関わる）や評定衆を務めた中原師員《もろかず》や政所別当・安芸国守護などに任じられた藤原親実《ちかざね》のように、幕府の役職をつとめている者が何人もいました。つまり彼らは、将軍の側近としてばかりではなく、幕府職員としてその政務に深く関わっていたことがわかるのです。

九条頼経 VS 北条経時

既に仁治三年（一二四二）六月に執権泰時は死去、その子時氏は早世していたため、孫の経時が執権となりますが、その器量を疑う人々は少なくありませんでした。そうした人々の期待を担ったのが、将軍頼経だったのです。**このように見ていくと、その二年後に頼経が将軍を辞めた本当の理由が浮かびあがってこないでしょうか。**

そうです。それは新執権北条経時と反経時勢力とのせめぎあいの中で、執権側からの政治的圧力によりなされたことが推測されるのです。

さらに経時は頼経に上洛を迫りますが、これに対し頼経は理由をつけて引き延ばし、反経時勢力の中心に位置し続けました。

宮騒動の勃発

こうした中、経時は病を得て寛元四年（一二四六）閏四月に死去し、鎌倉は不穏な情勢となりました。すると死の直前に経時から執権を譲られた弟の時頼は五月末、鎌倉に軍勢を集めて、今でいう戒厳令を敷き、頼経のいる御所に人々が近づくことを禁じました。これにより最大の支持勢力であった名越氏も身動きがとれず、また三浦氏も動かなかったため、頼経の求心力は失われてしまいました。六月になると時頼は、後藤基綱、狩野為佐《ためすけ》、千葉秀胤《ひでたね》、三善康持ら頼経支持勢力を評定衆から解任し、七月には、ついに頼経を京都へ送還したのです（宮騒動）。

このように、形式的となったはずの将軍も、成人するに及んで反得宗勢力の旗頭となり、その結果こうした権力闘争が起きたのでした。

宝治合戦の再評価

宮騒動の後、北条時頼は得宗専制と呼ばれる北条氏本家主導の政治体制をつくりあげていきます。得宗家の合議機関である寄合には、北条一門の宿老や得宗被官の重臣、時頼の姻戚安達氏などが参加しましたが、北条泰時の姻戚としてその政権を支えた三浦泰村（姉の矢部禅尼が泰時に嫁す）も、引き続きその中に加わったのです。泰村は、時頼が北条中心の体制を強化するため六波羅探題として京都に派遣した重時（泰時の弟）を鎌倉に戻そうとすると、これに反対して反得宗の態度をとりました。また京都へ送還された九条頼経に供奉した泰村の弟、光村（二十年近く頼経に仕えた）は、涙ながらに「今一度鎌倉にお迎えいたします」と頼経の御前で述べた、との報告も入りました。

こうした三浦氏の態度に最も強く反発したのは北条氏の姻戚だった安達氏で、時頼はむしろ戦さを避けようとしていましたが、三浦氏が合戦の準備をしていることがわかると、宝治元年（一二四七）六月五日、ついに戦端が開かれました。泰村は館に籠もり、光村は永福寺に入って抵抗しましたが、やがて断念して頼朝ゆかりの法華堂に集まり一族とともに自害し、ここに三浦氏は滅亡しました（宝治合戦）。

ところで『吾妻鏡』によれば、この時泰村とともに自害した人々は五〇〇余人、その中には将軍御所に出仕する資格をもつ番衆と呼ばれる人々が二六〇人含まれていました。**このことは、いったい何を意味すると思いますか。**

この五〇〇人という人数の多さ、特に番衆だけで二六〇人もいた、という点が注目されます。これについて中世史研究者の永井晋氏は、三浦氏の一族・縁者、あるいは守護をつとめた相模の武士だけでは、とてもこれほどの人数になるとは考えられず、大殿頼経・将軍頼嗣に仕えた多数の御家人たちが泰村のもとに集まったものと推測しています。つまり宝治合戦は、北条氏と三浦氏の対立といった単純な構図で起こったわけではなく、宮騒動以後もなお残っていた頼経支持勢力をほぼ一掃した、という性格もあわせもっていたのです。

頼嗣の追放と親王将軍の誕生

建長四年（一二五二）二月、五代将軍九条頼嗣（十四歳）は将軍職を廃されました。表向きの理由は、頼嗣が文武の才に乏しく遊興にふけって政務をおろそかにしているため、などということでしたが、実際にはその前年末に発覚した了行《りょうぎょう》法師らによる謀反の企てが、どうやら先年京都に追放された前将軍頼経との関わりの中で行われ、その疑いが子である現将軍頼嗣にも及んだ結果の廃職だったようです。

幕府は皇族将軍下向を後嵯峨上皇へ要請しますが、この交渉は極秘事項として時頼と重時のみで進められました。そして四月、後嵯峨の第一皇子宗尊《むねたか》親王（十一歳）が鎌倉入りして六代将軍となり（親王将軍）、頼嗣は京都へ送還されました。

祭祀王としての将軍へ

それから十四年後の文永三年（一二六六）六月、松殿法印良基という験者《げんじゃ》（加持祈禱を行う）が将軍御所を退出した後、鎌倉を逐電しました。これを機に鎌倉は不穏な空気に包まれ、北条氏は七つある入口を封鎖し、宗尊は妻子と引き離され、御所に孤立しました。しかしそれでも、政治的発言や行動をするようになっていた宗尊のもとに駆けつけた者がいました。まだ将軍を戴いて北条氏に反抗しようとする勢力が、完全には一掃できていなかったのです。特に名越教時は七月四日、数十騎の兵を率いて宗尊更迭に反対する姿勢を示しますが、時の執権北条時宗の説得により合戦には至りませんでした。

同日、宗尊の送還が決定し、七月二十日には京都へ着きました。そして二十四日、宗尊の子、惟康《これやす》親王がわずか三歳で七代将軍となったのです。以後、久明《ひさあき》親王（惟康の従兄弟）、その子守邦《もりくに》親王と続きますが、惟康以降は、その性格や事績を伝える史料がまったく見られなくなります。**これは何を意味すると思いますか。**

答えは将軍が、戦場で御家人たちを指揮する武家の棟梁から、俗世間を離れて神仏と向かいあう神聖な祭祀王へと性格を変え、政治的には完全に飾り物となっていた、ということです。しかし将軍を辞めると俗世間との関わりをもつようになるため、幕府によってすぐに京都へ送還されることが繰り返されました。

謎をうけて

以上見てきたように、摂家や親王の時代になっても、将軍は北条得宗家の専制化に不満をもつ勢力が結集する核となったため、一定の政治的権威をもつこととなりました。特に九条頼経は将軍を辞した後、かえって政治的に自由なふるまいができるようになり、そのもとには三浦氏や名越氏などの有力御家人たちが集結して、大きな政治勢力となりました。

こうしたことに危機感を抱いた得宗家は、早めに対応するようになったため、宗尊以後の親王将軍は宗教的な存在にまつりあげられることによって、政治とはまったく無縁な存在となってしまいました。北条氏の立場上、将軍そのものの存在は必要でしたが、彼らの影が極端に薄いのはそのためだったのです。

【参考文献】
・永井晋『鎌倉幕府の転換点』（日本放送出版協会、二〇〇〇年）
・山本幸司『日本の歴史09　頼朝の天下草創』（講談社、二〇〇一年）
・細川重男『北条氏と鎌倉幕府』（講談社、二〇一一年）
・高橋慎一朗『北条時頼』（吉川弘文館、二〇一三年）

14 ／ 鎌倉時代の法律と裁判の驚くべき実態とは？

鎌倉時代の法と裁判をめぐる謎

中世、特に鎌倉時代に入って、武家による法律や裁判制度の整備が大きく進みました。しかし、そのなかみは意外と知られていないのではないでしょうか。現代のそれらとどのような点で、またどれほどの違いがあるのでしょうか。この謎を考えることは、中世社会の本質の一端を知る上で重要であると思われます。さらに、幕府の支配が次第に公家や寺社などの旧勢力にも及んでいくことと、法律や裁判の問題はどのように関わってくるのでしょうか。以下、検討していきたいと思います。

◇

鎌倉幕府が行う裁判の流れ

ここではまず、御家人が関わる裁判の流れを見ておきましょう。刑事事件は侍所、民事訴訟は問注所、鎌倉における民事訴訟は政所がそれぞれ担当しました。各役所には奉行人と呼ばれる専門の役人がいて、訴人(原告)からの訴状が提出されると、論人(被告)に対し「こういう訴えが出ているので、弁明があれば書面にして提出せよ」という内容の問状《といじょう》を出します。論人は陳状(弁明書)を提出、これを三度繰り返します。

その上で、両者が出廷し口頭弁論を行います。ところで**この口頭弁論は、春と秋には行われませんでした。それはなぜだと思いますか。**

答えは農繁期を避けたためであり、これは当時御家人がまだ農業経営者でもあった、ということを反映した慣例といえるでしょう。

さて奉行人は、これまでの両者の主張や事実調べの結果をまとめて一応の結論を出し、評定会議に報告します。そして評定衆は、奉行人を呼び出して種々質問した上で判決を下す、というわけです。

神判のなかみ

しかし、双方に決め手となる証拠や証人もない場合は、神に裁定を仰ぐこともありました。そのやり方としては、まず神前に自分が正しい旨を誓う起請文《きしょうもん》を書いた上で、神社に七日間籠もります。この間、「鼻血が出る」「病気になる」「トビやカラスの尿をかけられる」「ネズミに着物を食い切られる」「親類に不幸が起こる」「馬が倒れる」「飲食の際にむせる」などの異常があった方が、偽りが神によって見破られた、として敗訴となってしまったのです。

徹底した当事者主義

ところで中世の法律に関わる諺《ことわざ》に「(　　　　　　)の前に死人があっても、訴えがなければ刑事事件とはならない」(原文は「(　　　　)前に死人ありとも、訴えなければ検断なし」)というものがあります。**(　　　　　　)内に入るのは、どのような場所だと思いますか。**

答えは「牢屋」（原文では「獄」）です。つまり、そのような最も警察権力が強く及ぶような場所でさえも、被害者側からの訴えがなければ事件とならず、捜査も始まらないわけで、中世の裁判における当事者主義をこれほどよく示すものは他にないと思われます。

具体的には、たとえば問状のことを既に紹介しましたが、これを実際に論人のもとに届けるのは、役人ではなく訴人自身でした。受け渡しの際に、何かよからぬことが起きそうな気がします。

審理の上での驚くべきポイントとは

現代であれば、裁判における審理は、裁判官が原告・被告双方から提出される証拠や証言などを勘案し、最終的には法律や過去の判例などを規準として判決を出します。

ところが中世においては、**この法律に関する「あること」が審理の上で大きな論争点となることがしばしばありました。それは、いったいどのようなことだと思いますか。**

答えは、訴人あるいは論人が自らの正当性を裏づけるために提示した鎌倉幕府の法律が、本物か偽物か、ということでした。「えっ、でも幕府の裁判所が自ら制定した法律を把握していなかったの？」と思った方も多いでしょう。そうです。まったく信じがたいことなのですが、幕府は有名な御成敗式目を除く法律に関しては、自ら把握していなかったのです。*

そのため裁判の当事者自身がいろいろ手をつくして幕府法を入手し、それを幕府の裁判所に提示したのです。中には自らを有利にしたいがために偽造されたものもありました。もちろん文書の偽造は所領没収など厳しい罰則がありましたが、それでも裁判関係の史料を見ると、実際には提示された幕府法の真偽が争われている事例がとても多いのです。

＊たとえば教科書にもよく掲載されている永仁の徳政令（永仁五・一二九七年）も、その約五〇年後に山城国上久世荘の百姓たちが、当時起こされていた訴訟を有利に進めるために、どこかから探し出して引用したために、発布したいきさつなどの重要部分を含むほぼ完全な形で今日に伝わった。

判決が下っても

さてこれまで見てきたように、訴人が裁判を進めるためには多くの困難がともない、また判決が下るまでにとても長い年月を要しました。そして運よく（？）自らに有利な判決が出たとしても、それを実行させるために幕府が役人や兵を出す、ということはありませんでした。かといって各国の守護も、「大犯三箇条」＊と呼ばれる軍事・警察権しか認められておらず、土地の引き渡しなどの民事に関与することは原則として禁じられていました（ただし南北朝時代以降、認められるようになる）。極端にいえば、判決の実行は訴人自身が何とかしなければならなかったのです。

＊国内御家人の大番役（京都内裏・院御所・摂関家、鎌倉幕府などの警固の仕事）、謀反人・殺害人の取り締まりをさす。

それでも幕府の判決を求めたわけ

これほど無意味に思える幕府の判決ですが、それでも多くの人々が訴えを起こし、自らに有利な判決を得ようとしたのはなぜなのか、調べていくことにしましょう。

表11は鎌倉末期、伊賀国における論人と、幕府の判決を実行する使節の名前をまとめたものです。**これを見て気がつくことは何でしょうか。**

この中で柘植《つげ》や服部といった人たちは、論人と使節のいずれにも名を連ねています。つまり、他人の土地を不法に支配してしまうほどの在地の実力者だからこそ、逆に判決を実行できる使節ともなりえた、ということになります。この時代、御家人は地方の有力領主でもあり、独立性の高い存在でした。一地域で見た場合、そうした人々が複数存在し、彼らの下には公文や荘官と呼ばれる村落規模の小領主たちもたくさんいました。領主たちは競合し、そうした複雑な支配関係の中で、それまでの慣例もふまえ誰が地域の主導権を握るか、お互いに牽制しあいながら生活していたのです。**このことをふまえ、次の事例を見て幕府による判決のもつ重要性を読みとってみましょう。**

表11　伊賀国の論人と使節

年月日	論　人	使　節
1324. 2.20	覚舜・清高ら	佐々木・柘植
1324. 2.30	覚舜・清高ら	佐々木・柘植
1327. 3. 2	黒田悪党	守護代・服部
1327. 7.	黒田悪党	守護代・服部
1327. 8.11	黒田悪党	守護代・服部
1327. **9**.10	黒田悪党	守護代・服部
1327.10.	黒田悪党	守護代・服部
1327.11.12	黒田悪党	守護代・服部
1337.10.	高畠（服部一族）	岩井・安富
1340. 8.23	高畠	守護桃井
1340. 8.	小田・大西	佐々木・春近
1346. 7.20		服部・柘植
1351. 4.19	高畠・山田	守護千葉
1351. 4.19	柘植・服部	守護千葉
1351. 6.16		守護千葉
1353.12.22	竹屋（服部一族）	守護仁木
1354. 5.26	竹屋	守護仁木
1354.**10**.16	服部	守護仁木
1358.11.16	服部	守護仁木

（外岡慎一郎「使節遵行と在地社会」所掲表を一部改変）
※月数の太字は閏月

まだ平氏との戦いが続いていた養和元年（一一八一）三月、遠江守護安田義定*の使者武藤五は頼朝に対し、「国内で対平家戦のための人夫徴発に協力しない武士たちに刑罰を加えてほしい」と訴えた。頼朝が「一方的な主張のみにもとづいて罰することはできない」というと、武藤五は「鎌倉へ訴え出ることは広く遠江国内に触れ廻っている。それなのに、何の判決も受けられず手ぶらで帰国したら、（主君安田義定の）威勢はなくなってしまう。後日もし訴えが偽りとわかれば、私を斬っていただきたい」と反論した。このため頼朝は、訴えられた武士の弁解に納得できれば訴えた側を罰するとの条件つきで、遠江に関しては義定の支配に委ねる、との書状を出した。

（『吾妻鏡』、意訳）

遠江国内には、義定に積極的に協力する者、仕方なく従う者、反抗する者など、さまざまな立場の武士（領主）たちがいたはずです。彼らは義定が鎌倉に判決を求めに行ったことを知っており、どのような判断が出るか、注目していました。もし義定の訴えが退けられたら、たちまち遠江国内での彼の支持基盤が弱まり、その統制力が低下してしまったでしょう。すなわち、義定の遠江国支配の実効性は、鎌倉のバックアップ（ここでは義定に有利な判決を出すこと）いかんにかかっていたのであり、一方頼朝の方も、その支配はこうした在地有力者の統治力に依存していたため、基本的には彼らの要望を拒むことはできませんでした。

＊この時期、厳密にはまだ守護制度は整備されていなかった。安田義定は甲斐源氏で頼朝からの独立性も高かったが、その力を追認される形で、後の時代でいう守護的な立場にあった。

幕府の支配圏が広がった本当のわけ

一般には、承久の乱（承久三・一二二一年）で幕府が勝利した後、その支配圏は一気に西国へも広がり、さらに意図的に実質的支配を強めていくように見られています。しかし御成敗式目（貞永元・一二三二年、図28）を制定した際、時の執権北条泰時は「この式目は田舎（京都及びその周辺に対する表現）が対象地であり、武家の人の計らいのためだけのものである」と述べています。ではなぜ、幕府の支配は公家や寺社など、武家領ではない地域にも及んでいったのでしょうか。**次の事例を見て、不思議に思う点を探してみましょう。**

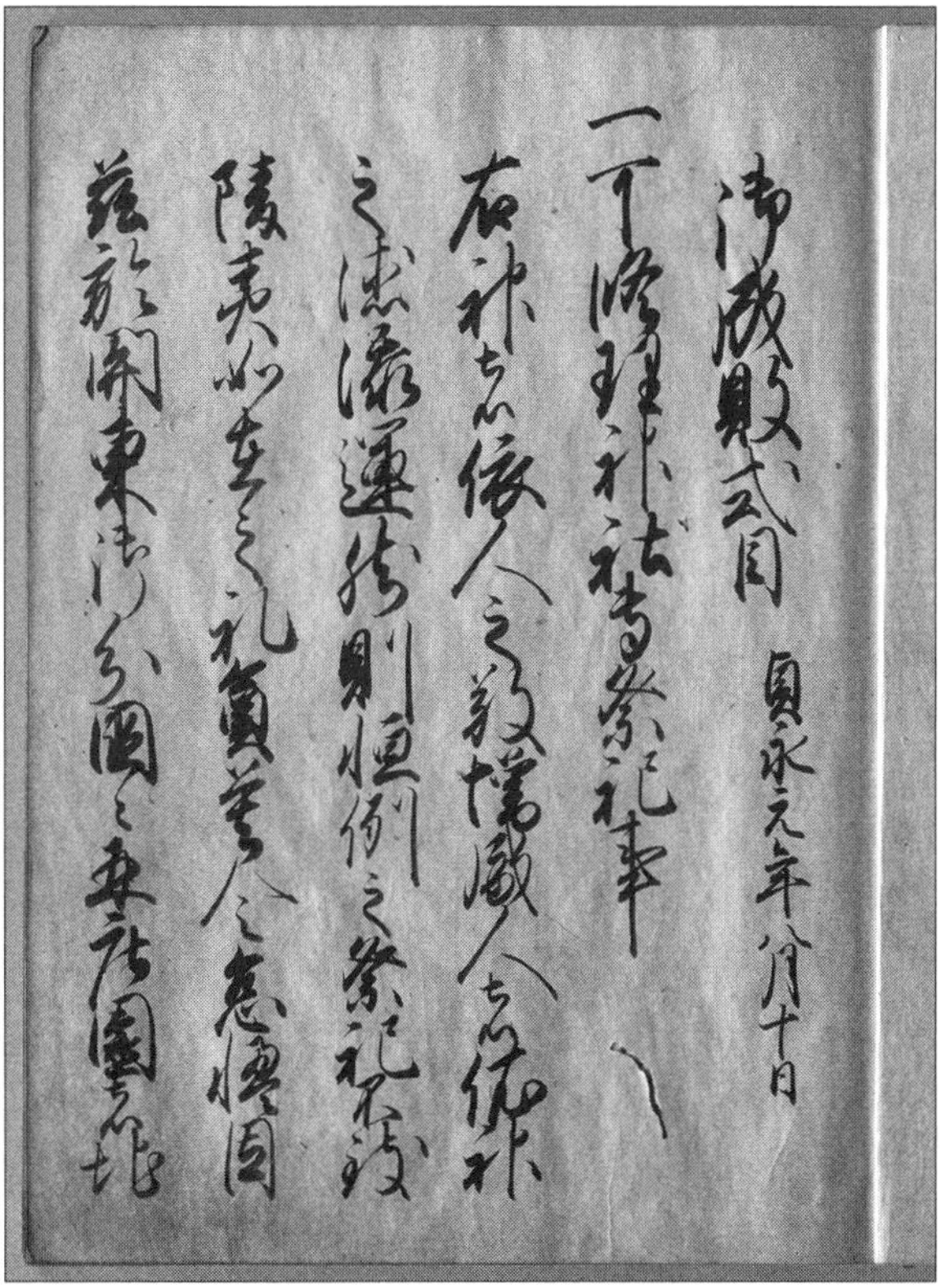

図28「御成敗式目」(天正2・1574年写本)（神奈川県立公文書館所蔵）

正安元年（一二九九）八月、尾張国知多郡大郷（愛知県東海市）の百姓たちは、荒尾郷（同市）の百姓たちからの訴え（荒尾郷のある住人が、はっきりしないが道路のような場所で大郷の住人二人と喧嘩になり、殺された。その二人は逃亡したため、大郷の他の住人を処罰してほしい、という内容で、裁判所はおそらく国衙）に対し、「数町（数百メートル）も離れた場所での喧嘩が村人に及ばないことは、「関東御式目」（幕府法）の文面にも明らかである」と反論した。

（「本朝文粋《もんずい》裏文書」、意訳）

答えは、百姓どうしの争いなのに、幕府法が反論の根拠として持ち出されている点です。百姓としては、律令、公家法、幕府法などさまざまな法が存在する中で（それらの中には矛盾する内容のものもあった）、自分たちに有利なものであればどれでもいいわけで、たとえ幕府法であっても、それを根拠として利用しようとしたのです。この時点で幕府法の適用範囲は、制定者の意図した領域を超えてしまいました。

さらにこれより十年以上前の弘安九年（一二八六）四月、山城国の祇園社は直面するある問題について、延暦寺のトップである天台座主《ざす》を通じ、自らに都合のよい法を幕府に制定してほしいと申し入れようとしています。本来なら寺社内部の問題ですから、その中で解決すべきことなのですが、その法に違反した場合に、軍事力を背景とした処罰が期待できる幕府に法を制定してもらおうとしている点が、きわめて注目されます。

そしてこうした事例を紹介した中世史研究者の上杉和彦氏は、幕府法の適用範囲の広がりは、単に幕府の軍事的優越性だけが背景になっていたわけではなく、既に律令などを弾力的に運用していた公家・寺社側の中に、幕府法を受け容れる素地があったことに求められる、と指摘しているのです。

謎をうけて

鎌倉時代の武家法の特徴の一つとして、徹底した当事者主義があげられます。また一部、現在から見れば非合理的な、神明裁判の内容も含んでいました（もっともこうしたことは、江戸時代まで続いている）。

その一方で幕府の裁判手続はかなり整ったものとなり、また武力を根源とする強大な権威・権力を握った幕府の出した判決は、やはり在地の有力者たちにとっては、自らの力の後ろ盾となる、という点で大きな意味をもっていました。そしてこうした事情は、公家や農民など、御家人以外の人々にとっても同様だったため、彼らは幕府法の適用を求めるようになり、結果として当初のねらいを超え、幕府の支配は西日本に多い公家や大寺社領へも及ぶこととなったのです。

【参考文献】
・石井進『日本の歴史7　鎌倉幕府』（中央公論社、一九六五年）
・笠松宏至『徳政令』（岩波書店、一九八三年）
・古澤直人「鎌倉幕府の法と権力」（『法と訴訟』吉川弘文館、一九九二年所収）
・上杉和彦「訴訟当事者から見た鎌倉幕府法」（同『日本中世法体系成立史論』校倉書房、一九九六年所収）
・外岡慎一郎「使節遵行と在地社会」（『歴史学研究』六九〇、一九九六年）

15／足利氏が幕府を開けたわけ

足利氏をめぐる謎

「足利」を「あしかが」と読めない人は、ほとんどいないでしょう。でも「利」を「かが」と読むのは、かなり特殊です。もし小学校以来、歴史で「足利氏」のことを学習せず、地名だけだったとしたら、すぐに読める人は少なかったかもしれません。

それほど有名な足利氏ですが、そもそも鎌倉幕府が倒れた後、なぜ他でもない足利氏が武家の棟梁となり、新たに幕府を開くことができたのでしょうか。以下、見ていくことにしましょう。

◇

華麗なる系譜関係

まずはじめに、足利氏がどのような出自の家か、確認しておきましょう。図29・30から、足利氏が鎌倉幕府を開いた清和源氏（正確には河内源氏）の一族であること、また足利義兼の母方が頼朝と同じ熱田大宮司家で、なおかつ頼朝と義兄弟であり、北条氏とも姻戚だったこと、などがわかります。さらに**頼朝との関係において、同じ河内源氏一族でありながら新田氏や佐竹氏、武田氏、平賀氏などにはない足利氏の特徴があ**

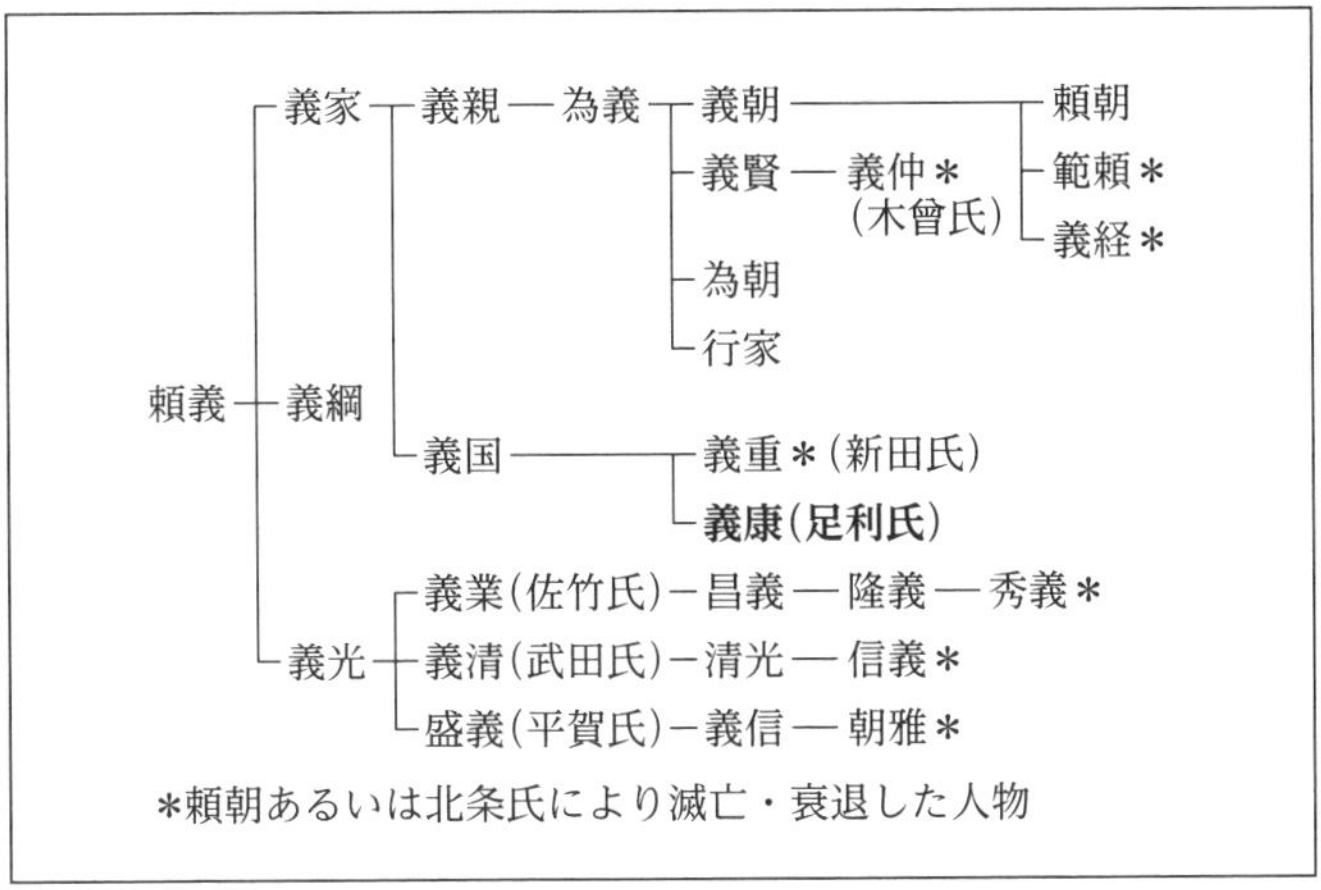

図 29　河内源氏系図

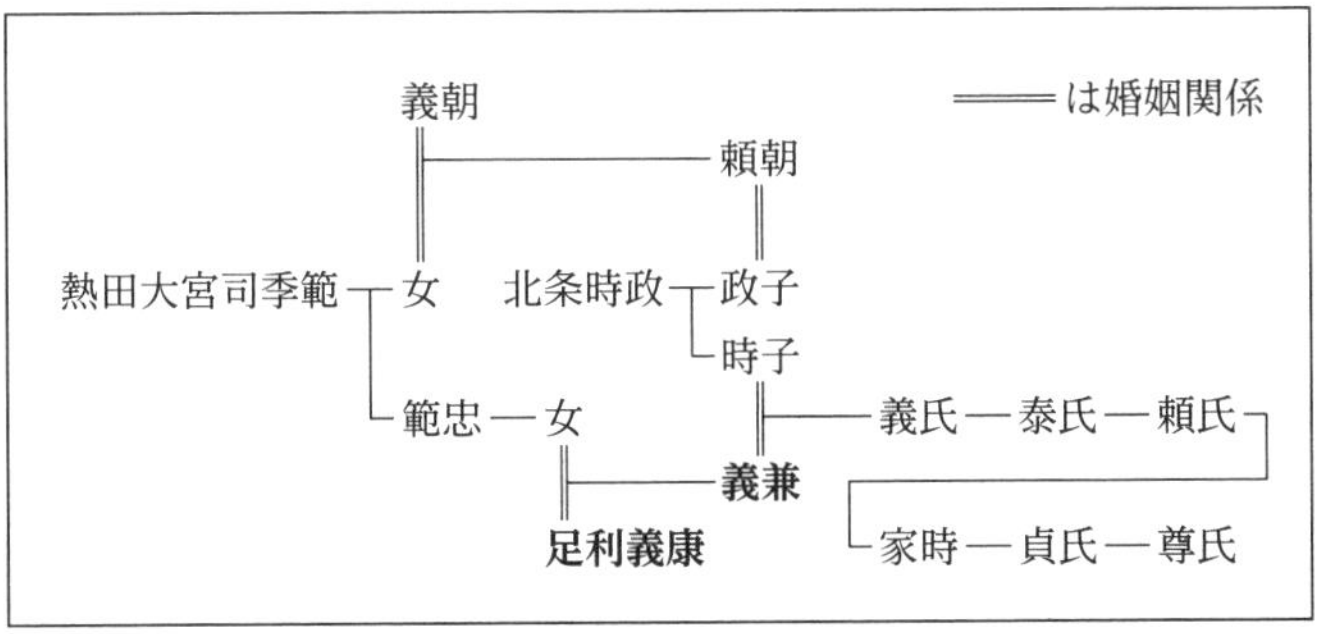

図 30　足利氏と頼朝・北条氏との関係

表 12　歴代足利氏と北条得宗家の位階

足利氏	北条得宗家
義兼　従四位下	時政　従五位下
義氏　正四位下	義時　従四位下
泰氏　正五位下	泰時　正四位下
頼氏　従五位下	経時　正五位下
家時　従五位下	時頼　正五位下
貞時　従五位下	時宗　正五位下
	貞時　従四位上
	高時　正五位下

りました。それはどのようなことでしょうか。

答えは、新田氏らがいずれも頼朝に敵対したり、幕府成立後の権力闘争に巻き込まれたりして滅亡、あるいは衰退していますが、足利氏のみは最初から頼朝に協力し、良好な関係を維持している、ということです。

武家としての格づけ

さて源氏将軍は三代で滅び、かわって幕府の実質的最高権力者となったのが北条氏でした。ここで、足利氏と北条氏の武家としての格づけを比べるため、両氏が朝廷から与えられた位階を比べてみましょう。**表12を見て、どのようなことに気づきますか。**

答えは、歴代足利氏の官位が、北条得宗家（義時に始まる北条氏の嫡流）のそれとほぼ同じか、あるいは時には上回るものであったこと（特に鎌倉前期）です。ちなみに鎌倉末期の時点で、足利高氏（後に尊氏）は既に治部少輔《じぶしょうゆう》（正五位相当）となっていたのに対し、ライバル新田義貞は全くの無位無官（新田太郎義貞）でした。

そしてこのことを裏づけているのが、足利氏と北条氏が出す文書の形式です。実際の文書を見てみましょう。図31Aが足利義氏、Bが北条泰時の出した下文《くだしぶみ》と呼ばれる形式の命令書です。文字が小さいし、難しくて読めないと思いますが、それは気にしないで下さい。**両者の書式（特に最初の部分）に共通する点は、どんなことでしょうか。**

それは、両方とも文書の右端の部分（袖という）に、文書を出した人のサイン（花押《かおう》という）があり、その次の行が「下（くだす）」で始まっている、ということです。実は、このような形式をもつ文書は、きわ

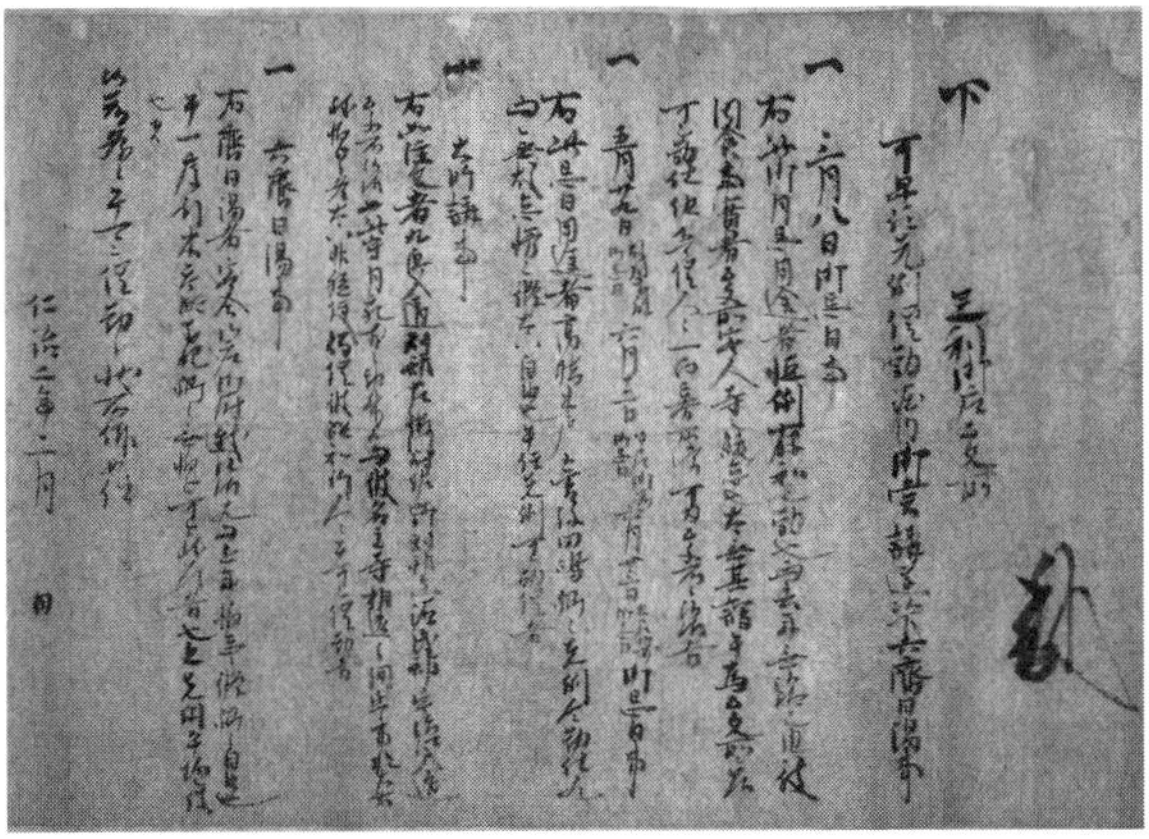

図 31A　足利義氏下文　（鑁阿寺所蔵）

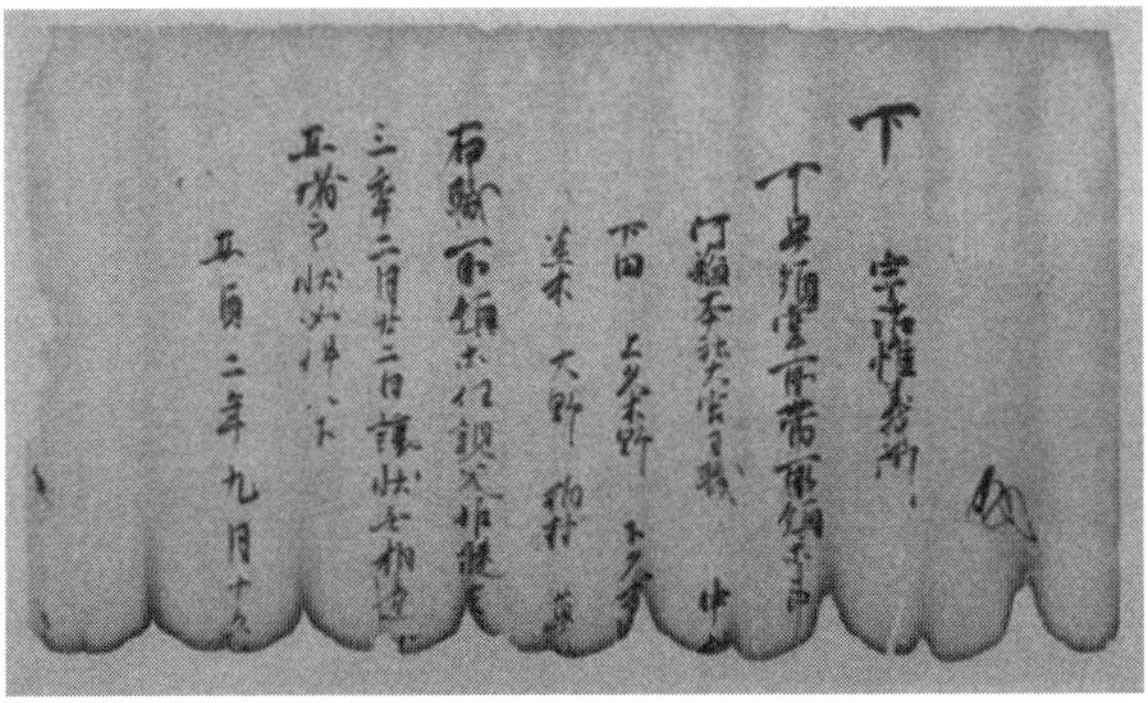

図 31B　北条泰時下文　（熊本大学付属図書館所蔵）

めて格式の高いものであり、鎌倉時代の武家では、将軍を除けば北条氏と足利氏しか出していません。この点からも、両氏がいかに抜きん出た存在かがわかります。

足利氏の経済力と政治力

ところで鎌倉末期の史料によると、足利氏は本領である下野国足利荘を中心に、十七ヵ国に計三十六ヵ所の所領をもっていました（所在国不明の所領六ヵ所を含む、図32）。これは、北条氏を除けば御家人の中でも群を抜く規模です。建治元年（一二七五）、京都の六条八幡宮造営費用の拠出に際しても、足利氏は北条一族以外では最高額の二百貫を負担しており、このことからもその経済力の大きさが推測できます。

それでは、このような膨大な所領群を足利氏はどのような方法で経営していたのでしょうか。同じ史料によれば、例えば足利荘や三河国額田《ぬかだ》郡には公文所《くもんじょ》と呼ばれる役所がおかれ、個々の所領には足利氏の家臣が

所在国不明の所領を除く

図 32　足利氏の所領分布

管理者に任ぜられたようです。そして、これらすべてを統轄する機関としての政所が鎌倉にある足利氏の屋敷内におかれ、上杉氏や高《こう》氏などの重臣を含む七〜八名ずつの家臣たちが、奉行としてそれぞれ三つに分けられた所領群を分担しました。これほど整備された統治システムをもっていたのは、知られている限り、やはり北条氏と足利氏だけでした。

ところで**足利氏は、鎌倉幕府の中で、どのような役職についたと思いますか。**

実は、執権・連署（幕府の実質上のトップ）はもちろん、六波羅探題（朝廷の監視、西日本の政治を担当）や評定衆（幕府最高会議のメンバー）など、幕府の要職と呼ばれるような役職についたことは、ほとんどありませんでした。ごく一時期、足利義氏が政所別当だったことはありますが、あとは上総や三河の守護をつとめた程度です。

つまり鎌倉時代における足利氏は、既に見たように武家としての格づけは高かったのですが、幕府政治とはほぼ無縁の存在だった、といえましょう。北条氏が足利氏を警戒して政治の場から意識的に遠ざけたのか、それとも足利氏自身が生き残りのためにわざと距離をおいたのか、その両方だったのかは不明ですが、少なくともこのことが、結果的に足利氏の存続にとってプラスとなったこと（政治的な権力闘争に巻き込まれることが少なかった）は、まちがいありません。

それでも危機はあった

ただし、それでも政治的な危機がまったくなかったわけではありませんでした。例えば鎌倉中期の建長三年（一二五一）には、謀反の噂が立った足利泰氏が幕府の許可を得ずに出家したため、所領を一つ没収されています。この出家は、宝治合戦（宝治元・一二四七年）で族滅した三浦氏や千葉氏（一部）の残党によるクーデター計画に関わっていた泰氏が、状況の不利を悟って行ったこと、との推測がなされています。また弘安七年（一二八四）には、尊氏の祖父にあたる家時が二十七歳（一説には二十五歳）の若さで死んでいますが、これは翌年発生する霜月騒動*に関わる幕府内の政争に巻き込まれたための自殺ではないか、との指摘もあります。

足利氏の歴代当主は、いずれも北条得宗家やその一族から妻を迎えていましたが、それでもその地位は常に安泰だったわけではなく、幾度かの危機があり、その度に当主は出家したり、自殺したり（？）して、家そのものの廃絶を防ごうとしていたのです。

*弘安八・一二八五年に最有力御家人だった安達一族が内管領《うちかんれい》（得宗家側近で家務を司る）平頼綱により滅ぼされた事件。

高まる名望、強まる危機

後醍醐天皇の討幕運動に対して派遣された幕府軍の大将のうち、北条一族以外の者は足利高氏のみでした。

これは幕初以来の伝統という面もありますが、その一方で足利氏の豊かな経済力を背景とした強大な軍事力に幕府としても頼らざるをえない結果ともいえましょう。

さらに、モンゴル襲来によって対外的緊張が高まり、幕府（北条得宗家）としては御家人の結集を図るために頼朝、すなわち源氏将軍の権威を再び掲げることとしました。具体的には、第七代将軍となった惟康《これやす》親王（在位文永三・一二六六～正応二・一二八九年）を一時源惟康としているのです。元来、特に東国御家人の間には源氏将軍を正統とする考え方が根強く潜在していましたが、鎌倉後期にこうした事情により、それが表だって強く認識されるようになっていったと考えられています。そして現実に頼朝の血統に最も近い足利氏の名望は、いよいよ高まっていきました。ただし、**これは得宗家にとっては大きな危険をともなうことでした。その危険とは、どのようなことだと思いますか。**

答えはもちろん、足利氏がその名望を背景に北条氏を倒し、実際に将軍となってしまうことでした。もっとも足利氏は足利氏で、北条氏に刃向かうことの危険性を十分に認識していたので、少なくとも高氏二度目の出陣（元弘三・一三三三年）までは、そうした素振りを見せず、これに従っていたのでした。*

元弘三年五月、出陣中の高氏が態度を変えて六波羅探題を攻め滅ぼすと、全国各地から京都へ馳せ参じた武士たち（旧幕府方も含む）の多くは、彼の指揮下に入りました。この事実は、既にこの時点で多くの武士たちが、次の武家の棟梁たるに最もふさわしい地位にあるのは足利氏である、と認識していたことをよく示しています。

＊前述した家時の死も、霜月騒動との直接的関わりはなく、こうした危険を察知して、約三ヵ月前に死んだ北条時宗に殉じる

形で、得宗家への忠誠を示した結果である、との説もある。

謎をうけて

足利氏は将軍と同じ源氏一族でありながら、幕初は頼朝、それ以後は北条氏とも比較的良好な関係を維持し、幕府の要職とはほとんど無縁だったことにより、権力闘争に巻き込まれることもあまりありませんでした。その一方で、北条氏とほぼ同じ格式を維持し、また全国的に展開する膨大な所領群の統轄機関を整えており、そうした意味では鎌倉期から、いわば幕府内に小さな幕府をもつ存在でした。こうした背景があって、はじめて鎌倉末期の動乱の中で、全国の多くの武士たちからの輿望を担うことができた、といえましょう。

【参考文献】
・佐藤進一『日本の歴史9　南北朝の動乱』（中央公論社、一九六五年）
・　同　『足利義満』（平凡社、一九九四年）
・栃木県立博物館編『足利氏の歴史―尊氏を生んだ世界―』（一九九一年）
・上島有「足利氏ゆかりの地」（講演資料、二〇〇五年）
・本郷和人『武士から王へ　お上の物語』（筑摩書房、二〇〇七年）
・田中大喜編『下野足利氏』（戎光祥出版、二〇一三年）

16 足利義満は本当に皇位簒奪を図ったのか

義満の皇位簒奪説をめぐる謎

図33　足利義満像　（鹿苑寺所蔵）

室町幕府第三代将軍足利義満（図33）は、武家ばかりでなく公家をも従え、さらに朝廷や院の機能にまで大きく関与した、特別な存在となりました。このため義満が最終的には皇位の簒奪までもくろんでいたのではないか、との考え方もあります。この学説は、既に大正時代から一部で唱えられていましたが、広く知られるようになったのは平成二年（一九九〇）、中世史家今谷明氏がその著書『室町の王権』の中で強く主張したことに始まると思われます。今谷氏は、室町幕府の職制や守護領国支配機構に関するきわめて実証的な研究で知られた学者であったことが、この義満による皇位簒奪説をより説得力あるものとし、かくいう私もかつてこの今谷説にもとづく教材を作成したことがありました。しかしその後の研究の進展により、現在ではこれに対する批判も多く提起されています。それらがいったいどのような内容なのか、今谷説とあわせて紹介していきたいと思います。

◇

足利義満の生涯

足利義満は延文三年（一三五八）、二代将軍義詮《よしあきら》の子として生まれました。康安元年（一三六一）十二月、南朝軍が京都を攻めたため父義詮は近江へ、義満は播磨へそれぞれ逃げます。やがて京に戻り、貞治六年（一三六七）十二月に義詮が死去すると、翌応安元年に元服、征夷大将軍となります。しかし若年のため、この後しばらくは管領細川頼之《よりゆき》が政務を代行しますが、康暦元年（一三七九）頼之は諸将の反感を買って失脚、義満は結果として政治の実権を握りました。

この間、朝廷における昇進にはめざましいものがあり、永徳元年（一三八一）内大臣、翌年左大臣、同三年には准三后《じゅさんごう》（皇后、皇太后、太皇太后に准ずる）となって、公家のほとんどが義満に従うようになります。明徳三年（一三九二）には南北朝の合一を実現させ、応永元年（一三九四）将軍を辞し太政大臣となりますが、翌年に辞めて出家、同八年には日明貿易を始めます。この間、山名氏や大内氏を討ってその勢力を抑え、北山第《てい》において政務と宗教行事を行いました。同十三年（一四〇六）、妻日野康子が天皇の准母《じゅんぼ》となり、同十五年四月、愛息義嗣《よしつぐ》が内裏において親王並みの扱いを受けて元服しますが、義満はその後まもなく発病、五月六日に北山第において五十一歳で没しました。

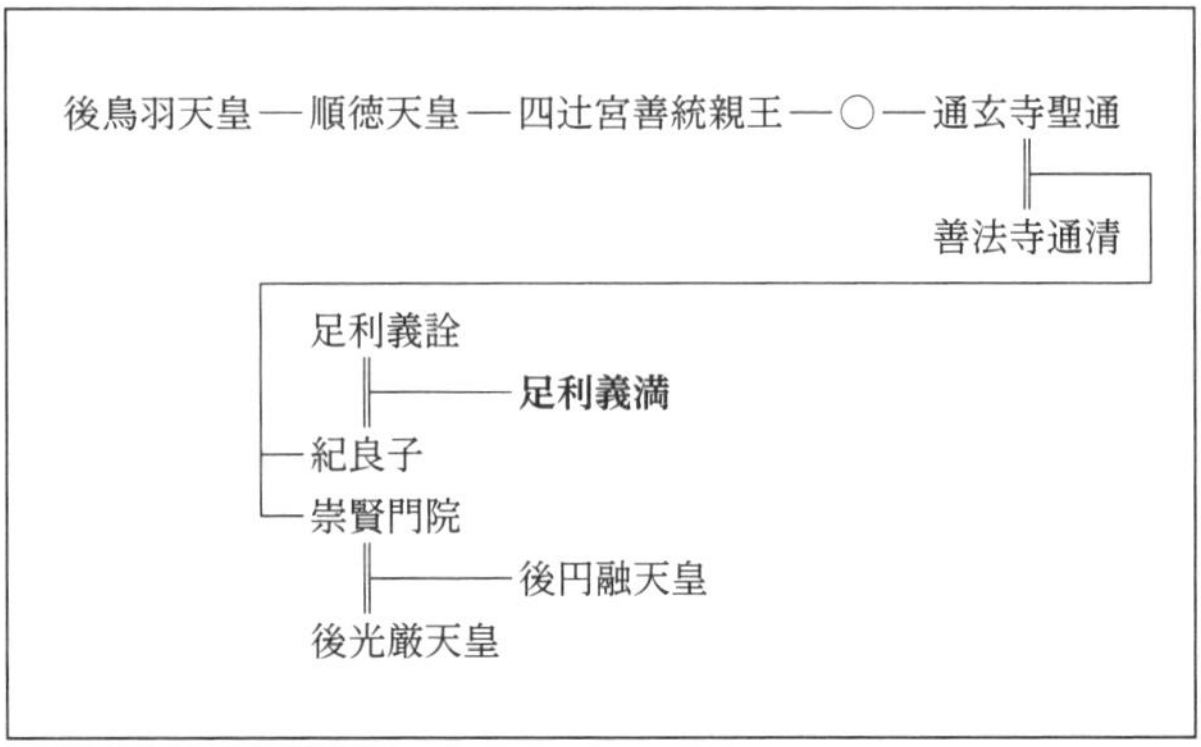

図34　足利義満関係系図

血筋の問題

それでは以下、今谷説とその問題点について見ていきましょう。まず上の図34を見て、**義満の血統について気づくことは何でしょうか。**

答えは、義満の母方を遡っていくと順徳天皇につながる、ということです。今谷氏はこのことを以て、義満は幼少時よりこうした皇室との同族意識から、天皇や公卿に対する劣等意識をもちあわせていなかったとし、さらに「天皇家を、あえて乗っ取ろうと考えるほどの人物は、やはり尋常の家系の出自ではなかった」と述べています。

しかしこれについて慶応義塾大学の小川剛生《たけお》氏は、義満本人も周囲も母方が皇族につながるということを意識した形跡は認められないこと、当時の公家社会における四辻宮善統《よつじのみやよしむね》親王の存在感はきわめて乏しいこと、その子の某王については同時代史料で確認できないことなどを指摘し、今谷説を批判しているのです。

公家社会を牛耳る

義満は永徳元年（一三八一）、祖父尊氏、父義詮もなれなかった内大臣に任ぜられますが、このころから摂関家と並ぶ（実質的にはそれにとって代わる）地位を獲得します。そこで貴族たちの中には、朝廷における人事権を握った義満の庇護を得ようと、これと主従関係を結び従者（家礼《けらい》）になる人たちがあらわれました。義満の家礼になれば出世への道が開けましたが、**彼らにはその他にもうひとつ期待できることがありました。それはどういうことだと思いますか。**

答えは、武士に押領された所領を戻してもらえるかもしれない、ということでした。既に鎌倉時代から武家による公家領の侵食は進んでいましたが、南北朝の動乱によってその傾向は一層拡大し、皇室や貴族たちの経済状況は逼迫《ひっぱく》していたのです。

図35　後円融天皇像

院の権力を握る

永徳二年（一三八二）、義満の従弟にあたる後円融天皇（図35）は後小松に譲位して院政を開始すると、義満は院別当（院の事務方を統括）となり、院庁職員も自らに近い者で固め、院の実権を握ってしまいました。このため後円融は義満に対し反感を抱き、両者の間に緊張状態が続きましたが、永徳三年二月、不祥事*を起こした後円融は、その権威を低下させてしまいました。一方、同年六月に准三后となった義満の地位は摂関と同格か、やや上となります。

明徳四年（一三九三）に後円融が死去すると、義満は官職を辞め、応永二年（一三九五）に出家しました。これについて今谷氏は、天皇制的な枠組みから離脱し、自由な身分に自らを置くため、としていますが、一方東京大学の桜井英治氏は、義満は父義詮の享年である三十八歳に達したため出家したまでで、それ以上の意味を認めるのは深読みだろうと指摘しています。

それはともかく、義満は出家後、かつて法皇が行ったようなさまざまな国家的仏教行事を行い、**また上皇や法皇と同様の高い格式をもった命令書を出しました。そしてさらに応永十三年（一四〇六）、後小松天皇の生母が亡くなると、義満は強引に自らの正妻日野康子を准母とし、これによって自身を天皇の准父に引き上げ、上皇・法皇としてふるまう正当性を得たのです。

＊後円融は後小松の生母三条厳子を傷つけ、さらに寵愛する女性と義満の密通を疑って怒り、一時は自害するといいだしたが、後に義満と和解した。

＊＊この点についても、義満はこれによって公家・武家を超越した国王になったとする指摘がある一方、規模は大きいものの、あくまで義満個人や足利家のためのものにとどまる、との意見もある。

日本国王を号したことの意味

さて義満は応永八年（一四〇一）、明に使節を送り、翌年明の皇帝から「日本国王」と認められ、国交を開きました。さらに同十年二月付けで明帝へ送った文書において、自らを「日本国王臣」と称しています。

このことについて今谷氏は、国際的に「国王」と認知されることは皇位簒奪を正当化する唯一の保障となり、義満があえて「臣」と記したのは、明帝には従うが天皇には絶対に臣従しない、との堅い決意表明を示す、と主張しました。
ところがややくだって六代将軍義教の時、その政治顧問であった三宝院満済は、いまだに明が義教のことを「日本国王」と見なしていることについての幕府の見解を次のように述べています。**これよりどのようなことがわかるでしょうか。**

今になって「日本国王」と名乗るのを止めたら、義満の虚偽を外国に教えるようなものである。ゆえにこれまでどおり義教も「日本国王」と名乗り続けるべきである。

（『満済准后日記』、意訳）

答えは、少なくとも義教のころの幕府首脳部が、義満の「日本国王」は虚偽である、と見なしていたことです。そもそも義満自身、「日本国王」を国内で用い、その権威を振り回した事実はなく、彼の本当のねらいはあくまでも明との貿易にあった（明は国王以外との貿易を許可しない方針だった）、というのが現在有力な考え方です。
さらに小川剛生氏は、義満も「日本国王」の号には、明に従ったことになるとして批判が多いことは知っていたであろうから、応永十二年（一四〇五）に「太上天皇」（上皇）となることを強く望み、これを「日本国王」にかえて用いようとしていたのではないか、と推測しています。*

＊「日本国王」号をもらう直前の文書には「准后」を用いていた。なお「太上天皇」は結局生前には認められず死後に贈られ

たが、幕府は辞退した。

有力大名には弱かった義満

一般に義満は、武家はもちろん公家をもほぼ完全に従え、絶対的な権威・権力を掌中に収めたと見られています。しかしこれは本当に正確な表現でしょうか。**下の表13を見て、何か気づくことはないでしょうか。**

それは、有力大名たちは決して義満に対し恐れおののき、絶対的に服従していたわけではなく、大名どうし、あるいは大名と義満との間でしばしば疑心暗鬼があり、義満もそれらを解消するため必死に調停を試みていた、ということです。つまり、義満がそうしなければならないほど、幕府にとって有力大名たちの力の均衡は欠かせないものだった、というわけです。たしかに土岐康行の乱（明徳元・一三九〇）、明徳の乱（同二年、山名氏）、応永の乱（同六年、大内氏）によって義満の大名抑圧は大いに進展しますが、注目すべきは、三氏とも滅亡したわけではなく、その分国を減らすにとどまった点です。

それに幕府の主な軍事力は、こうした有力大名たちのそれに

表13　足利義満と有力大名の動き

年	できごと　　（丸数字は月を示す）
康暦1(1379)	閏④斯波義将ら、管領細川頼之の罷免を要求、義満これを認める。
康暦2(1380)	⑤義満と土岐頼康の間に不穏な噂が流れる。義満、土岐邸に出向き話し合う。
永徳1(1381)	⑤細川氏が復権を図り、斯波氏、山名氏が反発。義満、山名邸に赴きこれを抑える。⑥義満、細川邸に出向き、斯波氏、山名氏も集めて融和を図る。⑨斯波義将、管領を辞し分国に下向しようとするも、義満が斯波邸に赴き説得、思いとどまらせる。
応永9(1402)	⑫関東公方と内通したとして斯波義将が義満に討たれるとの噂が流れ、京都が騒然となる。義満、その意思はないと誓紙まで書き、斯波邸に行き関係修復に努める。

頼っており、彼ら自身が討伐を受けた際には、幕府軍はこれを打ち破ることができず、結局赦免しているのです。山名氏や大内氏に勝てたのは、彼らを根拠地から出させ、都近くにおびき寄せたため、との指摘もあります。したがって遠方の関東や九州については、それらの首長である関東公方や九州探題の台頭を気にしながらも、まずは畿内及びその周辺の安定化に努めざるをえませんでした。

こうして見てくると、義満が意のままに振る舞ったのは、武家ではなくむしろ公家に対して、といえるのではないでしょうか。応永二年（一三九五）、義満によって九州探題を罷免された今川了俊が、その著作『難太平記』の中で義満の人格について「弱きを挫《くじ》き、強きを助ける卑屈傲岸《ごうがん》なもの」と述べているのも、こうした視点からとらえるべきかもしれません。

謎をうけて―あらためて皇位簒奪説を考える

さて、これまでいろいろ見てきましたように、義満は少なくとも実質的には上皇・法皇と同様の権力を握り、さらに天皇の権能である祭祀権の一部を代行したり、改元にも関与しました。そして既に紹介したように応永十五年（一四〇八）、寵愛する義嗣の官位を異例の速さで昇進させ、後小松天皇の北山第への行幸の際には、義嗣は天皇から「天盃」を受け、四月には親王の例に准じて内裏での元服を果たしたのです。今谷氏はこれらのことをふまえて、義持にはそのまま将軍として幕府を総括させ、一方、後小松に強要して（あるいはその死を待って）皇位を義嗣に移そうともくろんでいたことはほぼまちがいない、と主張しました。

たしかにこうした一つ一つの事実を見ていくと、今谷説にはそれなりの説得力を感じてしまいます。しかし、天皇という地位に関し、その最も基底的な部分において今谷氏には見落としがある、といわざるをえません。**それはどのようなことだと思いますか。**

まず、義満の地位は上皇や法皇そのものではなく、それに准じたものでしたし、仮にそのものと考えたとしても、それは天皇あっての地位でした。また天皇制を超えようとしたとされる日本国王の地位も、少なくとも国内的にはほとんど意味をもたないものであったことは、既に述べたとおりです。

次に天皇の権能の一部に関与したことが事実だとしても、天皇自体は古代以来続いている観念的・心的権威をともなう絶対的存在であり、天皇家の血を引かない他者がこれを簒奪するのは不可能なことでした。かといって天皇制度そのものの廃止も、同様な理由で土台無理な話です。

現在では、今谷説には否定的な意見の方が有力といえましょう。ただそれにしても義満の死は、謎の部分を多く残す、あまりにも唐突なできごとでした。


【参考文献】
・今谷明『室町の王権』（中央公論社、一九九〇年）
・桜井英治『日本の歴史12　室町人の精神』（講談社、二〇〇一年）
・伊藤喜良『日本史リブレット　足利義満』（山川出版社、二〇一〇年）
・小川剛生『足利義満』（中央公論新社、二〇一二年）

17／室町幕府は応仁・文明の乱後、なぜ百年も続いたのか

戦国時代の室町幕府をめぐる謎

あなたは室町幕府の将軍の名前を何人いえますか？　江戸幕府の将軍と比べても、無名の人が多いように思われます。その原因の一つとして、八代将軍足利義政の時に起こった応仁・文明の乱以降、いわゆる戦国時代に入り（ただし開始の年代については諸説あり）、幕府の権威は地に落ち、将軍とはいってもほとんど力のない、名ばかりの存在となった、と一般にはとらえられていることがあげられるでしょう。

しかし、そうはいっても室町幕府が滅亡したのは天正元年（一五七三）で、応仁・文明の乱終結（文明九・一四七七年）から約百年も後のことです。この間、有名無実化した幕府が続いた、というのは正しい理解なのでしょうか。むしろこれほど続くだけの力がまだあった、というふうにはとらえられないでしょうか。以下、考えていきたいと思います。

◇

五代将軍義量・七代将軍義勝が無名なわけ

戦国時代の将軍たちの前に、室町中期の二人の将軍について、主に中世史研究者の伊藤喜良氏の研究に

図36　足利義量木像　（鑁阿寺所蔵）

もとづいて見ていくことにしましょう。まず足利義量《よしかず》（図36）は、応永三十年（一四二三）三月、父である四代将軍義持から若干十七歳で将軍職を譲られました。この時、義持も壮年といえる三十八歳でしたが、翌月には出家を遂げてしまいます。これは世を捨てるためではなく、義持の父義満がそうしたように、実権を握りつつも俗世間からは自由の身になって、思うがままの政治を行うための行動、と見られているのです。一方、義量は病気がちであり、将軍となって二年足らずで見るべき事績も残さぬまま死去してしまいました。以後、義持の死（正長元・一四二八年）まで将軍は空位のままだったのです。

さて、こうした事例から、将軍という地位について何か気づくことはないでしょうか。

それは、このころから「将軍＝最高権力者」では必ずしもなくなり、将軍職を譲った後の義満や義持のように、「足利将軍家の当主」が実質的に政権を握るようになる、ということです。したがって将軍が空位となっても、大きな問題とはなりませんでした。この「足利将軍家の当主」のことを、当時の史料では「御所」「室町殿」「公方」などと呼んでいます。

一方、義勝は、父である六代将軍義教が嘉吉元年（一四四一）六月に赤松満祐により暗殺されたため（嘉吉の乱）、諸将に擁立されわずか八歳で家督を継ぎました。そして同年十一月に将軍に任ぜられましたが、その翌年七月に病気のためわずか十歳で亡くなってしまったのです。

室町幕府体制の基本型

それではここからは、中世史研究者の山田康弘氏の研究によって戦国時代の状況を見ていきたいと思いますが、その前にまず応仁・文明の乱以前における幕府のあり方について、確認しておきます。徳川将軍とは異なり、室町将軍には直属の領地や家臣が少なく、はじめから各国守護に任ぜられた大名たちの支えなしにはやっていけない体制がとられていました。例えば京都の警察業務を担う幕府侍所の頭人（長官）には、「四職」と呼ばれる山名、京極、一色、赤松のいずれかの大名が就任するのですが、その配下には幕府直臣ではなく、彼ら自身の家臣たちが用いられたのです。ずいぶんと虫がいい話で、もし大名たちが幕府への協力を拒んだらどうするのか、とお思いかもしれません。しかし幕府成立後しばらくの間は、足利将軍の権威・権力は強大で、大名たちはそのような将軍から守護に任命されてはじめて各国支配を安定して行うことができたので、そもそも協力しない、というのはありえないことでした。つまりこの時期、将軍と大名たちの間には、かなりしっかりとした「持ちつ持たれつ」の関係が維持されていた、というわけなのです。

幕府のスリム化―応仁・文明の乱以後

ところがこうした状態が長く続くと、守護の世襲化・固定化が進み、任国との結びつきが深まっていきました。そうすると次第に守護大名という地位も、「将軍に認められたから」というよりは、長年在地を支配してきた実績にもとづく、家臣以下地元の人々の支持によって保障される、という面が強くなっていったのです。これが、守護大名から戦国大名となる端緒と見なされています。*

応仁・文明の乱は、こうした傾向を助長しました。すなわち、長年京都での戦いを続けてきた大名たちは、次第に国元に不安を感じ、乱が終わると（本来は将軍の許可なく国元に帰ることは謀反と見なされたが、それを無視して）ほとんどが帰国し、京都に戻りませんでした。ではこれで幕府は完全に無力化したかというと、そうではありませんでした。まず幕政に深く関与していた有力大名たちが幕閣を去ったため、将軍自身とその直臣たちが運営の主導権を握るようになりました。また地方はともかく、京都及びその周辺で起きる紛争は、やはり幕府がその解決にあたったのです。金銭貸借や土地の領有をめぐるトラブルなど、さまざまな案件がもちこまれましたが、幕府は鎌倉期以来、代々法律を専門とする家出身の奉行人たちなどを擁した、きわめて高度な審理・裁判方式を用いてこれらを処理していました。実質的な管轄範囲は大幅に縮小したとはいえ、京都を中心とした重要地域を担当していたこともあり、その存在価値は決して小さなものではなかったのです。

*もちろん守護以外で郡規模の領主から戦国大名化した者もいた。

特定の有力大名に支えられた幕府

さらにほとんどの大名たちが帰国する中で、細川家、それも嫡流の京兆《けいちょう》家*だけが、こうした幕府を支えました。同家は摂津・丹波などの守護だったため、もともと在京することが多かったのです。

幕府としては、この細川氏の存在は大きな力になりましたが、かといって**あまり同家のみに頼りすぎるのは、好ましいことではありませんでした。なぜだと思いますか。**

それは、もし細川家が没落してしまうと、それがそのまま幕府の崩壊につながりかねないためです。やはり幕府としては、そうした危険を分散するために複数の大名に在京して支えてもらうのが、望ましい体制でした。ですから十代将軍義稙《よしたね》（図37）は周防の大内義興《よしおき》、十一代義澄は若狭の武田元信、十二代義晴は近江の六角定頼、というように、戦国時代の歴代将軍たちは、細川京兆家以外の大名たちに上洛して自らを支えるよう命じたのです。このように考えると、戦国末期にあの織田信長が足利義昭を奉じて上洛し、十五代将軍に擁立してこれを補佐したことも、決して特異なできごとではなく、こうした流れの中でとらえるべきであるとお気づきになるでしょう。

図37　足利義稙像　（東京国立博物館所蔵）

永正五年（一五〇八）七月、将軍の地位を追われ諸国を流浪していた義稙は、十五年ぶりに入京し、復権を遂げました。この時、義稙を支えたのは、大内義興、細川高国、畠山尚順《ひさのぶ》、畠山義元という四人の有力大名たちでした。将軍としては理想の体制が整ったわけですが、**この状況でも注意しなければならないことがありました。いったいどのようなことだと思いますか。**

答えは、四人の間でいさかいが起きた場合には、積極的に調停することと、特定の大名を過度に重用しないことです。いずれも四人の協調体制が崩れることにつながり、それは当然ながら将軍権力の崩壊をも意味するからです。

*代々幕府管領をつとめた家で、当主は右京大夫（中国風の呼称は京兆）に任ぜられたため、京兆家と呼ばれた。

戦国大名にとっても必要だった将軍

さて既に述べたように、応仁・文明の乱以降、大名たちは将軍からの自立傾向を強めていきました。しかし、かといって彼らがまったく将軍の命令をきかなかったわけではありませんでした。

永禄二年（一五五九）、毛利隆元（元就の子）は、その覚書に「将軍の命令であっても、毛利の家を保つためならば、これに背いてもかまわない」と記しています。これを素直に読めば、大名の自立化傾向を示している、ということになるのでしょうが、**それとは別のとらえ方はできないでしょうか。**

ここで注目していただきたいのは、隆元の発言が「毛利家を保つためならば」という条件つきである、という点です。つまり見方を変えれば、「毛利家の存亡に直接関わる内容でなければ、将軍の命令には従ってもよい（あるいは従うべきである）」とも解釈できるわけなのです。

実際に各地の戦国大名たちにとって、将軍はなお無視できなかったばかりか、自らの領国を維持・発展させていく上で、必要な存在でした。例えばどのような点で有用だったのか、以下具体的にいくつかあげてみましょう。

【栄典の授与】

栄典とは、将軍や天皇が大名に与えたさまざまな名誉を指します。例えば幕府内の地位や、将軍の名前の一字（将軍義晴→武田晴信〔信玄〕、将軍義輝→上杉輝虎〔謙信〕など）、「右京大夫」や「備前守」などの官途《かんと》・受領（これらは天皇が与えるものだが、将軍の奏請にもとづいて行われた）を付与することなどがあります。大名間の争いは、実力（軍事力）で決着をつける場合はむしろ少なく、こうした社会的地位を少しでもライバルより上位につくことで有利な状況をつくろうとした、と推測されています。

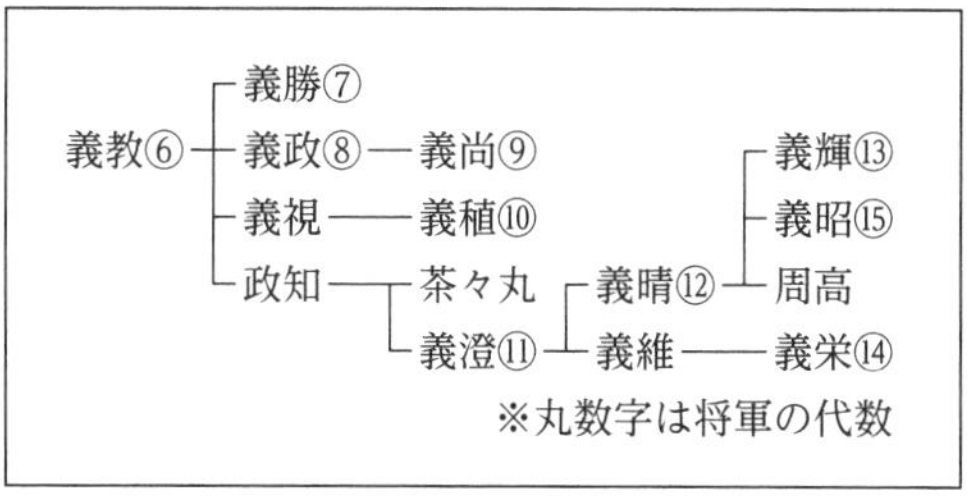

図38　足利氏関係系図（義教以降）

【ライバル大名との外交】

例えば大名Aが、B・Cの二大名と抗争している場合、このうちBと和睦するよう将軍から命じてもらい、それが実現すればAはCへの対応のみに集中できることとなります。

ところでこの和睦が成立する上でも、「将軍からの命令」という名目は、**主にAの領国内の問題でぜひ必要なものでしたが、なぜだと思いますか。**

それは和睦の条件としてAがBに対し領土の割譲など、領国内の家臣たち（本来は独立した領主が多い）にとって不本意なことを実行しなければならず、それをAは「将軍の命令だから仕方がなかった」と、彼らに（渋々ながら）納得させることが期待できたからでした。

なお既にお気づきの方もいると思いますが、戦国大名間の争いを調停するというのは、将軍（図38）にとって大切な仕事でした。将軍義昭が信長から牽制されながらも、さかんに同様のことを行ったのは、決して特異な行動ではなく、やはりこうした流れの中でとらえるべきことだったのです。

【領国支配】

応仁・文明の乱の原因の一つがそうであったように、大名家では当主が誰になるかをめぐって、領国を揺るがすような大問題になることがありました。そこで新たに当主となった者は、そのことを将軍から正式に認めてもらうことによって、一族や重臣たちの不満を抑えようとしたのです。また、もともと自主性の強い家臣どうしが争って、その裁定を大名が求められた場合、そのどちらを勝訴にしたとしても、敗訴した家臣の不満は大名自身に向けられてしまいます。それも少しでも和らげるため、将軍の判断を求める、ということがありました。

謎をうけて―幕府が続いたわけ

応仁・文明の乱以降も、幕府は京都及びその周辺という重要地域を掌握し、少数ながら将軍権力を支える有力大名たちも存在していました。彼らの本音は、分国支配の維持・発展にありましたが、まさにそれゆえに、必ずしも一枚岩ではない家臣たちを統制したり、隣国大名との交渉を有利に進める上で、将軍の権威を借りることは不可欠だったのです。

こうした有力大名たちの動きが将軍権威の維持・強化につながり、結果として室町幕府は応仁・文明の乱以降、百年も続いたのですが、**既に紹介した毛利隆元の発言もふまえて、そのいきさつを考えてみてください。**

答えは、このように大名たちが自らの領国支配をより有利に展開していくため、いろいろと将軍に依頼すれば、当然ながら将軍からの命令も、そう簡単には拒否できなくなる、ということです。
こうしたいきさつで、戦国時代に入ってもなお百年も「ゆるやか」ながら将軍と大名たちの「持ちつ持たれつ」の関係が続き、室町幕府はその力を曲がりなりにも維持できたのでした。

【参考文献】
・伊藤喜良『足利義持』（吉川弘文館、二〇〇八年）
・山田康弘『戦国時代の足利将軍』（吉川弘文館、二〇一一年）
・　同　『足利義稙』（戎光祥出版、二〇一六年）

18

「七人の侍」は実在した!?
――室町・戦国期の村の意外な側面

室町・戦国期の村をめぐる謎

図39　映画「七人の侍」ポスター　（東宝）

◇

黒沢明監督の代表作の一つ、「七人の侍」（昭和二十九・一九五四年公開、図39）は、戦国末期、野武士たちの襲撃に苦しんだある村が、七人の侍を雇い、彼らが村人たちと協力しながら野武士たちを何とか撃退する、といったストーリーでした。こうした話は本当にあったのでしょうか。室町・戦国期における村の実情を探り、村人たちがさまざまな権力者たちに嘆願したり、時には激しく敵対しながら村の権益を守ろうとした様子を見ていくことにしましょう。

村が侍を雇った事例

康永元年（一三四二）、相模国称名寺領だった因幡国智土師《ちはじ》郷上村（鳥取県智頭《ちづ》町）では、敵から村を守るため「用人」を八人雇い、これに対し一人あたり米三石、計二十四石を支出しています（「金沢文庫古文書」）。七人ではないのが惜しまれますが、そもそもこの事例は映画が設定した戦国末期より二四〇年も前の南北朝前期の話です。

「七人の侍」にこだわると

ではもっと後の時代に「七人の侍」は実在したのでしょうか。実は、いたのです。室町中期の永享六年（一四三四）十一月、比叡山の僧兵たちが京都に乱入する、という知らせを聞いた幕府は、自らの主力軍で防衛にあたるとともに、伏見・山科・醍醐など京都近郊の荘園の村々にも、それぞれの領主を通じて村人の動員を求めました。このうち伏見荘では、領主の日記によれば小河五郎左衛門尉以下の侍七人（！）とその家来五十人、さらには同荘内の六つの村からあわせて約二三〇人、総勢三〇〇人余りの人々が集合したのです。彼らは寺の早鐘で召集を知り、その日の夕方には神社に集まって「着到」と呼ばれる出席簿でのチェックを受け、軍議を開きました。

ただしこの事例は、やはり戦国期の話ではないし、しかも七人の侍は、もともと村に住んでいたと考えられ、この点でも映画とは事情が異なります。

最も映画に近い事例

では、もっと近い実例はないかというと、これがあるのです。天文元年（一五三二）十一月、山城国宇治郡山科七郷（京都市）の住民に何か落ち度があったらしく、幕府はこれを成敗しようとしました。これに対し七郷では、多くの浪人を雇い、また周囲に堀を構えて備えた、という話が領主である山科言継《ときつぐ》という公家の日記に記されています。

村と侍の関係

さて、これら三つの事例から、村と侍の関係について何か気づくことはないでしょうか。

それは、防衛のために侍を雇っている村と、もともと住んでいる侍が村人たちを率いた村とがある、ということです。ではなぜ前者が侍を雇ったかというと、もともとその村には侍がいなかったから、と推測されます。すなわち中世後期においては侍のいる村と、いない村があった、ということになります。この点について立教大学の蔵持重裕氏は、近江国菅浦（滋賀県長浜市、図40）及びその周辺の村々の分析を通じ、侍のいる村といない村では村の構造が異なり、前者は侍の家が惣村（村人たちの自治組織によって運営される中世の村）としての役割のかなりな部分を担っていたこと、両者は対立することもあれば、一体となって敵と戦うこともあったこと、などを指摘しています。

村どうしが争う

ところで、村が自衛したり、侍を雇ったりしてまで戦わなければならない相手とは、いったい誰だったの

図 40　旧菅浦荘内に残る四足門　©Indiana jo

でしょうか。

まずは近隣の村があげられます。その背景には、例えば農地などの領有権や用水使用権などに関する争いがあり、菅浦の場合、近くの大浦という集落と、両者の間に位置する日差《ひさし》・諸河《もろかわ》という地をめぐって鎌倉末期から断続的に一五〇年も争っていたのです。

荘園領主との争い

次に荘園領主に対する闘争がありました。理由はおわかりだと思いますが、主に年貢減免を求めてのことです。具体的な事例を見てみましょう。

十六世紀半ば、越前国敦賀（福井県敦賀市）の気比《けひ》神宮は、江良《えら》浦（同）という地を他の領主に売り渡しました。この村が新領主の求めに応じて提出した文書を見ると、領主の取り分の他に、村の取り分として、季節ごとの行事や村祭りの費用、領主が村にふるまうしきたりになっていた米や酒、料理のための費用など、相当な額が記されていました。新領主は村の取り分が多いとして、この文書を村に突き返したのですが、**これに対し村はどのような行動をとったと思いますか。**

答えは「何とか今までどおり認めてほしい」と嘆願した、というような生易しいことではなく、この新領主を嫌い、元の領主である気比神宮に迫って村の売り渡し自体を撤回させてしまったらしい、ということでした。

また、次のような例もあります。室町中期、菅浦が大浦と日差・諸河をめぐって争っていた際、領主檀那院に対し、この二地域を守るための「扶持人《ふちにん》」を置くこと、そのための費用は檀那院が受け取る年貢から三分の一を割いてこれに充てることを要求しました。

そして同じころ、領主側は菅浦に次のような文書を送っています。

去年の年貢を納められなかったのは、大浦との訴訟があったから仕方がないが、われわれが村に対して（　　　　）した時は、年貢をきちんと納めるべきである。

（「菅浦文書」、意訳）

さて、この（　　　　）内にはどのような語句が入ると思いますか。

答えは「一生懸命に奉公（原文では「改分奉公を致す」）」でした。ふつう「奉公」とは村人が領主に対してするべきことですが、何とここでは逆なのです。

村と荘園領主との関係を見直す

このように荘園領主は、領主とはいっても自らの思うがままに村から年貢をしぼり取れたわけではなく、領主としてのつとめ（種や農業に必要なものを支給すること、村の安全を確保することなど）を果たして、はじめて村は年貢を納入するという、「お互い様」の契約関係が成立したのです。

これに関連して、村側はそれまでの領主とは別の人（あるいは寺社）とそうした契約を結び、その結果一つの村が複数の領主をもつこともありました。* **そのきっかけは、どのようなことだと思いますか。**

それは、例えば村どうしが訴訟で争った場合、自らの方に有利な裁定をしてもらうためです。中世においては、有力な武家や寺社、公家は各々独自の裁判権をもっていましたし、それらの中でも最終的な裁判権者であった朝廷や幕府に、いかにうまく口利きができるか、が村にとって領主を選ぶポイントの一つだったのです。蔵持氏は、この時代の訴訟とは、いわば有力者への依頼合戦でもあった、と述べています。

*中世においては、ある土地に対し複数の者が権利をもっていることが一般的であった。村からしてみれば、例えば納められる年貢が百石あったら、領主Aに六〇石、Bに四〇石と分けて納めればよいだけの話である。

武家が荘園を侵略するいきさつ

さて、村が戦う三つめの敵、それは武士、特にその国最大の軍事力をもつ守護でした。ここで、そもそも守護がどのようないきさつで公家や寺社のもつ荘園を侵略していくのかを見ておきましょう。

例えば守護は、その任国に対する軍事・警察権の行使を認められていたので、「守護不入《ふにゅう》」の特権*を得ていない荘園に刑法犯がいたり、逃げ込んだりした場合、守護方はその荘園に入って犯人を捕らえ、さらにはその人のもっていた土地・財産を没収することができました。そしてそれらを自らの家来に与えてその荘園に住まわせたり、あるいは地元の有力者（彼らは荘園領主側の役所である政所の下級役人をつとめている場合が多い）に与えて家来とするのです。

それから、これまで見てきたような村どうし、あるいは村と荘園領主との争いに介入する形もありました。領主としても村人が逃散したりしてまったく年貢を納めなくなっては大変困るため、結局は多額の依頼料を負担してでも守護の家来を荘園の代官に任じて、差し引きの年貢を送ってもらう、ということが広く行われるようになりました（守護請）。

さらにこうしたこととは別に、守護には一国を管轄するという公的な立場から、現在でいう税を徴収する権利が認められていました。それは土地の面積に応じて負担する段（反）銭、あるいは土木工事や合戦時の物資を運ぶ人夫を提供する守護役といったなかみでした。ここで思い起こしていただきたいのは、『七人の侍』にこだわると」のところで紹介した伏見荘の侍や農民兵たちが、一日のうちに集合して軍議を行ったことです。**なぜ彼らは、武士顔負けの迅速な行動がとれたのでしょうか。**

それは、守護役による合戦への参加が繰り返されたため、村人たちがこうした武士のしきたりを自然と身につけてしまったから、と推測されているのです。

*守護の部下が検察権行使や守護役（守護が賦課できる税や労役）徴収のために入ることができない権利。公家や寺社の支配が特に強く及ぶ所領にこの特権が認められる場合があった。

守護への減税要求は認められたのか

こうした守護から税が課せられること自体に村民の不満はありませんでしたが、それが多額である場合は、守護方に交渉して減額を求めることもありました。**いったいどれくらい減らしてもらえたと思いますか。**

例えば有名な法隆寺が領主である播磨国鵤《いかるが》荘（兵庫県太子町・姫路市・たつの市付近）の場合、明応六年（一四九七）に守護方から十八貫文の段銭を課せられました。村人が減免を求めて交渉した結果、本来の額の四四％にあたる七貫八百文に軽減されたのです（税額自体は五貫文になったが、取り継いでくれた守護の家来たちに合計二貫八百文をお礼として支払った）。この他、明応九年の同荘の事例では、約七〇％が軽減されています。これが一般化できるかどうかは不明ですが、少なくとも鵤荘に関する限り、村人たちは交渉によりかなりの割合の減免を勝ち取っている、といえるのではないでしょうか。

荘園領主のしたたかさ

さてこのように見てくると、独自の軍事力をもたない公家や寺社などの荘園領主は、村人からは突き上げられ、守護などの武家勢力からは侵略される、とても弱い立場に追い込まれていた印象をもたれることでしょう。しかし、彼らもただ黙って手をこまねいていたわけではありませんでした。

例えば、伏見宮貞成《さだふさ》親王は応永二十五年（一四一八）、備中国園《その》荘西荘・東荘（岡山県倉敷市）の代官に同国の守護細川満重の家来、富田中務丞《とんだなかつかさのじょう》を任じました。ところが親王は、両荘に対する権利をもっていると主張しているだけで、現実には別の人が支配していたのです（権利をもっていたことを示す証拠文書はもっていたらしい）。そこで彼はその権利の回復を図り、あえて守護請として、その軍事力を利用して現在の領主を排除しようとしました。

すなわち、困窮した荘園領主は、武士を用いて別の荘園領主からその所領を奪い取ることもあったのです。したがって表面上は武士の侵略であっても、その背後で荘園領主が糸を引いていた、ということになるのです。

この他、こんな事例もありました。正長元年（一四二八）七月、万里小路《までのこうじ》時房という公家は、六代将軍足利義教から借金をすることに成功しました。その一方で時房は、自領の代官をつとめていた赤松満祐が、年貢四百貫文を納めてくれないことに困っていました。ところが彼は、ここでとんでもない方法を用いてこれらの難題を一気に解決しようとしました。**その方法とは、いったいどのようなものだったと思いますか。**

それは、時房が将軍に対し、借金を満祐が未進している四百貫文のうちから返済する、と申し出ることでした。きわめて巧妙な手口であり、これを聞いた満祐は、時房への未進がいつのまにか将軍への借金にすりかわっていたのですから、さぞかし慌てたことでしょう。

以上見てきたように、荘園領主も当時の武家社会の権力関係などをうまく利用しながら、したたかに生き抜こうとしていたのです。

謎をうけて―「風見鶏」としての村

村の安全を保障したり、農業が行える条件を整えてやれなければ、領主といえども決してその地位は安泰なものではありませんでした。一方村は、そうした領主の弱み（？）につけこむ形で、年貢減免や必要経費などを認めさせたりしたのです。村人たちには定まった政治的主張などはありません。永正元年（一五〇四）、和泉国熊取荘《くまとりのしょう》（大阪府泉南郡熊取町）の人々は、自分たちの生き方について「何《いず》れの御方《おんかた》たりと雖《いえど》も、ただ強き方へ随い申すべき也（どなたでもよいのです、ただより強い方にわれわれは随います）」と述べています。

中世史家の藤木久志氏は、これを以て彼らを弱々しい存在と見るべきではなく、世俗の権力争いからはっきり距離をおき、何とか中立を維持して村の平和を守ろうとする、たくましい哲学を読み取るべき、と述べています。

【参考文献】
・清水三男『日本中世の村落』（岩波書店、一九九六年、初版一九四二年）
・藤木久志『戦国の村を行く』（朝日新聞社、一九九七年）
・水藤真『片隅の中世　播磨国鵤荘の日々』（吉川弘文館、二〇〇〇年）
・桜井英治『日本の歴史12　室町人の精神』（講談社、二〇〇一年）
・蔵持重裕『中世　村の歴史語り』（吉川弘文館、二〇〇二年）

19 「喧嘩両成敗」は戦国大名の独創ではなかった——分国法のねらいとは

分国法と喧嘩両成敗の法をめぐる謎

戦国大名の一般的なイメージは、強大な武力を背景に家臣団や農民を統制し、領国支配を進めた、というものでしょうが、実際には独立性の高い家臣たちの統制に苦慮し、さらにその家臣たちも、支配下の村をうまく治めなければ、経営は立ち行かなくなりました。

しかしそれでも戦国大名は、領国内を一元的に支配するための分国法を定めた、ということをご存じの方は多いと思います。その中の喧嘩両成敗の法などは、大名の絶対的な権力にもとづく強力な家臣団統制のあらわれ、との意見もあります。

喧嘩をした者は、その理由に関係なく、両方とも死罪とする（意訳、原文は「喧嘩に及ぶ輩、理非を論ぜず、両方ともに死罪に行ふべきなり」、出典については後述）。

ところが問題は、それほど単純なものではありませんでした。ここではまず分国法の全体的な特徴を紹介し、その上で主に明治大学の清水克行氏の研究にもとづいて喧嘩両成敗の法のもつ意味について見ていきたいと思います。

◇

意外な制定のいきさつ

図41　今川氏親像
（増善寺所蔵）

例えば冒頭で紹介した条文を含む「今川仮名目録」（大永六・一五二六年に今川氏親（図41）が制定。天文二十二・一五五三年に子の義元が追加）は、今川氏が守護大名から戦国大名への支配体制の転換に成功したことを機に制定されました。ところが、これとはまったく異なる事情から制定した大名もいます。このうちの一人、下総の結城氏が弘治二年（一五五六）に定めた「結城氏新法度」には、その前文に次のようなことが書かれています。**ここからどのようなことが読み取れるでしょうか。**

現在、当家は重大事（常陸小田氏との抗争）が五年も続き、一日として心が安まることがない。それなのに家臣たちは、判決に不満な時は陰口をきき、親類・縁者の訴訟となると、えこひいきをして無理やり自分たちに有利な判決を得ようとしている。だからこうして法度を制定するのである。（意訳）

答えは、結城氏が対外的危機に直面しているにもかかわらず、家臣たちの統制がとれていない状況の中で、「結城氏新法度」が制定された、ということです。これと同様に、分国内の混乱を鎮め、崩れかけた支配体制を立て直すために制定されたものとして、「六角氏式目」（永禄十・一五六七年制定）があります。

誰が制定したのか

次は「相良氏法度」（十五世紀末～十六世紀半ば、肥後三郡の大名相良氏が制定）の第十九条です。

田畠を二重に売ったり、子どもを二重に質入れするのは重罪だから、いずれもそうしたことを行った者の主人が対応し、家臣団の場合は上様が直々に対応される。（意訳）

この条文、よく読むと大名本人が制定したにしては、少し不思議な表現があるのですが、どこかわかるでしょうか。

それは、「上様」という部分です。これは大名本人をさす言葉なので、自分で「上様」と表現するのはおかしいわけです。では、この条文は誰が作成したかというと、大名相良氏を「上様」と呼ぶ人々、すなわち家臣たちであると考えられるのです。戦国大名の中には、毛利氏のように室町時代の国人一揆の中から成長していった人々がいました。その一揆が共同の利益を守るために作成したのが契状ですが、この条文はその契状の名残ともいえましょう。実はこの「相良氏法度」の中には、大名自身が制定したものと、国人の流れをくむ家臣たちが作成したものが混在しているのです。

また「六角氏式目」は重臣二十名によって起草され、六角氏がこれを承認する形で制定されたもので、その末尾には六角氏当主父子と重臣たちが署名し、お互いに起請文を取り交わしてこれらの内容を遵守することを誓いあっています。すなわちこの式目も、実質的に六角氏重臣たちによってつくられたといってもよいものだったのです。そして全六十七条のうち、六角氏の行為を規定したものが半数を超えていました。つまり大名は分国法を超越した存在ではなく、これに従わなければならなかったのです。

吉宗より二〇〇年も前に目安箱を設置した小田原北条氏

さて大名家の家臣たちは、その領内の村々の動向に大きな影響を受けていました。したがって村の百姓たちが、領主（家臣）の支配に不満をもって年貢などの税を納めなくなれば、領主は立ちゆかなくなり、その影響は大名自身にも及びました。

そこで例えば小田原北条氏は、その領内に目安箱を設置し（永正十五・一五一八年に直轄領内、天文十九・一五二〇年には領国全域に拡大）、領主を通り越して直接大名に訴え出ることを認めたのです。もともと村からの訴訟は、当然ながら領主（北条家直轄領の場合は代官）を通じてなされていましたが、領主自身に不利な内容もあったため、なかなか適切に処理されませんでした。

なお、**この直訴制を認めることは、大名の家臣団統制にも効果がありました。それはなぜでしょうか。**

答えは、村どうしが争った場合、それぞれの領主どうしの争いにつながりかねなかったためです。

湯治場でも裁決した武田勝頼

とにかく百姓にせよ家臣にせよ、自分たちの力で紛争を解決しようとすると、領国内の混乱へ発展する可能性が高くなるので、大名としては何とかそれらを抑え、すべて自身が裁定しようとしたのです。そのため、例えば武田勝頼が志摩の湯（甲府市湯村温泉）に来ていた時、長年訴訟を続けている信濃国内の二つの村の代表が、その湯治場にまで押しかけました。しかし勝頼はこれを拒まず、双方から話を聞いて裁決を下しているのです。戦国大名は、日本史上初めて百姓たちとまともに向かいあった権力者、といえるかもしれません。

根強い自力救済という法習慣

さて、以上見てきたようなことをふまえて、いよいよ喧嘩両成敗の法について考えていきましょう。既にふれたように、中世においてはもめごとが起きた場合、当事者が自力で解決する、という法習慣がありました。つまり被害者自身（あるいはその代理者）が、加害者に刑罰を科すことが認められていたのです。その最も代表的なものが、親の敵《かたき》討ちと女敵《めがたき》討ち（妻の浮気相手を夫が復讐として殺害すること）でした。

それから、もっと大規模で深刻な問題もありました。応永二十六年（一四一九）六月、京都である商人と、ある家の下女の間で起きたささいなトラブルが、最後は将軍や足利一門吉良氏をも巻き込む合戦にまで拡大してしまいました。これは下女の主人が公家の三条家、商人が幕府近習の関口氏にそれぞれ仕えていたため、主家が加勢したことが大きな原因でした。

また次のようなことも起こりました。文明四年（一四七二）十二月、大和国で古市氏と宝来氏という国人*の家来どうしで喧嘩となり、いったんはおさまったのですが、後日古市氏の家来だけが負傷したとわかりました。そこで古市氏の家来仲間が怒りだし、何と負傷させた宝来氏の家臣本人ではなく、その父親を殺してしまったのです。すると今度は宝来氏の家臣とその仲間が報復に乗り出しました。**さて、どのような行動に出たと思いますか。**

答えは、父親を殺した家来ではなく、まったく無関係の町人（古市氏家臣ではあった）を処刑した、ということでした。

このように中世においては、主従関係、血縁や地縁ということだけが根拠となって、直接には何の関係もない人たちが紛争に巻き込まれ、それが連鎖して果てしなく繰り返されてしまう危険があったのです。

＊主に室町時代、郡規模の所領をもつ領主をさす。独立性が高く、守護よりも将軍と直接つながる場合が多かった。

矛盾した法習慣の中で幕府が出した判決とは

その一方で、この時代にもやはり人を殺すことはよくない、という常識は存在しました。つまり、中世社会には多様で、なかには相互に矛盾するような法慣習が混在していたのです。

このことに関して、次のような問題が起こりました。文明十一年（一四七九）五月、京都のある酒屋の妻が浮気をしたため、夫は「女敵討ち」の慣習に従って、その浮気相手を殺害しました。ところが、殺された浮気相手の主人は、実は幕府侍所（この当時は京都の治安維持を担当）を務める赤松氏だったのです。このため赤松氏は軍勢を出して酒屋を襲おうとしましたが、何とこの酒屋も幕府の前管領斯波氏の家臣板倉氏に仕えていたため、その応援を得ることができ、赤松勢もいったんは撤去しました。

しかしその後、赤松氏は「やはり殺人を犯した者が生きているのはおかしい。死罪にすべきだ」と将軍義政にあらためて訴えます。義政から調査を命じられた幕府の法律関係の役人たちは、判決の根拠となるような法令や判例を見出すことができず、ついにはとんでもない意見を義政に提出しました。**それはいったいど**

のような内容だったと思いますか。

答えは、何と酒屋本人ではなく浮気をした妻を殺すべきだ、というものでした。確かに妻も悪い点はあるわけですが、かといって死刑というのはあまりにもひどい処罰ではないでしょうか。幕府としては、女敵討ちの法慣習と、殺人犯の処罰を求める考え方の双方に配慮したつもりなのでしょう。

ところがさらに驚くべきことに、この判決は酒屋・赤松氏ともにあっさり受け入れられ、酒屋は妻を処刑してしまいました。

中世にもともと存在した「半分ずつ」という考え方

この判決において最も重視された考え方は、当事者双方を同罪とすること、さらにいえばお互いの損害を等しくして社会の秩序を元に戻そう、というものでした。ここで等しく、というのは客観的なものではなく、あくまで双方の主観にもとづくものです。言い方を変えれば「半分ずつ」ということですが、中世において

この「半分ずつ」という考え方（折中の法）にもとづくきまりは、他になかったでしょうか。

答えは「下地中分」（荘園を地頭と荘園領主で分割支配すること。鎌倉中期以降に増加）、「半済」（南北朝期、荘園の年貢の半分を軍費調達のため引き渡すしくみ）、「降参半分の法」（南北朝期、敵方の武士でも降参した場合、所領の半分は保障すること）などがありました。

謎をうけて―あらためて喧嘩両成敗の法を考える

そして、この延長線上に喧嘩両成敗の考え方があることに気づかれることと思います。そうです。喧嘩両

成敗は戦国大名が創出した専制的な法だったのではなく、既にそれ以前から中世社会に広がっていた法慣習の一つだったのです。清水克行氏は、喧嘩両成敗的な規定は平安末期にまで遡りうる、と指摘しています。

ではここであらためて分国法の中の喧嘩両成敗の法を見てみましょう。冒頭に掲げたのは、「今川仮名目録」の中の条文でしたが、実はこれには「(ただし) 相手から攻撃されてもがまんして、その結果相手から傷つけられたら、たとえ傷つけられた側に喧嘩の原因があったとしても、その場で応戦しなかったことに免じて負傷した側に理があると認め、勝訴とする (原文「はたまた相手取り懸くるといふとも、堪忍せしめ、あまつさえ疵《きず》をかうむるにをいては、事は非儀たりといふとも、当座穏便のはたらき、理運たるべきなり)。」という条文が続いていたのです (教科書では普通この前の部分までしか紹介されていない。なおさらにこの後に、当事者に加担した者や妻子の扱いが定められている)。

清水氏は、勝訴にするということは、負傷した側が今川氏の法廷に訴え出たことが前提にあるとした上で、大名の真意はこの「ただし〜」以降の方にあると主張しています。**どういうことか、おわかりでしょうか。**

それは、これまで見てきたように、大名としては領国支配を安定させるためには、家臣や領民たちに自力で解決せず、まずは大名の法廷に訴え出るようにさせることが必要だった、ということです。そこで従来の法慣習を尊重し、喧嘩両成敗を内容とする第一項を定めながらも、「それでは不合理となるだろうから、私に訴え出なさい。公正な裁判をしますよ」と求めたのでした。つまり第一項を入れたのは、むしろ戦国大名の権力主体としての弱さのあらわれだった、というわけです。そもそも分国法を制定すること自体に、家臣団の方が主導権をもつ場合があったことは、既に述べました。

なお、この有名な喧嘩両成敗の法は、実は十数点ある分国法のうち、この「今川仮名目録」と「甲州法度之次第」、「長宗我部氏掟書」の三点にしか明確には定められていませんでした。他は、それぞれの実情に応じたさまざまな解決法を採用していたのです。

【参考文献】

・石井進他校注『中世政治社会思想 上』(岩波書店、一九七二年)
・安野真幸「『相良氏法度』の研究一」(弘前大学『文化紀要』三九、一九九四年)
・笹本正治『戦国大名の日常生活』(講談社、二〇〇〇年)
・清水克行『喧嘩両成敗の誕生』(講談社、二〇〇六年)
・黒田基樹『戦国大名』(平凡社、二〇一四年)

第3章 近世

20 「長篠の戦い」論争
――信長勝利の真の理由に迫る

長篠の戦いをめぐる謎

織田信長の輝かしい戦歴の中で、最も有名なものの一つは長篠の戦いでしょう。信長がここで三千挺の鉄砲を三段にして交替射撃させ、武田の騎馬隊を壊滅させた、という話は、今ではほぼ否定されています。しかし「信長＝先進的＝鉄砲」VS「勝頼＝保守的＝騎馬隊」という異なる文明どうしの戦争だった、という固定観念は未だに強いようです。本当にそのように単純に理解してよいのか、まずは三千挺・三段撃ちをあらためて検討するところから始めていきましょう。

◇

三段撃ちはあったのか①――常識から考える

長篠の戦いで織田・徳川軍が大勝利をおさめた最大の原因は、三千挺（この数については後述）の鉄砲を三段にして間断なく撃たせ続けたためといわれ、これが学界でも長い間常識のように見なされてきました。しかしこれに対し戦国史研究者の藤本正行氏は、今から四十年以上も前から「三段撃ちはフィクション」と主張し続けています。その根拠をいくつか紹介しましょう。

まず単純に考えても、千挺もの鉄砲が一斉に放たれ（図42）、それらが整然と繰り返されることなど、実戦の場で可能だったとは到底思えません。誰か一人の指揮官が号令をかけたとしても全体に届くはずはないし、複数の指揮官が号令を合わせることも無理でしょう。だいたいこの射撃方法は、戦線全体にわたって次々と武田軍が押し寄せてきた場合にのみ有効ですが、『信長公記《しんちょうこうき》』*には「敵は入れ替わり攻撃してきた」とあります。つまり武田軍は部隊ごとに進撃してきたのであり、前方に敵がいないところも含めて織田軍が鉄砲千挺を撃ち続けていたとしたら、貴重な玉や火薬**が大量に無駄になってしまうことは明らかです。

*信長の家臣だった太田牛一が書きためておいたメモをもとにまとめた、信長の一代記。古文書類に次いで信頼できる史料とされている。

**鉄砲をはじめ玉の原料の鉛、火薬の原料の硝石は輸入に頼っていた（なお前著『日本史へのいざない』で「鉄砲

図42　長篠のぼりまつり（新城市）　©Bariston

はすべて国産」としたが、ここに訂正したい）。

三段撃ちはあったのか②――鉄砲隊の編制から考える

それに整然とした交替射撃を行うには、日ごろからの相当な訓練が必要だったはずです。これに関し、合戦の前後に信長が家臣の細川藤孝（当時畿内にいた）へ宛てた二通の書状があります。

A（天正三年五月）十二日付けの（藤孝からの）書状を確かに見た。私の命令どおり鉄砲衆と玉薬（火薬のこと）を手配してくれたそうで、けっこうなことである。

（天正三年五月十五日付け）

B（戦いが終わったので）そちがよこした鉄砲衆を帰国させることにする。

（同年五月二十一日付け　A・Bともに「細川家文書」、意訳）

これらからわかることはどのようなことでしょうか。

信長は、この戦いのために藤孝配下の鉄砲衆をかり集めていることがわかりますが、これは一例であって、各地の部将にも同様に命じたようです（現に大和の筒井順慶も鉄砲衆五十名余りを遣わしている）。しかもAより、藤孝の鉄砲衆は五月十五日の時点では信長軍（十三日に岐阜を出発、十五日は岡崎から野田へ向け進軍中）に追いついていないことが読みとれ、仮に翌日に到着したとしても、合戦（二十一日）のわずか五日前ということになります（表14）。

表 14　長篠合戦関係年表

年　月　日	で　き　ご　と　　　　（丸数字は月を示す）
天正元(1573). 4	武田信玄死去。
9	徳川家康，長篠城を攻め、これをおとす。
同　2(1574). 2	武田勝頼，美濃の明智城を攻める。
3	勝頼、三河の足助口より徳川領に侵入。
6	勝頼、遠江の徳川方の高天神城をおとす。
同　3(1575). 2	家康、長篠城を修築、勝頼の来襲に備える。
4.21	勝頼、大軍を率い長篠城を囲む。
5.13	織田信長，家康の救援要請をうけ、岐阜を出発。
14	信長、岡崎に到着。
17	信長、野田に到着。
18	信長、設楽郷の極楽寺山に陣を置く。
19	勝頼、医王寺から陣を前進させる（～20日）。
20	信長、家康の重臣酒井忠次に武田軍主力の背後に回り、長篠城攻めのため配置されていた鳶ノ巣山の武田方を攻めるよう命ず（翌朝これに成功）。
21	勝頼、信長・家康の陣に攻撃するも大敗、信濃へ向けて敗走（いわゆる長篠の戦い）。

実は織田軍の鉄砲隊は、信長直属のものと各部将から集めた鉄砲兵たちを臨時に編制したものの二つがあり、このうち合戦の主力となった後者*は、藤孝の鉄砲衆の事例からみても、徹底した訓練を行う時間的な余裕はなかったはずです。この点からも三段撃ちが無理だったことは明らかです。

なおBから、信長は合戦が終わると、すぐさまかり集めた鉄砲衆を本来の担当地域に戻していることがわかります。そしてこうした鉄砲隊の臨時編制のやり方は、何も信長が創出したわけではなく、他の戦国大名たちも行っていた可能性が高いのです。

＊信長直属の鉄砲隊五百は、二十日深夜長篠城を攻めていた鳶《とび》ノ巣山の武田軍を急襲するための軍に参加した。翌朝、つまり合戦当日の朝にこれが成功し、勝頼本軍は背後からも圧力を加えられることとなり、やむなく（小勢と誤認していた）織田・徳川軍に攻めかかった。これが大きな敗因となったことは『信長公記』に

も「前後から攻められ、敵も兵を出してきた」とあることからも明らかである。

三段撃ちはあったのか③——合戦の時間から

五月二十一日、日の出から(織田軍は)東北東に向かって午後二時ごろまで入れ替わりながら戦い、武田兵を討ち、このため敵方は次第に兵が少なくなり、残った者は皆、勝頼のもとに集まった。そしてもうかなわないと判断し、鳳来寺の方へどっと退却した。(意訳)

この長篠の戦いに関する『信長公記』の記述を読むと、**鉄砲の三段撃ちによって織田・徳川軍が快勝したとは見なしがたいのですが、それはなぜでしょうか。**

答えは、三段撃ちで決着がついたとすれば、合戦時間はかなり短かったはずなのに、日の出(つまり午前六時ごろ)から午後二時まで、約八時間も戦っているからです。実際にはかなりの激戦となっていた時間もあったのではないでしょうか。例の武田軍の進撃を食い止めるための馬防柵に関しても、江戸前期のいくつかの武家(徳川方)の武功書などに、柵が破られた話が見えています。

「武田の騎馬隊」は本当か?

一方、武田方は「騎馬軍団」などと呼ばれ、テレビや映画の歴史ドラマでは全員が乗馬し、織田・徳川軍の陣地に向かって突撃する場面が描かれますが、実際のところはどうだったのでしょうか。

これについては、「山県昌景隊」や「武田信綱隊」などの一集団は百〜二百名程度であり、このうち騎乗するのは指揮官をはじめとする上級武士のみで、多くは歩卒だったとする説があります。しかし近年、戦国史研究者の平山優氏は、身分の低い武士の中にも騎乗の者がいて、その割合は従来いわれていたよりは多いこと、また武田軍には騎兵だけを集めて編制した部隊が存在した可能性があること、などを指摘しました。

ただこの平山説、**特に臨時編制の騎馬隊には問題がないでしょうか**。

それは織田軍の鉄砲隊編制の場合と同様、個々の騎兵の技量や馬の質がまちまちであり、また訓練もできていないため、とても統制のとれた集団突撃などはできなかった、ということです。それに戦場付近は現在では水田や畑となっていますが、当時は湿地だったという説もあり、そこをポニー程度の大きさの馬が重装備の武士を乗せて進むわけですから、速度は十キロほどしか出なかった、との指摘もあります。テレビや映画で見る「大平原を騎馬軍団が疾駆する」ような場面など、この戦場では決して見られなかったことはまちがいありません。馬防柵にしても、『信長公記』には「徳川家康と、信長の家臣滝川一益の陣所の前には馬防ぎのための柵を付けた」とあるので、一部には設けられたようですが、それが織田・徳川軍全体にまで及んでいた確証はないのです。

武田氏と鉄砲

さて、一般に「武田の騎馬隊VS織田・徳川の鉄砲隊」という対立の構図があったとされていますが、実際のところ武田氏は鉄砲という武器を軽視していたのでしょうか。

実は勝頼の父、信玄が出した軍令の中に「鉄砲が不足しているから、槍を略してでも持参せよ」「上手な銃兵を連れてくるように」などという文言が見えるので、武田氏も長篠以前から鉄砲を重視していたことがわかるのです。そして弘治元年（一五五五）、上杉謙信との第二次川中島合戦において、信玄が三百挺の鉄砲を揃えた、と比較的信頼できる史料の中に記されています。長篠の戦いを描いた屏風絵にも武田軍の鉄砲兵が見られますし、特に浦野家旧蔵の絵では、徳川方の鉄砲兵が三人撃ち倒された様子が描かれているのです。

鉄砲三千挺は事実か

ただそれにしても、この戦いにおいて織田・徳川軍が鉄砲を主な武器として用いたことは、『信長公記』の中の次のような記述からも明らかでした。

・（武田軍は織田軍の）鉄砲によって散々に撃たれ、引き退いた。
・三番目に攻めてきた西上野の小幡一党に対しても、人数を備え、楯*で身を隠しつつ鉄砲をかまえて待ちうけ射撃したので、過半は撃ち倒され、無人となって引き退いた。
・このように武田軍は部隊を入れ替え攻めてきたが、我が方（織田軍）は自陣から一人も出さず鉄砲兵だけを追加投入し、足軽であしらったので、敵は討たれ退いた。
（意訳）

では、その鉄砲の数についてですが、既に紹介したように一般には織田軍は三千挺を用意したといわれています。しかし『信長公記』のより古い時代の伝本には「千挺ばかり」と記されています。では、この「千

挺ばかり」というのが実際に近い数と見なしてよいのでしょうか。この時の鉄砲兵の集め方をもう一度思い出してみましょう。

答えはこれも正確とはいいきれない、ということです。既に見たように鉄砲兵は各地の部将から少数ずつ集められたもので、しかもそれらが集結したのは合戦の直前だったと見られるため、『信長公記』の作者太田牛一が正確な鉄砲兵の総数を把握していたとは、とても考えられないのです。

そうしたわけで織田軍の鉄砲兵の総数は不明といわざるをえないのですが、それでも武田軍のそれをはるかに上回る数だったことはまちがいありません。

＊垣根のような柵の外側に楯を並べ、その狭間から鉄砲を撃った。

大量の鉄砲を準備できたわけ

では、なぜ信長はそのような大量の鉄砲を準備できたのでしょうか。この時期における鉄砲製造の中心地は和泉の堺、紀伊の根来《ねごろ》、近江の国友の三ヵ所でした。このうち根来は敵地であり、また国友も天正元年（一五七三）九月までは浅井氏の支配下にあり、その後も信長が鉄砲を大量に注文した確実な証拠はありません。

これらに対し、国際貿易港をもち、また一大工業地帯でもあった堺は、永禄十二年（一五六九）に信長の支配下に入り、これによって織田氏は今井宗久《そうきゅう》という商人（茶人でもある）を通じて鉄砲を大量に注文できたようです（図43）。宗久は元亀元年（一五七〇）二月、信長の命をうけ、付近の吹屋（鍛冶屋）を堺に集住させていますし、同年十月には信長の部将羽柴秀吉が浅井長政との戦いに際し、宗久に火薬の調達・輸送

図43　鉄砲鍛冶屋敷（堺市）

を依頼しています。また天正元年三月、武田信玄の西上や浅井・朝倉の攻勢で危機に瀕していた信長は、細川藤孝に書状を出して鉄砲や火薬・兵粮を大量調達するよう命じていますが、その代金として「金子百枚や二百枚なら安いものだ」と述べています。これもおそらく入手先は堺だろうと推測されています。

これに対し武田氏の方はどうだったのでしょうか。**次の元亀四年（一五七三）十一月の命令から読みとってみましょう。**

一、鉄砲の火薬については、当方から家臣たちに可能な限り支給しているが、近年は危機の際に不足している。これでは心配なので、家臣たちもその知行に応じた量を準備すること。

（「新編会津国風土記」、意訳）

これによると武田氏は、火薬の入手に苦労していたことがわかります。このため年次は不明ですが、敵対する徳川方の商人を通じて、大量の鉄砲や鉄を入手しようと試みたりもしていました。

以上のように、織田氏も武田氏も鉄砲を重視していた点では同じだったのですが、当時の日本経済の中心地である畿内をおさえていた信長は、その入手が比較的容易だったのに対し、信濃・甲斐という遠隔地を領域とした武田氏の方は、それがきわめて困難でした。このことが、長篠の戦いの勝敗に大きく関わっていたのです。

南蛮貿易の支払いは?

ところで、こうした大量の鉄砲や玉、火薬を入手するための莫大な資金を得るため、信長は永禄十二年に但馬（兵庫県北部）に出兵し、同国守護山名祐豊をいったん追いますが、後にこれを援助する代わりに要求したものがあります。**それはいったい何か、わかりますか。**

答えはあの生野銀山です。祐豊はこの要求を拒みましたが、元亀元年四月、信長は今井宗久と長谷川宗仁《そうにん》（京都の有力商人で信長の家臣）を派遣しています。宗久は、まだ本格的な採掘が始まってまもないこの銀山に、「灰吹き法*」と呼ばれる当時の最新技術を導入し、生産量を飛躍的に増大させることに成功しました。このころ日本の銀産出量は世界最大となり、これを用いた南蛮貿易によって、鉄砲や玉、火薬などをはじめとした豊かな物資が信長の握る堺にもたらされた、というわけです

＊金や銀をいったん鉛に溶け込ませ、そこから抽出する方法。

謎をうけて

以上見てきたように、「三段撃ち・三千挺」というのはやはりありえず、また鉄砲の重要性自体は、武田氏も十分認識していました。ただそれにしても、織田方が大量の鉄砲を用い、それがこの戦いで有効だったことは、まちがいないようです。ポイントは、それを可能にした信長の経済力にありました。近年、信長の先進性は否定される傾向にありますが、先進地域である畿内を握っていたことが、他の戦国大名にはない有利な条件となったと考えられます。

【参考文献】
・奥野高広・岩沢愿彦校注『信長公記』（角川書店、一九六九年）
・藤本正行『長篠の戦い　信長の勝因・勝頼の敗因』（洋泉社、二〇一〇年）
・　同　『再検証　長篠の戦い』（洋泉社、二〇一五年）
・池上裕子『織田信長』（吉川弘文館、二〇一二年）
・平山優　『長篠合戦と武田勝頼』（吉川弘文館、二〇一四年）
・　同　『検証　長篠合戦』（吉川弘文館、二〇一四年）

21 太閤検地の本当のねらいとは

太閤検地をめぐる謎

秀吉は天正十年（一五八二）以降、全国規模での検地を進めました（太閤検地）。これは、土地の面積の単位や枡の大きさを統一した上で、田畑・屋敷地の面積・等級を調査し、これを石高で示すものでした。そして田畑一区画（一筆《ひとふで》）ごとに等級・面積・名請人《なうけにん》（年貢を負担する耕作人）を記した検地帳（図44）を作成しましたが、これによって「一地一作人」「中間得分の否定」を実現させ、中世以来の荘園制度にもとづく土地所有制度がなくなった、と評価されてきました。しかし、あらためて考えてみてください。本当にこれによって、すぐに近世社会が訪れたなどということがありえたのでしょうか。それに、そもそも太閤検地の実施は、実際に全国各地において同じような形で徹底されたのでしょうか。以下、見ていく

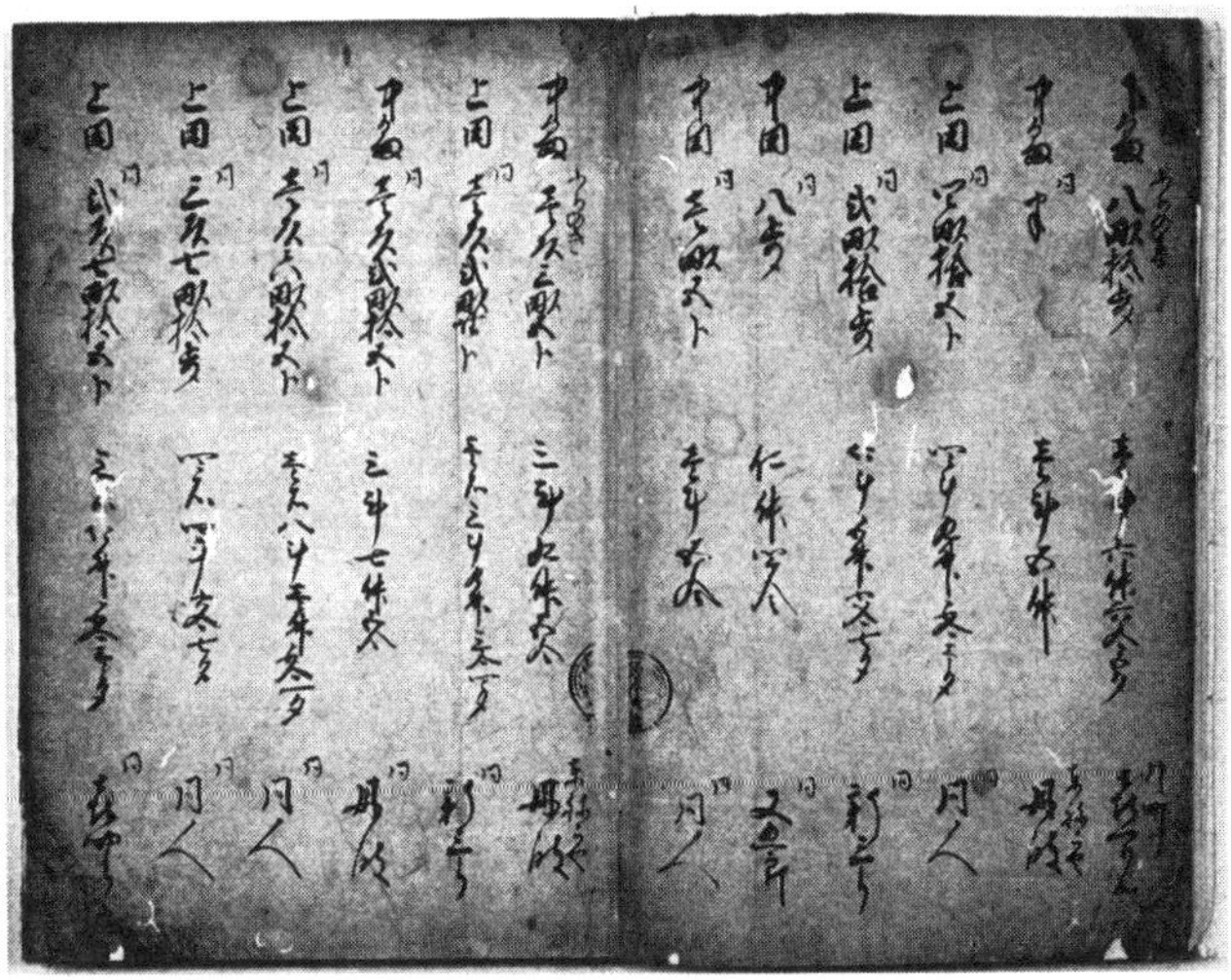

図44　下野国河内郡岡本村太閤検地帳　（五月女裕久彦氏所蔵、栃木県立文書館寄託）

ことにしましょう。

◇

兵農分離策の一環なのか

まず、太閤検地が農民の田畑に対する耕作権を認めたものであったことから、これは豊臣政権が兵農分離をねらって、それまで所有権をもっていた地侍や土豪といった武士たちを村から引き離した、と一般に見られている点について、実際はどうだったのでしょうか。

実は、例えば土佐の長宗我部氏が行った検地では、その家臣が大量に名請《なうけ》されています。これを長宗我部氏が古い体質を残していたための特例、ととらえることはできません。なぜなら、秀吉の直轄領だった近江国今堀村（滋賀県八日市市）の天正十三年ごろの検地帳にも、その側近武士が名請人として見られるからです。つまり太閤検地の名請人は、必ずしも農民とは限らないわけで、こうした点から豊臣政権は少なくとも検地を兵農分離策の一つとはとらえていなかったことが明らかなのです。

織田氏以前の検地との違いは？

次に、太閤検地のなかみが、織田氏以前の検地とは明確に異なる画期的なものだったのか、について見ていくことにしましょう。信長は天正五年（一五七七）、柴田勝家や前田利家らに命じて、征服した越前一国を対象に初めて検地を行いました。ふつう信長の検地は、秀吉の場合と違って実際に役人が村へ入って土地を測ったりして調べること（丈量）はせず、領主たちに土地の面積や年貢量などを文書で提出させる形（指出《さしだし》）で行った、といわれていますが、この越前検地の文書には「国中御縄打」などとあるので、実際に縄を使って測量したと考えられています。また天谷村《アマダニ》（福井県越前町）に残った史料によると、田一段あたりの年貢量（斗代*）は、一律に一石五斗（二二五キロ）で、畑は状態により三段階に分け、それぞれ斗代は七斗五升、五斗、三斗七升八合と定め、屋敷も田と同じく一段あたり一石五斗としています。そしてこれらを合計し、村全体の石高（村高）を算出、既に立場を保証されていた領主には、これにもとづいて領地を与えています（知行制）。こうした内容は、一部**を除いて太閤検地のなかみと基本的には同じであり、秀吉はこの信長の行った検地のやり方を継承したことがわかるのです。さらにこうしたやり方は、信長の越前検地より七〇年も前に（石高ではなく、斗代が銭を基準とした貫高だったという違いはあるものの）小田原北条氏の手で行われていました。

以上のように、太閤検地と織田氏以前の検地は、ある重要な点（この点は後述）を除いて大きく異なるようなものではなく、したがって太閤検地の完成を以て近世社会が始まった、とするような理解には検討の余地があるといえるでしょう。

＊なお従来、秀吉は検地によって生産高を把握しようとした、と見なされてきたが、近年は検地帳の中には「斗代」と明記するものもあることから年貢量を示す、とする考え方が有力となっている。

＊＊太閤検地では、田も上・中・下の三等級に分け、それぞれに応じた斗代を定めた。

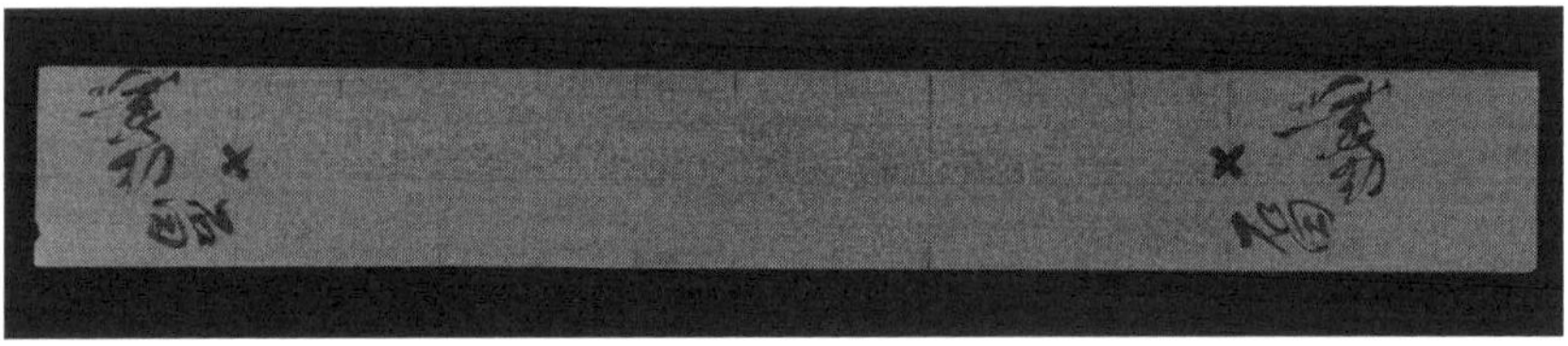

図45　石田三成の署判がある太閤検地尺　（尚古集成館所蔵）

そもそも太閤検地は徹底されたものか

次は薩摩・大隅の大名で、当時京都にいた島津義弘が、天正十九年（一五九一）八月に国元へ送った書状の内容（一部）です。

国元で（指出に必要な）帳面を作成しようとしても、できるわけがないのだから、村数・屋敷・田畑・種子蒔《ま》きの量・国枡（地元で使用していた枡）での米・豆などの収納量を書き送ってくれれば、こちら（京都）で京枡に換算して帳面をつくる。

（「薩藩旧記雑録」、意訳）

これより、島津領の検地に関してどのようなことがわかるでしょうか。

答えは、指出検地に必要な書類のことについての指示ですから、この時点まで島津領では検地が実施されていなかったこと、そしてその実施も、丈量ではなく指出によって行われようとしていたこと（後に文禄三・一五九四年から翌年にかけて石田三成により実施、図45）です。その際驚くべきことに、国元から基礎となるデータを京都に送ってもらい、それをもとに机上の計算で調整の上、作成しようとしていたのです。実際のところ、島津領の検地帳作成にあたっては、増田長盛や石田三成といった秀吉の奉行たちの影響力が大きく及んでおり、したがって算出された石高が実態とはかけ離れたものとなってしまったことは、いうまでもありません。[*]
また神奈川大学の田上繁氏の研究によれば、前田氏の領地（能登・加賀・越中）で天正十年と十一年に行った検地も指出形式であり、同十三年に実施した際は、形式的に役人が村へ来て調べましたが、その内容は一筆ごとの田畑の面積や作人名ではなく、村の耕地の総面積のみでした。
以上のように、太閤検地とはいっても全国の村々すべてで丈量検地が行われたわけではなく、その内容はさまざまだったようです。

＊文禄・慶長期には大名が個別に検地を行い、ここで作成された帳簿が実際の年貢賦課の基礎となった。さらに村は村で実態を把握した独自の帳簿をもっていたらしい（三重帳簿？）。

詳細な検地帳が作成できたわけ

しかし、例えば天正十年と十一年に行われた前田領検地において作成された検地帳には、一筆ごとの田畑が記載されています。これについてどう考えたらよいでしょうか。

この検地帳には、それら一筆ごとの田畑の面積が合計され、そこから一部が控除され村全体の年貢対象地の面積が記されています。そしてこの控除のやり方は、村が作成したと推測されている書類の中で定められているものとほぼ同じ（具体的には畑地面積を実際のほぼ三分の一に換算）でした。**では、この事実から推測されるのはどのようなことでしょうか。**

それは、領主側で作成した検地帳は、村がもともと定めていた畑地面積の減額に関する換算方法を、ほぼそのまま踏襲していたということであり、したがって一筆ごとの田畑面積も、同様に村が把握していた情報をもとに記載された可能性が高い、ということになります。

近年、中世後期における村落についての研究が大きく進んだ結果、室町後期以降の村の自治権はそれまで考えられていた以上に強いもので、戦国期はもちろん織豊期、さらには江戸時代に至るまで領主は村の農民一人一人まで把握するようなことはできず（せず）、あくまで村を支配対象としていたことが明らかになってきました。この点からいっても、検地帳における一筆ごとの田畑の記載がどのような情報をもとになされたのかは、容易に想像がつくでしょう。天正十年の前田領において、ある村での検地はわずか三日間で終了していますが、これほどの短期間で、しかもわずか二名の役人（実際には多少の手下はいたにしても）で膨大な筆数の田畑をいちいち確認した上で記載することなど、到底不可能なのは明らかです。

「一地一作人」「中間得分の否定」は実現したのか

それでは太閤検地によって実現したとみなされてきた「一地一作人」や「中間得分の否定」などは、実際のところどのような状況だったのでしょうか。

中世において、一つの土地には複数の人間が権利をもっているのが一般的でした。実際に土地を耕作している農民と領主の他に、少なくとももう一人の地権者がいて、農民は領主への年貢とは別に「加地子《かぢし》」などと呼ばれる、江戸時代以降の小作料にあたるものをその地権者に納めていたのです。なぜそうなったのかというと、例えば生活に困窮した農民が、自らの農地をその地権者に売りますが、引き続き耕作は続け、借金返済の形で加地子を納める、という事情からでした。

この地権者は村の有力者であり、また地侍や土豪などとも呼ばれる存在で、大名の家臣などに従って合戦に参加しました。したがって豊臣氏によって討滅された大名に属していた場合は、当然ながらその所領も失い没落してしまうので、わかりやすいと思います。

問題は豊臣氏に従った大名配下の者たちですが、難しいところもあるので、比較的わかりやすい部分について見ていくことにしましょう。

まず太閤検地の実施に際しては、全国的に度量衡が変更・統一されたことはよく知られています。具体的には、それ以前は六尺五寸（約一九七センチ）四方を一歩とし、三六〇歩を一段としていたのに対し、六尺三寸（約一九一センチ）四方を一歩、三〇〇歩を一段としたのです。**このことによって納める年貢量はどうなったでしょうか。**

そうです。課税対象となる単位面積である一段の広さが従来の約七十八％となり、その結果村全体としては段数が増えるので、これは実質上の増税ということになるのです。これにより加地子分も、太閤検地によって定められた斗代の中に吸収されてしまった、という考え方があります。ただそれでも、村落内の地権者と農民との関係は続くのではないか、という疑問も残りますが、村の内部で地侍たちの権利が弱められていった可能性はあり、その際太閤検地によってそれまで土地に対する権利が曖昧だった農民たちが名請人として検地帳に記載されたことは、大きな意味があると考えられているのです。

その一方で、加地子分は本来年貢対象地であったが免税とされた、との指摘もあります。この場合、村落における中間得分は、そのまま残ることとなります。

政権側はどう考えていたか

　では豊臣政権側は、検地によって「一地一作人」の実現を意図していたのでしょうか。これについては、天正十五年（一五八七）に浅野長政が若狭国へ出した命令の中に、「有力農民が一般農民に土地を耕作させ、中間得分を得ることを禁じる。これまで耕作してきた農民が直接年貢を納めよ」という条文がありますから、政権としてはやはり意図していたと判断せざるをえません。**このあたりをどう考えればよいと思いますか。**

　これはあくまで私の考えにすぎませんが、太閤検地以降も一般農民が村の有力者に対し、経済的負担などを担い続ける場合があったことは事実です。したがって前記のような政権側の命令は、あくまでも「願望」のようなもので、実際には必ずしも徹底しなかった、ということなのではないでしょうか。そしてその「願望」も、一地一作人の実現自体が目的なのではなく、あくまでもその村の石高を確実に把握したい、という目標のための一方策だったように思われます。

謎をうけて━太閤検地の本当の(?)ねらい

　島津領の検地のところでふれたように、豊臣政権は村の実態とはかけ離れた内容の検地帳を作成させました。これは天正十九年（一五九一）のことですが、この時秀吉は全国に「御前《ごぜん》帳」と呼ばれる一種の検地帳と郡単位の絵図の作成・提出を命じました。これには大きく二つのねらいがあったとされています。一つは、**この翌年に第一回目が行われる大事業に備えてのことだったのですが、何のことかわかりますか。**

　答えは朝鮮出兵です。これに際して全国の大名に、石高にもとづく軍役をかけるための基礎台帳の作成が欠かせなかったのです。そしてさらに、これによって（何万石の大名か、ということで）大名の家格や序列が決まり、石高にもとづいて彼らを（同じ石高がもらえる、あるいは加増してもらえるから仕方ないか、と納得させて）どこにでも転封させることができるようになり、その結果豊臣政権は超越的な権力をもつこととなりました。

そしてもう一つは、秀吉が御前帳作成の目的として述べていた「禁中（天皇）に納めるため」ということに深く関わっています。**天下人としての具体的な立場が関白であったこととあわせ考えると、どのようなねらいが浮かびあがってくるでしょうか。**

それは、秀吉が関白として天皇から日本全土の支配権を委任された形をとっていたので、全国の石高はもちろん、絵図に描かれたすべての空間とそこに暮らす全人民が秀吉の支配下にあることを認識させることによって、単なる主従制や知行制を超えた強固な全国支配権を確立させようとした、ということです。

実に、織田氏以前の検地との大きな違いは、ここにありました。たとえ実態とはかけ離れたものではあっても、ともかく統一した度量衡によって全国一律の石高を定めることが、ここで述べてきた秀吉のねらいを実現させる上で重要だったのです。

【参考文献】
・安良城盛昭『太閤検地と石高制』（日本放送出版協会、一九六九年）
・田上繁「前田領における検地の性格について」（『史学雑誌』一〇二―一〇、一九九三年）
・池上裕子「織豊期検地論」（同『戦国時代社会構造の研究』校倉書房、一九九九年所収）
・同　『日本の歴史15　織豊政権と江戸幕府』（講談社、二〇〇二年）

・黒田基樹『戦国大名』（平凡社、二〇一四年）
・平井上総『兵農分離はあったのか』（平凡社、二〇一七年）

22

水戸黄門をめぐる謎

水戸黄門は本当に名君だったのか

図 46　徳川光圀像　（水戸徳川ミュージアム所蔵）

テレビ時代劇を代表する作品の一つに、「水戸黄門」があります。屈強な二人のお供を連れて全国を漫遊し、貧しい庶民を助け、悪事を働く役人を懲らしめる痛快な話ですが、実際の黄門様*こと徳川光圀（図46）は、どのような人物だったのでしょうか。まずは時代劇で描かれる光圀の姿が、どういった事実を脚色したものかを探ることから始め、その後にできるだけ客観的な史料にもとづいて、光圀の実像に迫っていくことにしましょう。

*黄門とは唐の役所だった門下省の次官「黄門侍郎」のことで、水戸家当主が朝廷から任ぜられる中納言に相当する。

「漫遊」のルーツ

光圀が世直しのために全国を旅した、というのはもちろんフィクションですが、**実際に旅した最も遠方の地はどこだったと思いますか。**

それは何と熱海でした。かなり近場ですね。寛永十九年（一六四二）、光圀十五歳の時に父頼房の湯治に同行したのです。この他、四度にわたり日光東照宮に社参しています。これは徳川一門としてのつとめ、といえましょう。光圀自身の意思による旅は、延宝二年（一六七四）、四十七歳の時に水戸から下総、上総を経て鎌倉へ赴き、名所旧跡を巡ったのが唯一のこととされています。

注目されるのは四十歳代後半以降、特に元禄三年（一六九〇）、六十三歳で隠居後、頻繁に領内の巡見を行い民情を視察していることです。その際、しばしば善行のあった農民に褒美を与え、これを表彰していまず。例えば前述の鎌倉行きの途中、領内玉造村（茨城県行方市）の貧農弥作が老母を献身的に介護していることを知り、光圀は自ら黄金十枚を与え、あわせて担当役人に弥作の田畑に配慮するよう命じ、さらには家臣にその伝記を書かせました。全国各地への世直し旅という話は、あるいはこのような領民とのふれあいのエピソードがもとになっているのかもしれません。

◇

助さん、格さんの本当の姿

さて、光圀の漫遊のお供をつとめる「助さん」こと佐々木助三郎、「格さん」こと渥美格之丞には、それぞれモデルとなった実在の人物がいました。**二人とも光圀の行った文化的大事業に関わっていたのですが、それは何かご存知ですか。**

答えは『大日本史』*の編纂です。少年時代は意外にも素行の悪かった光圀でしたが、十八歳のころ、司馬遷の『史記』「伯夷《はくい》伝」を読んで感銘を受け、**それを機に一転して学問に励むようになりました。そして同時にこの『史記』のような歴史書を編纂する必要性を痛感し、明暦三年（一六五七）、三十歳の時に江戸駒込の別邸に史局を開設しました。寛文十二年（一六七二）春には、この史局を小石川本邸内に移し、光圀は自ら彰考館と名づけました。ここへ延宝二年（一六七四）に入った備前出身の佐々十竹《さっさじっちく》（宗淳《むねきよ》、介三郎）と天和三年（一六八三）に入った水戸出身の安積澹泊《あさかたんぱく》（覚《さとる》、覚兵衛）が、それぞれ「助さん」「格さん」のモデルといわれています。つまり本当の職業は、二人とも彰考館につとめた学者だった、というわけです。

なお、この『大日本史』は、光圀存命中は中心部分のおおよその形ができただけで、その死から十五年後の正徳五年（一七一五）に、ようやく一応の完成を見ました。その後も途中約半世紀にも及ぶ停滞はありましたが、補訂作業が続けられました。出版事業はさらに遅れて文化三年（一八〇六）から始まり、全三九七巻の刊行が終わったのは、編纂開始から実に約二五〇年後の明治三十九年（一九〇六）のことでした（明治以降は水戸藩から水戸徳川家が事業を継承）。

*神武～後小松天皇までの紀伝体（天皇の代ごとの記述）による歴史書。北朝に配慮しつつも南朝を正統とし、幕末の勤王思想に大きな影響を与えた。

**光圀は兄頼重をさしおいて二代藩主の地位が約束されたことに悩んでいたようである。この伯夷・叔斉《しゅくせい》兄弟の話も相通じるところがあったため、感銘を受けたものと思われる。光圀は藩主となった際、頼重の子を養子として自らの後継と定め、自らの子は讃岐高松藩主となった頼重の後継とした。

「天下の副将軍」と呼ばれたわけ

この副将軍という職は、幕府の職制にはもちろんありませんが、ではなぜ光圀は「天下の副将軍」と呼ばれたのでしょうか。

まず一つには、水戸藩が幕府との関係において、**他の藩とは異なる特徴をもっていた点があげられます。それはどのようなことだと思いますか。**

答えは「定府《じょうふ》の制」といって、他のすべての藩主は参勤交代によって国元と江戸に交互に住まなければならなかったのに対し、水戸藩主は原則として江戸常住と定められていたことです。* そのため、常に将軍の側近くにあってこれを補佐するイメージが強まり、副将軍と呼ばれるようになったと考えられています。

ただ、そうした歴代の水戸藩主の中でも、特に光圀だけが副将軍と結びつけて語られることが多いのは、実際に時の将軍や幕閣に対して何度か政治的な直言を行ったことも関係しているのかもしれません。これが二つめにあげられることです。

例えば五代将軍綱吉の世子《せいし》（後継者）徳松がわずか五歳で病死したため、老中牧野成貞《なりさだ》は御三家当主を招いて養子を迎えたいと諮《はか》りました。すると光圀は「まだ将軍は若いから今後若君誕生の可能性はあるし、それが叶わなくても綱吉の甥で甲府藩の綱豊**や尾張藩の綱誠《つなのぶ》、紀州藩の綱教《つなのり》、さらには不器用ながらわが倅綱條《せがれつなえだ》もいるのだから、養子を決めるのは時期尚早である」と主張したため、成貞は反論できませんでした。

これは光圀が朱子学に傾倒し、上下・長幼の秩序を重んじる政治を理想としていたことによる発言と見られています。

＊ちなみに光圀は、藩主時代三十年のうち、水戸へ戻ったのは十一回であり、一回の滞在は長くて一年半、短いと二ヵ月といった具合だった。

＊＊結局その後も綱吉に男子はできず、この綱豊が家宣《いえのぶ》と名乗って第六代将軍となった。

生類憐みの令と光圀

ところで光圀は、十八歳年下の将軍綱吉（従兄にあたる家光の子）には、何度か反抗的な態度をとりました。例えば有名な生類憐みの令が出されていたにもかかわらず、光圀は親しく交遊していた肥前小城《おぎ》藩主鍋島元武宛ての手紙の中で、「ひそかに鷹狩りをしました。ばれたら大変、つかまってしまうかと思うとおかしくてなりません」などと書いています。またある時、悪さをして江戸の水戸藩邸に紛れ込んだ犬を殺してしまいましたが、その際「上様（綱吉）が生類を憐れみなさるのは、人間を憐れまれるの余り、人間以外の生き物にまでそのお心を及ぼされるということでしょう。では……」さて、**この後何といって犬を殺したことを正当化しようとしたと思いますか**。

答えは「その人間にさえ、過ちがある時には御処罰なさるのだから、ましてや生類の罪ある者を殺さないでどういたしましょうか」でした。

こうした光圀の言動には、ともすれば御三家の権威を軽視しがちな綱吉及び幕閣への抵抗の意識が見てとれます。

藩主としての光圀の評価

では藩主としての光圀の治世は、どのように評価されているのでしょうか。高校日本史の教科書では、光圀は会津藩主保科正之や岡山藩主池田光政、金沢藩主前田綱紀らとともに、江戸前期を代表する名君として紹介されていますが、実際のところはいろいろと問題があるようです。

まずおさえておきたいのは、水戸藩で年貢率が最も高かったのが、父頼房の晩年から光圀時代の前半だった、ということです。このため、光圀が藩主となってまもない寛文三年（一六六三）ごろから領内農村の疲弊が始まりました。そして、これに加えて断続的な飢饉が起こりましたが、そうした状況になっても光圀は十分な対策をとりませんでした。

例えば貞享三年（一六八六）と元禄二年（一六八九）に、農民たちに利息一割（当時としては低利）の拝借金を貸与しましたが、**これも必ずしも成功しませんでした。なぜかわかりますか。**

それは、一割という低利でも、さらには無利子だったとしても、結局農民たちは毎年元金の返済に追われ、むしろ農村はさらに荒廃してしまったからです。

また元禄二・三年には、光圀は年貢の徴収に際して農民たちに検見を委ねました。これに対し家臣たちは、「農民たちは私ども役人が行っても偽りの申告をする有様なのに、自主的にやらせたらどんな不正が起きるかわからない」と反対しましたが、光圀はこれを押し切ってしまいました。その結果、例えば領内石川村の年貢米は一五〇〇石以上あったのが、元禄二年には六十八石余り、翌年には五十六石余りにまで落ち込んでしまいました。農民たちは確かに喜んだようですが、藩財政には大きな打撃となっていたのです。

こうした実情を分析した近世史研究者の吉田俊純氏は、「光圀はその治政をみる限り、暗君といったほうがよいと思われる存在でしかない」と指摘しています。

度重なる家臣処罰の背景

また光圀は、農民には温情を示す一方で、特に治世末期に多くの重臣を処罰しています。その理由については明らかでない場合が多く、従来は家中の乱れに対する粛正と考えられてきました。しかしこれも、前項で見たように光圀の政治が必ずしも農村の実情を直視し、これをふまえたものではなかったことから推測すると、藩主と藩政府（執行部）が対立し、後者が光圀の治世末期にようやく現状をふまえた大きな改革（例えば農村に浸透してきた商品経済に対応した課税など）に乗り出したことへのあらわれ、とする見方も提起されています。そしてこうしたことの前提として、幕藩体制も安定期に入ったこの時代、藩主は領国経営には口出しせず、強い権限をもつ藩政府にこれを委ねるのが一般的だった、ということがあげられます。それにもかかわらず光圀は独断で命令を出すので、そこに軋轢《あつれき》が生じるのは当然でしたし、なかにはいったん光圀が出した命令を、まもなく藩政府が撤回して元に戻す、などということもありました。*

*例えば天和三年（一六八三）、光圀は農産物以外の諸産物に対する雑税を廃止ないしは軽減したが、藩政府は早々にそのほとんどを元に戻している。

名君とされたいきさつ

では、こうした実情にもかかわらず、光圀が江戸前期を代表する名君の一人として顕彰されるようになったのは、なぜなのでしょうか。

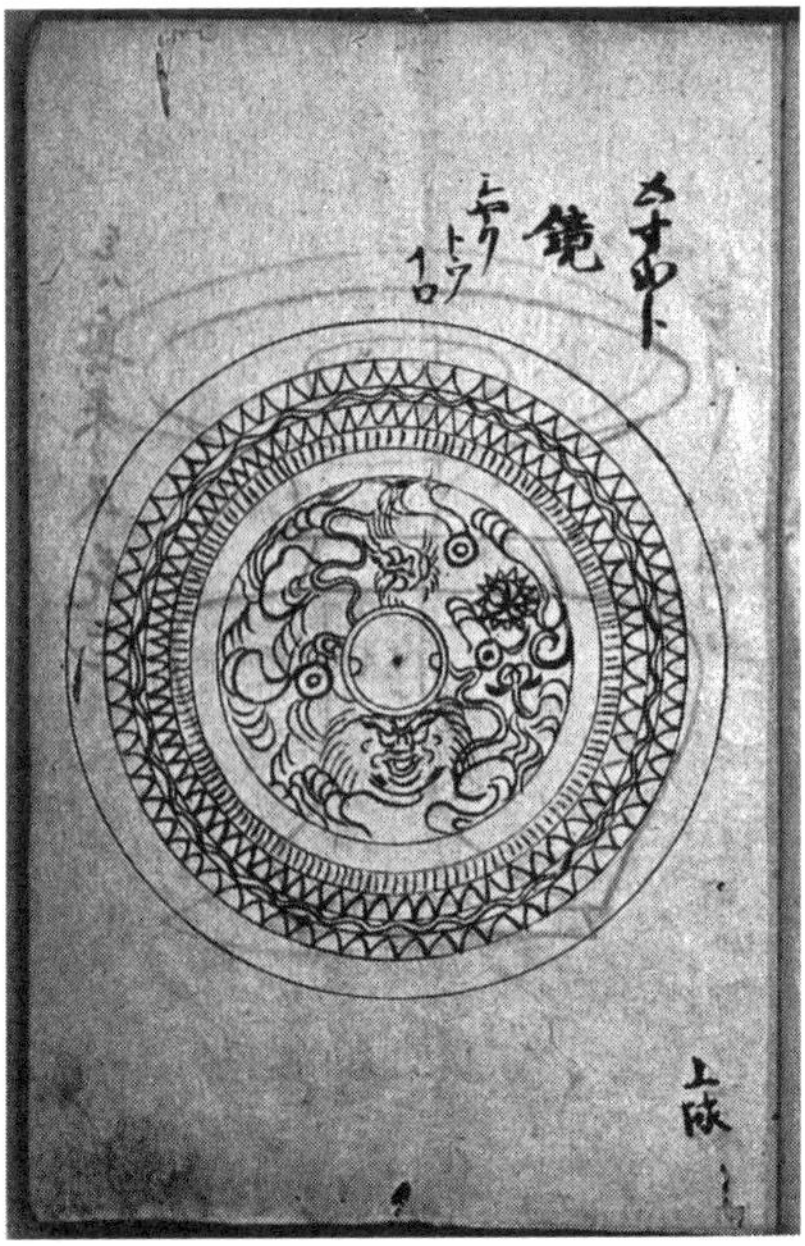

図47 那須上侍塚古墳出土品（「湯津上村車塚御修理」より
（大金重晴氏所蔵、栃木県立文書館寄託）

まずこれまでにもふれたように、光圀は領内をしばしば巡回して農民に温情を示したり、拝借金を貸与したりしています。これらのことは、もとより農村の荒廃を根本的に改善するような策ではありませんでしたが、農民たちから人気を獲得したことはまちがいありません。前述した年貢の検見を農民たちに委ねた策については、領外の農民が「自分も水戸様の百姓だったらよかったのに」といった話が伝えられているほどです。

しかしこれらの光圀の施策とそれに対する賞賛の話は、彼の側近をつとめた人々の記録に載っているものなので、どうしても光圀贔屓《びいき》の書きぶりになったものと思われます。検見の件についても、ある記録に「百姓たちは、この上ない御恩に感じて素直に年貢を上納し、藩の財政にも問題はなかった」と、石川村の実情とはだいぶ異なる記述がなされているのです。

一方、藩政府の改革でうまくいったものについても、それは光圀の功績と見なされ、さらには「生類憐みの令」で人気のなかった将軍綱吉に唯一物がいえた人物ということもあり、結局彼は「いいとこどり」のような形で名声を高めていった、というわけなのです。

ただし光圀の名誉のために補足しますが、彼は前述の『大日本史』の編纂や那須国造碑・多賀城碑の修復、那須上侍塚・下侍塚古墳の世界初ともいわれる学術調査などを行い（図47）、文化財保護の面で大きな業績を残している点は、特筆されるべきだと思います。

「水戸黄門漫遊記」ができるまで

光圀の死(元禄十三・一七〇〇年)の直後、江戸市中には「天カ下二ツノ宝ツキハテヌ佐渡ノ金山水戸ノ黄門」という落首が出たそうです。この時点で既に庶民の人気を集めていたことがうかがい知れます。その約五十年後、宝暦年間（一七五一～六三）前後に『水戸黄門仁徳録《じんとく》』（図48）という書物ができたようです。これは伝記史料をもとにしつつも、話を大幅に膨らませ、悪人を懲らしめ政道を正す内容で、ほぼ今日描かれる形の基本ができあがっていました。

図48 『水戸黄門仁徳録』 (国立国会図書館所蔵)

明治十年代には、この本をもとにした歌舞伎が上演されたり、新しい出版物がつくられたりして、人々の間に広く知れ渡っていきます。特に明治二十年代には講談にとりあげられ、そこではお供を連れて全国を漫遊するスタイルになっていました。さらに明治末年には『立川文庫』の中に紹介され、大正四年（一九一五）には初めて映画化（「水戸黄門記」、監督は日活の牧野省三）されるに至るのです。

謎をうけて

水戸黄門こと徳川光圀は、決して名君と呼べるような藩主ではなかったようです。それは、彼が生きた十七世紀末が、全国的にも農村の疲弊による藩財政の困窮が深刻化した時代だったことと関係しています。一方、彼が将軍綱吉に度々反抗したことや、隠居後、頻繁に領内を巡見したことなどが民衆に好印象を残し、それらが漫遊記におけるキャラクター形成につながったのかもしれません。

さらに、文化財の保護や『大日本史』の編纂に尽力したことは、大きな功績といえるでしょう。ただし、後者をもとに成立した水戸学が、後に討幕勢力の思想的根拠となったことを知ったら、はたして光圀はどう思ったでしょうか。

【参考文献】
・野口武彦『徳川光圀』（朝日新聞社、一九七六年）
・吉田俊純『水戸光圀の時代』（校倉書房、二〇〇〇年）
・鈴木暎一『徳川光圀』（吉川弘文館、二〇〇六年）

23 サラリーマン武士成立のいきさつ——大名家臣の場合

大名の家臣をめぐる謎

江戸時代、各大名（藩主）に仕えた家臣たちは、当初から主君に忠実だったわけではなく、戦国・織豊期以来の独立性を一定程度保持していました。なかにはもともと根拠地としていた所領を、大名からあらためて知行地という形で与えられ、引き続きその所領内では独自の支配を行っていた者も少なくなかったのです。それが十七世紀後半になると、大名は彼らの独立性を奪い、より忠実な役人としていったのですが、この時彼らは抵抗しなかったのでしょうか。それとも抵抗できない何らかの事情があったのでしょうか、以下見ていくことにしましょう。

◇

豊臣大名の家臣統制

戦国大名はその領国における最高支配権者ではありましたが、彼らの有力家臣たちの多くは、本来国衆*などと呼ばれた独立性の高い領主でした。

それが秀吉の天下統一によって、かつての戦国大名たちは豊臣氏に従うこととなり、他の大名たちと勝手に戦争することは許されなくなりました。少し肩身が狭くなった感じですが、こうした状況下で大名の家臣統制はどのように変化したのでしょうか。

表15は、下野中部に勢力をもつ宇都宮氏の領域内にある主な城と、その城主たちの年代的変遷を示したものです。**これを見て、どのようなことに気づくでしょうか。**

そうです。豊臣氏に従う前は城名と城主名が一致し、これは家臣たちがもともとの根拠地に城を構えていたことを示しています。ところが従った後は配置転換が行われていたことがわかります。しかも今泉氏ら四氏は、宇都宮氏の側近という立場にありました。つまり、宇都宮氏は豊臣氏に従ったことにより、自らの独立性は弱まりましたが、その一方で豊臣氏の大きな権威と権力を背景に、家臣たちの独立性を制限し、より強い統制下に置くことに成功したのです。これと同じようなことは、南九州の島津氏にも実現していました。

表15　宇都宮氏領域内の主な城と城主の変遷

城名	城主名	
	天正18年(1590)ごろ(豊臣氏従属前)	慶長2年(1597)ごろ(従属後)
上三川城	上三川氏	今泉但馬守
益子城	益子氏	君嶋備中守
笠間城	笠間氏	玉生美濃守
川崎城	塩谷氏	籠谷伊勢守

＊戦国期、戦国大名とほぼ同格ながら、軍事面のみ従った比較的独立性の高い領主。

独立性を維持した家臣たち

ただし、この変化は相対的なものでした。国衆を出自とする有力家臣たちは、徳川氏の天下となると譜代家臣と一応同列となり、またその多くは家老となって大名家の家政に参画はしましたが、なお独立性をもった領域支配者の側面を残していたのです。例えば十七世紀半ばごろの岡山藩の場合、家老たちは領内の要地をそれぞれ自らの知行地とし、家臣たち（大名からみれば家臣の家臣）をおいて警備を担当させました。

このように家臣が自らの知行地を実際に支配するしくみを地方《じかた》知行制といいますが、これでは大名としては自らの統制が十分には行き渡らず、望ましい状態とはいえません。

しかしその一方で、**大名もこうした状態の方がありがたい面もありました。それはどういうことだと思いますか。**

答えは、十七世紀前半においては、まだ藩自体が農民を支配するためのしくみを十分に整えてはおらず、直接治めたくても現実的に無理だったため、家臣による支配に委ねた方が好都合だった、ということです。

自ら知行地を返還する家臣も

図49　池田光政像（林原美術館所蔵）

ところが、この地方知行制は次第に崩れていきます。岡山藩の場合、名君として有名な池田光政（図49）が藩主となる前から、既に家臣の知行地に対する裁判権行使は禁止されていましたが、光政は承応三年（一六五四）、知行制改革を断行し、家臣たちにとって知行地支配の根幹である年貢率決定権もとりあげてしまいました。

これに対し家臣たちは激しく抵抗したかと思いきや、案外すんなりと従っています。さらに熊本藩では、家臣自ら藩に対して知行地を差し出す事例も記録されています。いったいどうしてなのか、次に見ていきましょう。

家臣財政の悪化

この根本的な原因は、家臣財政の悪化です。藩からの課税に加えて、幕府が藩に命じた普請役《ふしんやく》（城や寺社、河川、道路などの工事）が転嫁され、家臣たちの財政は厳しい状況となっていきました。そのため彼らは、自らの知行地の年貢率を上げることによってこれを賄おうとしますが、このことで村が荒廃し、[*]事態はさらに悪化していったのです。

また、この家臣財政の悪化には、**参勤交代制をめぐる藩の幕府への忖度《そんたく》（？）も関係していました。どういうことだと思いますか。**

それは例えば熊本藩の場合、積極的な幕府接近策をとっていたため、参勤交代の際に規定以上の人数を出したり、頻度を増やしたりしたので、その過重な負担が家臣たちにも及んでいたということです。

＊江戸初期の村はまだ生産力が安定しておらず、農民たちはしばしば耕作を放棄して村を出て行ってしまった。

借金財政の行き着く先は

こうした苦しい状況は、家老クラスの上級家臣も同様でした。例えば熊本藩の志水伯耆《ほうき》という知行高二千石の上級家臣は、寛永二年（一六二五）十月、藩に対し自らの財政再建計画書を提出していますが、これによると彼の収入一二五七石余りはすべて借金返済に充てられています（支出額は一九七二石余りだから、それでもなお七一五石不足）。**これでは彼には生活費が米一粒も残りません。いったいどうしたと思いますか。**

答えは何と、藩の賄い、つまり居候のような状態となっていたのです（こんなことが許されたんですね）。そして志水の計画書によると、寛永四年（この年で賄いは終了）の収入は藩からの借用米（利息四割）とあわせて一七五六石余り、支出は八一九石余りに抑えられています。残った九三七石余りはどうしたかというと、これを他人への貸し付けに回し、その利益によって家政をやり繰りしようとした、というわけです。同じようなことは藩主細川氏自身も行っており、借金がありながらも藩主の信用（？）によって上方商人などから借金し、それを家臣たちに貸して利ざやをとっていました。いやはや、上から下まで皆が苦しい中で財テクをしていたとは……。

しかし中下級家臣の場合は上級家臣に比べて借金がしづらく、そのため自ら知行地経営を放棄するに至った、というわけなのです。

手間がかかった知行地支配

国際日本文化研究センターの磯田道史氏は、本来知行地をもつ武士が自らやらなければならないこととして、①勧農（直接現地に行って農作を励ます）、②裁判（知行地内の事件・訴訟を担当してこれを処断・裁決する）、③年貢率決定（秋に田畑の様子を観察し、いくら年貢をとるか決める）、④年貢収納の四つをあげています。これらのことを通じて、絶えず知行地とその人民に関わったわけですが、これは考えてみれば時間的にも人手の面でも大変手間のかかることであり、相当な経費も必要でした。借金で首が回らなくなった家臣たちに、こうしたことができる余裕はなくなっていったのです。

拍車をかけた自然災害

岡山藩では承応三年（一六五四）夏に大豪雨があり、この影響で飢饉が起こりました。家臣たちは、本来自らの知行地における被災者を救済する義務がありましたが、それどころではなく自らの食糧にさえ事欠く状態となっていたのです。藩主池田光政はこれを好機ととらえ、藩庫にあったすべての米を放出したばかりでなく、大坂蔵屋敷の米をも取り戻し、さらに不足分は他国米を買い入れて（資金は上方商人や幕府から借用）、領下二十万余りの人々に米を支給しました。こうして領民や家臣たちの藩への求心力を強めることに成功した光政は、同年八月に法令を発布し、今後は家臣の知行地も蔵入地（藩の直轄領）と同じ年貢率とし、藩が農民たちを直接強力に支配することとしたのです。これにより地方知行制は廃止され、家臣たちは独立性をもった一種の小領主的な立場から、俸禄米（サラリー）を受け取る役人へと変貌していきました。* このような自然災害をきっかけとして地方知行制から俸禄制となったのは、何も岡山藩に限ったことではなかったようです。

*知行地の支配は、藩の役人である代官が担当することとなった。

謎をうけて—明治維新成功の背景

江戸初期には、まだ独立性を保持していた大名の家臣たちも、幕府から藩に課せられたさまざまな負担が転嫁されたりして、経済的に苦しくなっていきました。上級家臣たちは、悲惨ともいえる方法ながら、何とかお金をやりくりして対応しましたが、中下級家臣たちはそれもできず、結局自らの知行地を藩に返上し、サラリーマン化していったのです。したがって江戸中期以降の武士たちは、たとえ具体的に○○村が知行地として与えられたとはいっても、それは書類上の問題にすぎず、実際にその村へ武士が一度も赴くことなく一生を終えることも珍しくありませんでした。

かつての知行地支配は藩の官僚機構が肩代わりして行い、武士はその知行高に応じた年貢米が藩庫から運ばれてくるしくみの中で生きることとなったのです。磯田氏は、武士がこうして知行地やそこに住む人民との関わりをほとんどなくしてしまったことが、明治維新の成功につながったのではないか、と指摘しています。

【参考文献】
・田中誠二「藩制機構と家臣団」(藤井譲治編『日本の近世3　支配のしくみ』中央公論社、一九九一年)
・谷口澄夫『岡山藩』(吉川弘文館、一九九五年)
・荒川善夫『戦国期北関東の地域権力』(岩田書院、一九九七年)
・宮崎克則『逃げる百姓、追う大名』(中央公論新社、二〇〇二年)
・磯田道史『武士の家計簿』(新潮社、二〇〇三年)
・黒田基樹『戦国大名』(平凡社、二〇一四年)

24

江戸時代は環境破壊の始まり!?

江戸時代の開発と農業をめぐる謎

皆さんは江戸時代の農村というと、どのようなイメージを思い浮かべますか。現在では田舎でしか見られなくなった、のどかで自然との共生も実にうまくいっている風景でしょうか。しかし実際には、江戸初期〜前期におけるわが国は、大開発の時代だったのです。そしてそれにともない、洪水などの災害が頻繁に起こりました。いったい、どのようないきさつでそのようになってしまったのか、またそれによって、江戸中・後期の農業はどのように変化していったのでしょうか。以下、見ていくことにしましょう。

◇

利根川の大改修とその影響

戦国〜江戸時代における主要用水土木工事件数の変遷（表16）を見てみると、慶長元年（一五九六）〜寛文十二年（一六七二）、すなわち江戸初期〜前期における一年あたりの平均回数が、その前後の戦国〜安土桃山期や江戸中・後期に比べて二・五〜五倍も多かったことがわかります。つまり江戸初期〜前期というのは、河川工事が集中して行われた時代だった、といえるようです。

表16　戦国〜江戸時代の主要用水土木工事件数の変遷　（大石慎三郎『江戸時代』より改変）

年	間隔(年)	件　数	年平均件数
応仁1（1467）〜文禄4（1595）	129	14	0.1
慶長1（1596）〜寛文12（1672）	77	42	0.5
延宝1（1673）〜延享2（1745）	73	13	0.2
延享3（1746）〜慶応3（1867）	122	26	0.2

ところで江戸初期以前、江戸湾（現在の東京湾）に流入する主な川としては、次の三つがありました。

①現渡良瀬川から、現利根川を突き切って現江戸川に入る太日川《ふとひ》。
②利根川。ただし現在の埼玉県羽生《はにゅう》市付近で南下して、太日川からやや西よりの流路を通って旧荒川と合流。
③荒川。ただし現在の埼玉県熊谷市付近で南下し、越谷市の東で旧利根川と合流。

これら三大河川が江戸の北東部に豊かで広大な沖積平野をつくっていましたが、一度水が出ると、それらが思い思いに流路を変えて氾濫《はんらん》し、とうてい人の手の及ばぬところとなっていました。

こうした状態に初めて手をつけたのが有名な太田道灌*で、その後、小田原北条氏も工事を行いましたが、これに全面的な改修を加えたのは徳川氏でした。主要な工事は文禄三年（一五九四）、元和七年（一六二一）、寛永六年（一六二九）、同十八年（一六四一）、承応三年（一六五四）など、大きく分けて六次にわたって行われましたが、その結果、次のような改修がなされました（図50）。

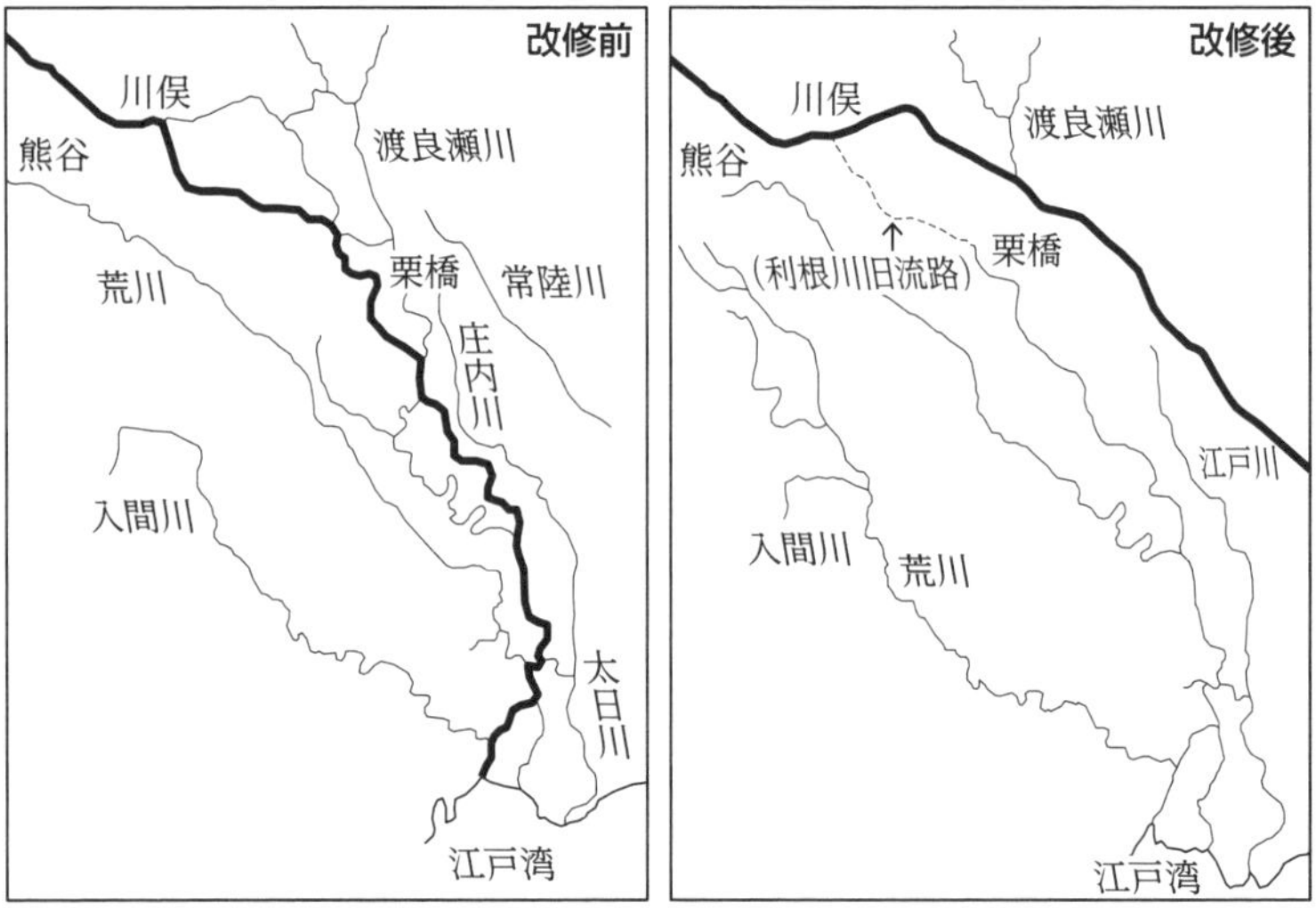

図 50　利根川（太線）の流路の変化

・利根川を江戸湾に入れずに、途中で折り曲げて東進させ、これを小貝川、鬼怒川、思川などが合流してできた常陸川筋に結びつけ、銚子で太平洋へ流出させた。
・荒川を現熊谷市の南部で南に折り曲げて入間川の支流に合わせ、入間川筋に移し替えることで、荒川をそれまでより西に寄せた。

これにより、それまで水を抑えきれないまま放置されていた関東の大沖積平野が、きわめて豊かな水田地帯になったのです。

さてこうした傾向は、関東地方に限られたことなのでしょうか。ここで表17を見て考えてみましょう。

これによると、耕地面積の拡大が、戦国〜江戸中期に集中していることがわかります。その一方で、江戸中期〜明治初期にはほとんど増えていません。関東地方に限らず、江戸初期以降の約百年間は、全国規模で耕地面積が急増した異例の時期だったようです。

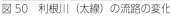

表17　明治以前の耕地面積の推移（大石慎三郎『江戸時代』より改変）

年代	耕地面積※	典拠
930年ごろ（平安中期）	862,000町歩（91.1）	和名抄
1450年ごろ（室町中期）	946,000町歩（100.0）	拾芥抄
1600年ごろ（江戸初期）	1,635,000町歩（172.8）	慶長三年大名帳
1720年ごろ（江戸中期）	2,970,000町歩（313.9）	町歩下組帳
1847年ごろ（明治初期）	3,050,000町歩（322.4）	第一回統計帳

・（　）内の数字は、1450年頃の耕地面積を100とした場合の指数

＊室町中期の武将。関東管領上杉（扇谷）定正の執事となり、江戸城を築く。兵法に通じ、また学問や文学にも造詣が深かった。

下層農民の自立と人手不足

このような耕地面積の増大は、農業生産の飛躍的発展と同時に、それまで在地の小領主や有力農民のもとで、さまざまな制約を受けていた下層農民たちの自立をもたらしました。それどころか、急激な新田開発に必要な労働力としての百姓が不足する、という事態さえ起こっていたのです。

例えば尾張徳川家（名古屋藩）が開発した入鹿池（愛知県犬山市）の新田開発には、既にそれ以前に始まっていた他の新田開発のために労働力がほとんど吸収されてしまい、入植する農民がいなくなってしまいました。困り果てた藩は、寛永十二年（一六三五）、次のような百姓招致の高札を掲げました。

今度、入鹿溜め池ができ、それを水源として大量の新田がつくられた。尾州領の者はもちろんのこと、たとえ他国他領の者でも、また（　　　　）した者でもいいから、もし新田百姓になりたい者がいたら、呼び集めてくるように。

さて、右の（　　　　　　）**内には、どのようなことが入ると思いますか。**

答えは、「どんな重罪を犯（した者）」でした（原文は「御領分並びに他国他領の如何様《いかさま》の重罪たりといふとも、その咎《とが》を免許下し置かれ候間」）。いくら何でもこれは行き過ぎで、さすがに幕府もこの二年後の十月に、「新田百姓になろうという者は、先の住所をよくよく調べ、確かな者のみこれを許可するように」と命じています。それにしても、この名古屋藩の出した高札から、江戸初期〜前期の新田開発ブームが引き起こした労働力不足が、いかに深刻なものであったかがよくわかります。

国土の荒廃

こうして日本各地で大規模な土木工事や河川改修が行われ、大量の新田が開発された江戸前期は、一方で「洪水の時代」と呼べるほど、全国いたるところで洪水が頻発していました。**このころ、特に異常気象で雨が多かったわけでもなかったのに、なぜそうなったのでしょうか。**

既にお気づきと思いますが、この原因は新田開発のため、さかんに大規模な土木工事が行われたことにありました。それは、寛文六年（一六六六）二月に、四名の老中が署名して発した「諸国山川掟」という法令の中に、「近年は（新田畑の開発があまりにも進みすぎて）草木を根こそぎ掘り取ってしまうため、風雨があると、すぐに土砂が河川に流れ込んで（河床が高くなり）、流水が円滑を欠いて洪水になってしまう」と記されていることによく示されています（現在の鉄砲水の原因と共通していますね）。

一方、農民たちも、一定期間年貢のかからない**新田開発に熱中したため、別の問題も起きてしまいました。それはどのようなことだと思いますか。**

答えは、それまでにあった田畑の手入れを怠ったため、多量の荒廃田を生んでしまった、ということです。当時の農村史料によく見られる「川欠砂入り《かわかけ》」「当荒《とうあれ》」「永荒《えいあれ》」などが、これをさしています。

農業の質の変化

冒頭でも見たように、江戸初期～前期にかけての新田の飛躍的増大により、開発はピークを迎え、また洪水も頻発しました。その結果、江戸中期以降は、それまでの開発至上主義から、既にある田畑に可能な限りの労働力を投入して、一粒でも多くの収穫を得ようとする方針に変わっていきます。こうした精農主義は、時代を超えて基本的には昭和三十年代まで続きました。

そして生産量が年貢と自分たちの食べる分しかなかった時代から、残った部分が十分期待できる時代になると、「売るための農業」に変化していきました。米も、わざとそれまでの端境期に収穫できるような新品種の開発が進みました。例えば享保十六年（一七三一）当時の尾張国春日部郡では、早稲《わせ》二十七種、中稲《なかて》三十六種、晩稲《おくて》四十六種、もち米二十四種の、計一三三もの品種が作付けされていたのです。いかにこの時代（江戸中期）に、日本農業の歴史の中でも稲の品種改良が熱心に行われたかがよくわかります。

それから、米以外の最初から商品化を前提とした各地の特産物栽培がさかんになってきます。都市民のぜいたくな食生活を満たす、いわゆる初物の販売が競って行われ、それがあまりにも過激になったため、幕府は貞享三年（一六八六）、販売時期を制限した初物禁止令（例えば椎茸は一～三月まで、なすびは五月以降、松茸は八月以降、みかんは九～三月までと販売期間を限定した）を出しているほどです。

ところで、これらのことと関連して、**この時期、例えば九十九里浜では鰯網漁業がさかんになりましたが、**

それはなぜだと思いますか。

答えは人間が食べるためではなく、干鰯《ほしか》と呼ばれる肥料をつくるために需要が高まったからでした。商業的な農業が発展した結果、人糞や草木灰と比べ軽くて効果の高い、大量の肥料が必要とされたのです。

謎をうけて

江戸初期～前期は、意外に思われるかもしれませんが、新田開発を目的とした国土の大規模開発が進められた時代でした。その結果、洪水などの災害が頻発し、現在にも通じるような荒廃も見られるようになった一方で、下層農民の自立化も進み、農村構造にも変化（中、下層農民の成長）が現れてきました。

開発がピークに達した江戸中期以降は、水田の単位面積当たりの収穫量を増やす工夫を重ねた結果、労働力を集中させる精農主義に変わっていきました。そして、このやり方は比較的近年まで日本農業の特質となったのです。

【参考文献】
・大石慎三郎『江戸時代』（中央公論社、一九七七年）
・澤口宏『利根川東遷』（上毛新聞社、二〇〇〇年）

25

大岡忠相をめぐる謎

「名奉行大岡越前」はいかにして誕生したのか

図51　大岡忠相　（国立国会図書館所蔵）

一九七〇年代から九〇年代にかけて、「大岡越前」という時代劇が放映されました。主人公大岡忠相《ただすけ》（図51）を演じた加藤剛の誠実さも相まって、名奉行大岡越前の人気は現代においても高いものがあります（近年は東山紀之主演、NHKBSプレミアムで放映）。

しかし、あのような業績は、事実をどれほど反映したものなのでしょうか。そしてもし反映していない部分があったとすれば、なぜあのような話がまとめられ、名奉行大岡忠相という評価が定まっていったのか、以下見ていくことにしましょう。

◇

『大岡政談』は事実をどれほど反映したものか

忠相の名奉行ぶりを伝える話は、後に『大岡政談』としてまとめられていきました。その中から次に三つのエピソードを紹介しましょう。

①直助権兵衛

正徳四年（一七一四）冬、江戸のある医者の下男直助は、主人の金を盗もうとしたところを見つかったため、一家を殺して逃走した。その後、人相を変え名も権兵衛と改めて米屋に住み込み働いていたが、町方に捕らえられた。権兵衛（実は直助）は厳しい拷問にも耐えて白状しなかったので、大岡忠相の裁きを受けた。忠相は「罪もないのに捕らえられて気の毒だった。これで身の養生をせよ」と金五両を与えた。ほっとした権兵衛が白洲を立ち去ろうと歩きかけた時、突然忠相が「コリャ直助」と呼ぶと、不覚にも「ハイ」と返事をして振り向いてしまった。これで罪状が明らかとなり、直助は磔《はりつけ》に処せられた。

②三方一両損

霊岸島《れいがんじま》の三郎兵衛という畳屋が、借りた三両の金を落としてしまった。これを小伝馬町の建具屋長三郎が拾い、さんざん探したあげくにようやく三郎兵衛の家を見つけ、返そうとした。ところが三郎兵衛は「一度落とした物はわが身にはつかぬもの。お前さんが受け取れ」といい、長三郎も引き下がらなかったためにもめ事となり、ついに町奉行所へ訴え出た。忠相は感心し、この三両に自身が一両を足して「双方二両ずつ受け取れば、三人とも一両損で同じことになる」と裁定したので一同感心し、二人もありがたくこれに従った。

③地蔵裁判

越後屋で働く弥五郎は、ある夏の日、たくさんの白木綿《しろもめん》を背負って歩いていたが、あまりの暑さのため本所中ノ郷で、木陰にあった石地蔵の台石にもたれると、つい寝込んでしまった。ふと目を覚ますと、傍らにおいたはずの白木綿がない。店に戻って事情を話したが、きっと売り払って遊びにでも使ったのだろうと疑われ、弁償するようにいわれたため、番所に訴え出た。すると忠相は、その地蔵を吟味するといって縄で縛って荷車に乗せ、番所まで引かせた。物見高い群衆がぞろぞろとついてきて、そのまま白洲まで入ってきてしまった。忠相は、はじめ石地蔵に向かって吟味していたが、突然門を閉めさせ群衆を叱りつけた。そのまま群衆は捕らわれ、十日以上過ぎた後、過料として一人一反ずつ木綿を出すよう命じた。それらを弥五郎に見せたところ、盗まれた木綿が二反入っていたので、これを手がかりに犯人が逮捕された。これ以後、その地蔵は「縛られ地蔵」と呼ばれ、縄で縛ると願い事が叶うといわれるようになった。

これらをはじめ『大岡政談』の裁判関係の話は全部で八七もありますが、**実際に忠相が担当した事件はいくつあると思いますか。**

答えは驚くなかれ、たったの一件（白子屋お熊*）でした。八七話のうち二五話は、以前から中国や日本にあった名裁判物語からとられたものであり、例えば③「地蔵裁判」も明代（一三六八～一六四四）に成立した話です。

一方、歴史学の立場からの分析では、明治後期段階の『大岡政談』二六篇のうち、史実に基づいたものはわずか三篇であり、しかもこのうち二篇は別の奉行が担当したものでした。

つまり『大岡政談』とは、既にあった中国や日本の裁判話や同僚の業績、さらには忠相没後に起こった事件までが集められて成立したもので、ほとんどフィクションといってよいものだったのです。

＊新材木町の材木問屋白子屋の主人庄三郎の妻お常と、その娘お熊はそれぞれ密通し、お熊の婿養子又七を母娘共謀して追い出そうと、二人の下女に命じて負傷させた事件。お熊と下女二名は死罪、お常は遠島、庄三郎も江戸払い（追放）となった。

異例のスピード出世

では、なぜこのようなことになったのでしょうか。それを考える前に、実際の忠相の業績について見ていくことにしましょう。まず一ついえるのは、忠相が異例のスピードで出世した、という点です。延宝五年（一六七七）に旗本大岡忠高の四男として生まれた忠相は元禄十五年（一七〇二）、二十六歳で書院番となったのを皮切りに順調に昇進し、正徳二年（一七一二）、三十六歳の時には遠国奉行の一つ、山田奉行＊となり、享保元年（一七一六）普請奉行（二階級特進）を経て、翌年には江戸町奉行（正確には町奉行）となりました。この時、忠相は四十一歳でしたが、**この年齢は歴代の町奉行（四六名）のうち何番目の若さだと思いますか。**

答えは二番目でした。通常町奉行は六十歳前後で就任する役職ですから、これは将軍吉宗が改革政治を断行していく上で、いかに忠相の才覚と実行力に期待していたかを示すものといえましょう。享保八年（一七二三）、足高《たしだか》の制＊＊により役高三千石となりますが、同十年には二千石の加増を受けます（本来の家禄一九二〇石とあわせて三九二〇石）。これは身分が低くても有能な者を抜擢し、なおかつ財政支出を抑える目的のあった足高の制に逆行する措置であり、忠相の優遇ぶりがうかがえます。

さらに元文元年（一七三六）、六十歳の時には寺社奉行となり、足高により一万石を与えられました。この役職は本来旗本ではなく譜代大名が任ぜられるものであり、また町奉行や勘定奉行が老中の指揮下にあったのに対し、将軍直属でした。

これほどの異例な出世を遂げた忠相は、やはりよほど有能な幕府官僚だったにちがいありません。ところが、特に町奉行以前の彼の具体的な業績は、ほとんどわかっていないのです。

＊伊勢神宮の警衛と遷宮、鳥羽港の警備、伊勢・志摩両国の訴訟を担当した。
＊＊各役職ごとに禄高を定め、就任の際その禄高に達しない者は、在職中のみ不足分を給した。

山田奉行時代のエピソード

ただし忠相の山田奉行時代のエピソードは、いくつか残されています。例えば、御三家紀州藩の領地松坂と伊勢神宮領山田との間で長年境界争いが続いていて、忠相以前の山田奉行は松坂側に非があると判断しながらも、紀州藩に遠慮して放置していました。ところが忠相は訴えをうけて糾明した結果、松坂側を敗訴とし、その代表三名を死罪にしてしまいました。当時まだ紀州藩主だった吉宗は、これを聞いて怒るどころか「大岡は潔白なる者」とかえって感心し、後年将軍となった際に忠相を取り立てた、というのです。

しかし、**この話は明らかにフィクションとみなされています。その理由を話の内容から読みとってみましょう。**

これは山田奉行支配下の幕府領と、紀州藩領との問題です。山田奉行は支配下内部の訴訟は裁けますが、他藩が当事者の一方となると、もっと上の幕府評定所（最高裁決機関）が扱う事案となるので、関与できなかったからです。

町奉行の立場

忠相は、何といっても町奉行としての活躍が有名です。**町奉行とは、現代でいえば都知事、東京地裁判事、警視総監、さらにこの他どんな役職を兼ねていたと思いますか。**

答えは消防総監、国務大臣、最高裁判事などです。意外に思われるかもしれませんが、町奉行を含む三奉行（他に勘定奉行、寺社奉行）は、老中・大目付・目付とともに評定所の構成員でした。ですから国政上の問題にも参画したのです。

町奉行としての業績

さて、享保の改革の具体的な政策の一つとして首都江戸の改造と都市整備ということがあったため、吉宗の命をうけた忠相の仕事は多岐に渡りました。次に主なものをあげましょう。

①防火対策

それまで計画的な都市づくりなどは行われてこなかったため、江戸市中*の約二割の土地に約五〇万もの町人が住む過密状態となっていました。そこには木造家屋が密集し、江戸は明暦の大火**をはじめとした大規模火災を繰り返してきました。

そこで忠相は、それまで大名や御家人に頼っていた火消を、町人たちによって組織させた組合に担当させ（図52）、また延焼防止や避難所として用いるための空き地（火除地《ひよけち》）を最盛期には約九〇ヵ所も設けました。

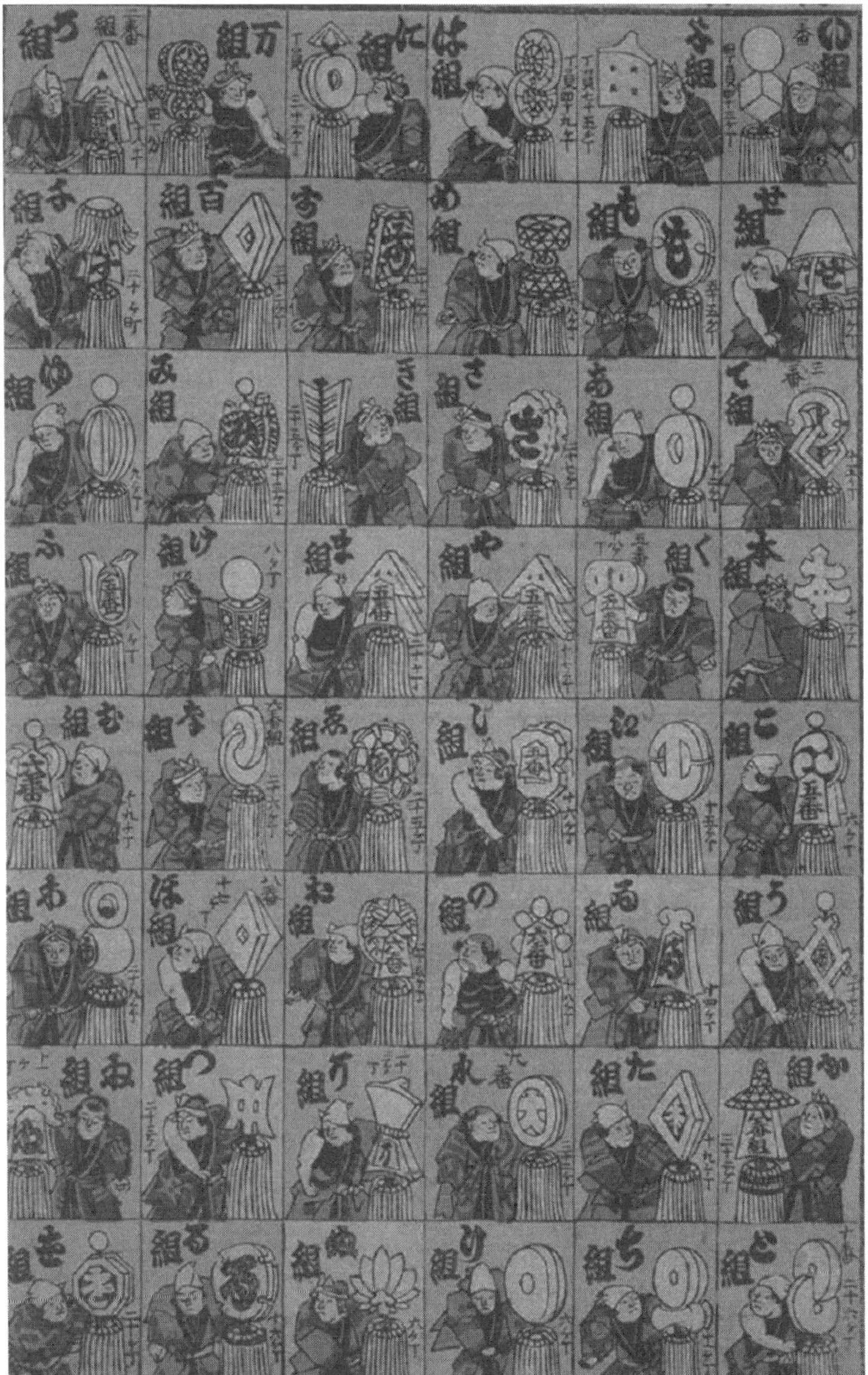

図 52　町火消いろは 48 組　（国立国会図書館所蔵）

さらに**防火建築として土蔵造りともう一つ奨励したものがあります。それは何だったと思いますか。**

答えは瓦葺《かわらぶ》きの屋根です。ただし当時の家屋では瓦の重みに耐えられないなどとして、反対する町人たちも多かったのですが、忠相は硬軟両方の手立てをして何とか一定の成果を上げました。

②法典の編纂

忠相は吉宗から刑事関係の判例集をつくるよう命じられ、部下の与力を使って享保九年（一七二四）に「享保度法律類寄《きょうほうどほうりつるいよせ》」を編纂しました。また翌年には、忠相がつくったり受けとったりした法令を、後世のためにやはり与力に命じて分類・整理させ、「撰要類集」と題してまとめさせました（この追加作業は幕末まで続く）。この他、寺社奉行時代にも有名な「公事方御定書《くじかたおさだめがき》」の追加作業の中心的役割を果たし、さらに三奉行の一員として「御触書寛保集成」の編纂にも関与しています。

ところで、**このように法令が整備されるということは、庶民にとっては厳しい政治が行われるようになると思われるかもしれませんが、必ずしもそうとは限りません。なぜかわかりますか。**

それは、法令が明文化されることにより、むしろ裁く側は勝手な判断ができなくなり、これに縛られることになるからです。つまり法典整備は支配の合理化・客観化をめざすという目的（これがひいては幕政の安定につながる）をもっていたのです。なお、これに関わって享保年間には刑罰の一部緩和や、囚人の取扱いの改善なども行われました。

③公文書システムの整備

吉宗は、法典のみならず幕府の公文書システムの整備にも取り組みました。忠相はこのうち町奉行、さらには寺社奉行の関係書類の目録化を行っています。同様のことを吉宗は勘定所関係の公文書についても行っていますが、これらのことにより幕府内に蓄積されてきた公文書の利用が便利になり、行政・司法の効率が上がりました。これは、改革の課題の一つである官僚制度の整備に大きく役立ったのです。

④小石川養生所の創設

享保七年正月、町医師石川笙船《しょうせん》は、貧しい病人のための施設を建ててほしいと目安箱に投書しました。*** 吉宗はこれをうけて忠相らに検討を命じ、同年十二月に小石川薬園（今の東大植物園）内に養生所を開設させました。以後幕末までの一四〇年余りの間、同所は江戸の貧しい病人の救済機関として機能し続けたのです。なお青木文蔵（昆陽）が、忠相とその部下の協力を得て、この養生所内で後に飢饉用の食物として全国で栽培されることとなる薩摩芋の試作を開始しています。

＊時代的変遷はあるが、おおよそＪＲ山手線の内側とその東側の隅田川両岸地域。
＊＊明暦三年（一六五七）に起こり、江戸城本丸・大名屋敷をはじめ江戸市中の約六割を焼き、十万人余りの死者を出した。
＊＊＊この前年に吉宗が改革の参考とするため広く各層の意見を聴こうと、江戸城竜ノ口評定所前に設けた。

関東農政を主導

ところで、忠相が享保七年から二十四年もの間、町奉行あるいは寺社奉行でありながら、関東地域における地方《じかた》御用（農政）を主導していたことは、あまり知られていません（こうした事例は江戸時代を通じて一人忠相のみ）。改革の眼目の一つである幕府財政の再建のために、武蔵野新田（東京都西部・埼玉県南部）、上総新田（千葉県茂原市）の開発・経営、相模国小田原藩領の酒匂《さかわ》川治水事業などを行いましたが、特徴的なのは、忠相が率いた役人たちの出自でした。すなわち、武士以外に農民出身者や元牢人、さらには猿楽師の家の出身者までいました。彼らの多くは「地方《じかた》巧者」と呼ばれる農政・治水のエキスパートであり、これは吉宗時代の人材登用の最たる事例といえましょう。

実は本来、こうした仕事は勘定所の担当であり、当然ながらこの「特命班」とは対立・競合する面もあったようです。この点に関し東京学芸大学の大石学氏は、時あたかも勘定所自体の機構改革を進めている最中であり、吉宗はその勘定所と「特命班」をあえて競合させることで緊張感をもたせ、改革を促進させようとしていた、と指摘しています。

謎をうけて――大岡人気の背景

以上見てきたように、大岡忠相は確かに将軍吉宗の改革断行に貢献した有能な幕府官僚だったことはまちがいありません。ただそれにしても、明らかに他の奉行の業績や既にあった中国や日本の名裁きなどを取り込んだ『大岡政談』が成立したり、あるいは真偽不明の話を根拠として、遅くとも十九世紀前半には庶民の味方としての名奉行という評価を、一人忠相だけが得ていたのはなぜでしょうか。

まず一つには、中級旗本から譜代大名へと異例の出世を遂げたことは、庶民の目にも鮮やかに映ったことでしょうし、何よりもその経歴の中で足かけ二十年もの間、町奉行という立場にあったこと（これも異例）が江戸庶民、さらには全国の人々にも広く知られた大きな理由といえましょう。

また機構改革を進めていた勘定所が、この後年貢増徴路線を進めたため全国的に一揆が広がりますが、こうした勘定所と対立・競合する面があった「特命班」を率いた忠相の人気が上がった、という指摘もあります。

さらには、内容の膨らんだ『大岡政談』が江戸後期の庶民文化の発達の中で、講談や本の形で人気を博したことも見逃せません。ただ、**こうした当時の政治に関わる本などは、幕府により出版を厳しく統制されていたはずなのに、なぜ広がったと思いますか。**

それは、出版の統制が印刷本にとどまり、写本類には及んでいなかったためです。こうした写本類が、後の「30 江戸時代の庶民と読書事情」でも述べるように、当時増えてきた貸本屋によって全国的に広がっていきました。

大岡忠相は、政治改革によって登用された多くの人材の代表のような形で今日までよく知られた存在になった、といえるかもしれません。

【参考文献】
・辻達也『大岡越前守』(中央公論社、一九六四年)
・南和男『江戸の町奉行』(吉川弘文館、二〇〇五年)
・大石学『大岡忠相』(同、二〇〇六年)

26 悪代官は本当に多かったのか ――「御代官様」の実像

代官をめぐる謎

映画やテレビに出てくる江戸時代の代官は、煌《きら》びやかな衣装を身にまとい、農民からは厳しく年貢を取り立てる一方で、商人と癒着《ゆちゃく》して「お主も悪よのぉ」などといいながら賄賂《わいろ》を受け取り、最後には悪事が露見して水戸の御老公に成敗される、というような姿で描かれるのが常です。しかし、これは本当の姿なのでしょうか。代官は幕領や旗本知行地の支配を担当した役人ですが、その実態は意外に知られていないのが現状です。以下、具体的に見ていくことにしましょう。

◇

幕府内での位置づけ

代官は、幕府財政を管轄し幕領の民政を統轄した勘定奉行に属し、旗本の中でも最下層の人々が任ぜられました。その禄高（給料）は寛保三年（一七四三）に一五〇俵と定められましたが、これは現在のお金にして四五〇万円ほどになります（米価換算）。現在にたとえれば、ノンキャリア組の国家公務員といったところでしょう。

そして意外に知られていませんが、定年制度はなく、江戸中・後期には全体の約六割が現職のまま死亡したり、病気・老衰により辞職したりして、代官のまま現役を終えていたのです。この間、平均して二、三回の転勤があり、一ヵ所での平均勤務年数は六年弱でした。

こうした立場にあった人々が、一人で五〜十万石という中小大名クラスの領域を管轄した（全国で四〇〜五〇名程度）ということは、もっと注目されてもよいと思います。

代官の仕事

地方《じかた》と呼ばれる年貢徴収をはじめとした民政一般事務と、公事方《くじかた》と呼ばれる警察・裁判事務の大きく二つがありました。このうち最も重要な年貢徴収は、一坪の田の米をサンプルとして収穫し、これをもとに課税額を決めたので、代官が勝手に増税してその一部をピンハネするなどということは、原則としてできませんでした（ただし細かい内情については後述）。

また裁判に関しても、自己裁量で処断できるのは軽犯罪のみで、ほとんどの事案は報告書を作成して勘定奉行に届け、その指示を仰がなければならなかったのです。全般的に規則に縛られ、時代劇に描かれているような勝手気ままな振る舞いは、とてもできませんでした。

代官のうち関東に支配所がある者は、陣屋と呼ばれる役所をもたず、江戸で拝領した屋敷を改装し、そこで執務しました。さらに任地が東北・信越の代官は、部下だけを陣屋に常駐させ、代官自身は検見《けみ》（年貢量を決めるための調査）の時だけ現地に出かけて陣屋に数週間ほど滞在しましたが、ふだんは暮らしやすい江戸にいたようです。

図53　飯島陣屋（長野県、天領、復元）

陣屋の誘致合戦

代官役所として地方の幕領に設置される陣屋（図53）は、その建設費用が六〇〇～二〇〇〇両（一両十万円として六〇〇〇～二〇〇〇〇万円）、維持費も含めると村の負担は年間一〇〇～二〇〇両にものぼりましたが、それでも**村民たちは自分たちの村に陣屋が置かれることを強く望みました。**負担も多いし、代官から直接睨まれるような感じで嫌がるわけではなかったのです。**この理由を考えてみましょう。**

答えは、まずこれによって人の出入りが多くなり、村が活気づいて雇用が増え、流通・商業もさかんになる、という経済的メリットがあげられます（何か現在にも通じる話ですね）。

それともう一つは、意外（？）にも代官にいてもらった方が年貢の減免に融通がきく、ということです。長く住んでいる村には愛着が湧き、あまり厳しいこともいえなくなるのでしょうか（代官って、いい人が多かったのかもしれません）。

代官の懐事情

さて代官は、役所の運営費として江戸前期においては、口米《くちまい》・口永《くちえい》と呼ばれる本年貢の三%の付加税を徴収してこれにあてることが認められていましたが、これでは不作の時に減少してしまいますし、もともと十分なものではありませんでした。

そこで享保十六年(一七二五)に口米・口永をやめ、あらためて幕府から役所の運営費を地域や支配高に応じて支給することとしました。例えば五万石の幕領を支配地とする代官の場合、給料一五〇俵の他に、経営費として年に五五〇両(五五〇〇万円)、米七〇人扶持が支給されましたが、これで三〇人ほどの部下たちの給与、役所の維持費、出張旅費、事務費、交際費*などをすべて賄わなければならなかったので、通常でも収支はギリギリだったようです。そしてこの他、**特に代官就任に際して莫大な費用がかかったのですが、それはどのようなことに必要だったと思いますか。**

答えは、任地への引っ越し費用(大名行列並の規模だったという)、役所への改造費などで、ある代官などは就任時だけで二〇〇〇両(二億円)近くもかかったそうです。つまり代官は、就任したとたんに多額の借金を抱えることになり、その返済は子や孫の時代まで続くこともあったのです。もしこれを補うために年貢に手をつけたり、また代官自らでなくてもその部下が不正を行って(この点、詳しくは後述)年貢に損失が出れば、島流しや御家断絶という厳しい処分が待っていました。

ずるいと思っていた代官が、だんだん哀れに思えてきませんか?

*最下層なのに一応は旗本ということで、その体裁を整えるためにそれなりの武具一式を整えたり、贈答儀礼などを行ったた

めに、相当な費用がかかった。

代官の金策

もちろん代官も、さまざまな手を使って借金返済にあたりました。例えば、幕府からまとまった額の公金を借り受けます。**さて、このお金をどのように用いたと思いますか。**

実はこれを商人や藩などに年利十%で貸し付け、その利金を役所の運営費に充てたのです。さらにこの利金の十%は代官自身の手元に残るようにしました。すなわち、公金を元手とした金融業を行った、というわけです。この他、幕府から拝領した屋敷には住まずに他人に貸す、などといった不動産業にも手を出しました。

ところで自らが住む役所には、かなり広い空地がありましたが、代官はそこをあることに使いました。**そのあることとは何だと思いますか。**

答えは、そこで野菜や果物を栽培したということです。収穫したものは、代官とその家族、部下たちの食用にしたり、贈答品として用いました。そこまで切り詰めて暮らしていたということに、驚きを禁じえません。

代官の歴史的変遷①（江戸初期〜前期）

江戸時代は二百数十年続きましたから、一口に代官といっても、その性格は時代ごとに異なるものでした。まず初期は、幕領支配の基盤づくりが最大の任務でしたから、検地や灌漑、治水、鉱山開発などに長けた、大代官（伊那忠次や大久保長安《ながやす》ら）たちが活躍しました。そして彼らの配下の代官には、中世以来の在地土豪を任じ、幕領支配を委ねたのです。

しかしこうした体制においては、年貢上納もしばしばいい加減なものとなり、それにともなって代官が年貢を勝手に流用するようなこともありました。

こうした状態を一掃したのが、文治政治（武力ではなく法律・制度を整え、人々を教化して治める）を推し進めた五代将軍綱吉でした。当時の幕府財政は危機に瀕しており、構造改革が迫られていた時期でもあったのです。綱吉は、将軍に在職した二十九年間に計五十一名もの代官を処分しました（免職の上、改易・流罪・切腹など）が、その理由としては「職務怠慢・勤務不良」の他、年貢に関わるさまざまな不正（不正な利益を得たり、滞納したり、流用による負債をつくるなど）があげられています。世襲代官たちからすれば、年貢の中間搾取などは中世以来の当然の権利と思っていたことでしょう。そう考えると、「水戸黄門漫遊記」の時代がちょうどこのころですから、あの代官懲らしめの旅はあながちまちがいともいいきれない、との意見もあります。

そして代わりに、勘定所の役人や綱吉の館林時代*以来の家臣を登用し、将軍の意向が直接民政に反映されるような体制としました。これによって代官の在地性は薄れ、自由な配置転換が可能となったのです。

*綱吉は将軍となる前、上野国館林藩主だった。

代官の歴史的変遷②（江戸中・後期）

その後、十八世紀前半に享保の改革を実行した八代将軍吉宗は、実務官僚として門地・家格にとらわれない人材を集めました（幕臣の他、与力、名主、猿楽師出身者など）。

続く田沼時代（一七六〇〜八六年）、多くの代官は農政への配慮を怠り、その結果中間層以下の農民たちの没落を招いてしまいました。それに加えて天明の大飢饉（一七八二〜八七年）が起こったため、税収は落ち込み、幕府財政は破綻寸前の状態となりました。

こうした中で政権を担当した老中松平定信は、大幅な代官の入れ替えを行いました。そして新たに登用された者からは、後世名代官と呼ばれるような人々が輩出したのです。この時代の代官は、かつてのように一方的に年貢増徴を押しつけているだけではやっていけなくなっており、学問にもとづき農民を教化しつつ、農村の実情をふまえてその具体的な復興策を農民とともに進め、彼らを納得させた上で徴税するようなやり方が求められていたのです。

悪代官ではなく悪手代だった!?

前述したように規則に縛られた代官に不正を行う余地は少なかったのですが、実は代官の下で実務にあたる手代《てだい》と呼ばれる部下たちの中には、かなりの悪事を働いた者がいたようです。例えば村からの付け届けを受け取ったりして私服を肥やしていくのですが、*上司である**代官もこうしたことに気づいても、なかなか咎めることができませんでした。なぜかわかりますか。**

それは、注意しようとすると、手代たちが結束して辞職をほのめかしたりするためです。幕府の正式な役人ではなく、いわば嘱託身分である手代には、過去に酒や博奕で身を持ち崩し、村を追われたような者もいましたが、それだけに村の実情に通じていて、仕事にはその手腕を発揮したのです。ですから、代官としても彼らに集団で辞められては甚だ困るわけなのです。

そこで寛政二年（一七九〇）には手代を廃止し、**御家人身分の手付を創設しましたが、この策はあまりう**

まくいきませんでした。その理由は何だと思いますか。

答えは、手付となった御家人には手代のような実務経験や知識がなく、役に立たなかったからです。結局有能な手代を手付として採用したり、手代と手付が併存することとなったりして、その後も腐敗は続いたようです。

*例えば検見の結果、予定収量の七割以上を見込めない場合は減免措置がとられるが、村では検見にあたる手代を抱き込むため、豪華な接待をしたり高額な謝礼を渡す。さらに深刻なことに、こうした賄賂費用として農民たちから集められた金の一部は、本来村側に立つべき名主ら村役人が着服していることがあり、ほとんどの場合こうした悪事は立件・摘発されることはなかった。

謎をうけて―誰にとっての悪代官なのか

図54　井戸正明像　（井戸神社所蔵）

ところで、享保十六年（一七三一）に石見大森銀山領の代官となった井戸正明《まさあき》（図54）は、薩摩芋栽培を始めたことでも知られていますが、大飢饉のために飢餓に陥った領民を救うため、幕府の許可なく陣屋の蔵にあった米を配り、また大幅な年貢減免措置をとりました。このわずか二年後に正明は病死してしまうのですが、これに関して正明が勝手に飢饉への対応策をとったために代官を罷免され、結局自害したのだ、という伝承も残っています。

この話をふまえ、あらためて考えてみると、普通「悪代官」という場合、それは農民の立場から見た呼称です。この井戸正明などは、自分たちを飢餓から救ってくれた名代官ということになるでしょうが、幕府から見たら勝手な振る舞いをする悪代官、ということにならないでしょうか。反対に、決められた年貢をきっちり農民から取り立てて幕府に納める幕府にとっての名代官は、農民から見たら減免要求を受け付けなかった悪代官となる可能性が高いのです。

もっとも農民の方もしたたかで、非法な代官の罷免を要求して集団で逃散したり（その結果、実際に代官が罷免されることもあった）、あるいは別の訴えを直接幕閣に行うために、代官の非法をでっちあげて一緒に訴え、本来は違法である越訴《おっそ》を正当化しようとするような場合もあったようです。

いずれにせよ、これまで見てきたように、代官は時代劇に描かれるような勝手な振る舞いなどはできない存在でした。給与は低く、出世の見込みもあまりなかったにもかかわらず、幕領支配の最前線に立たされ、さまざまな矛盾が最も集中するところで仕事をこなさなければならなかったのです。

【参考文献】

・旧事諮問会編・進士慶幹校注『旧事諮問録　下』（岩波書店、一九八六年）
・村上直『江戸幕府の代官群像』（同成社、一九九七年）
・西沢淳男『代官の日常生活』（講談社、二〇〇四年）
・山本博文監修『悪代官はじつは正義の味方だった』（実業之日本社、二〇一八年）

27 江戸幕府の大名改易政策は本当か
——御家騒動・跡目相続の対応は？

大名改易政策をめぐる謎

江戸幕府は、何かと理由をつけて隙《すき》あらば大名家（特に外様）を改易《かいえき》し、自らの直轄領に組み入れることを基本方針としていたように一般的には見られていると思います。しかし、それは本当のことでしょうか。確かに江戸初期においては、旧豊臣系の大名家などの改易が相次ぎましたが、その後もそうしたことは続いたのでしょうか。このことを考えるために、大名家の存続にとって最も危険なできごとである御家騒動や、すべての大名家に関わる跡目相続の問題について、幕府及び大名家がそれぞれどのように対応したのか、検討していくことにしましょう。

◇

最上騒動

家康・秀忠期に大名家の改易が比較的多かったのは事実です。**ではこれらの事例は、幕府が大名家を意図的に取り潰そうとする政策の結果といえるのでしょうか。**次に紹介する最上騒動の顚末《てんまつ》を読んで考えてみましょう。

家康と親しかった出羽の大名最上義光は、慶長八年（一六〇三）に豊臣派だった嫡子義康を殺し、徳川派の次男家親を後継者とした。ところがこれに反対した家臣の一部が義光の死後に反乱を起こし、これを鎮圧した家親は元和三年（一六一七）に三十六歳で急死してしまう。その子義俊はまだ十二歳だったが幕府は相続を認め、なおかつ将軍秀忠が関与する形で義光・家親時代の体制を継続するよう家臣たちに指示した。ところがこれでも家中の内紛が収まらなかったため、将軍は最上家に国替えを命じたが、義俊と対立する二名の重臣がこれをも拒み、ついに同八年（一六二二）八月、最上家は改易となった。

そうです。これを見ると、幕府は当初最上家を存続させようと取り計らっていたことがわかります。しかし家臣たちが将軍の命令をも拒み、その面目を丸つぶれにしたために、改易という結果を招いたのでした。

こうしたことは、他の事例にもあてはまるようです。

改易されたのは外様だけではなかった

また、この御家騒動などを理由に改易となったのは何も外様大名に限ったことではなく、元和二年の松平忠輝（秀忠の弟、越後福島四十五万石）や同九年の松平忠直（家康の孫、越前福井六十七万石）などの一門大名、慶長十九年の大久保忠隣《ただちか》（相模小田原、六万五千石）、元和八年の本多正純《まさずみ》（下野宇都宮、十五万五千石）などの譜代大名も処分を受けています。

家光期の方針

次の家光期には、黒田騒動や柳川騒動、会津騒動など多くの君臣抗争が起こりました。これは、この時期がいわゆる藩政確立期にあたり、それにともなう軋轢《あつれき》の結果といえますが、訴えを受けた家光政権は、いずれの場合も主君側を支持し、家臣側を処罰しています。その理由としては、まずは各藩主の権力を安定させ、その上に立つ将軍権力の確立をめざそうとしたから、と考えられています。

幕府の方針転換

図55　伊達綱宗像（仙台市博物館所蔵）

ところが、次の家綱の時期から幕府の対応に変化が見られるようになりました。そのきっかけとなったのが万治三年（一六六〇）に起きた、仙台藩主伊達綱宗（図55）の強制隠居事件といわれています。綱宗は日ごろから不行儀（内容は定かではないが大酒や好色とされている）が甚だしく、親類大名たちは相談して老中酒井忠清に注意してもらいましたが、それでも反省の色を示さなかったため、家中の一門・老臣たちが共同で綱宗の隠居を求める連判状を作成、これをうけて幕府は綱宗に隠居を命じ、子の亀千代の相続を認めました。この場合、親類大名や幕府の主導ながら、家臣が一致して主君廃立を求め、幕府もこれを認める形で主君に隠居を命じている点が注目されます。すなわち、家中に内紛がなく意思が一致している場合は、主君の廃立もやむをえない、というスタンスをとるようになったのです。

この家臣たちによる主君の強制的な廃立行為を「押込《おしこめ》」といい、ほぼ江戸期を通じて行われていました。はじめは暗殺の可能性も含まれていましたが、やがて幽閉し隠居させることが一般的になり、幕府も宝暦年間（一七五一〜六四）には事実上これを是認し、自らは直接的介入を避ける方針を打ち出したのです。

方針転換の背景

では、なぜ幕府はこのような方針転換を行ったのでしょうか。まず家臣団による主君押込という行為は、既に述べたように江戸時代のほぼ全期にわたって一般的に存在した慣行でした。しかし、同じように主君を強制隠居させたり、極端な場合は暗殺したりしても、**戦国時代とは大きく異なる点がありました。それはどのようなことでしょうか。**

答えは、戦国時代なら主君を廃して家臣がその地位につくこと（下剋上）も珍しくなかったわけですが、江戸時代にはそうしたことはなく、他家からの養子もありましたが、基本的には主家の血筋の別人が新藩主になった、ということです。つまり押込は、君臣秩序そのものを破壊することではなく、あくまでも体制内での抵抗行為でした。したがって、このことが直接幕府への反抗を意味するものでないことは、いうまでもありません。

家臣たちにとって大事なのは主君個人ではなく、主君の家でした。ですからその家を守るためには、場合によってはその時の主君個人を廃立することも辞さず、幕府もそれを正当な行為と認めるようになったのです。

このように見てくると、こうした問題に幕府が介入を避けようとした理由も、お気づきのことでしょう。

ここでは元禄八年（一六九五）に起こった越前丸岡本多騒動を具体例として見ていくことにします。

本多家では家老本多織部らによる不正の取り計らいが多く、家臣太田又八はこのことを親類大名たちに訴え、その結果延宝八年（一六八〇）、織部ら六名は改易となり、かわって又八は本多姓を許され、家老に任ぜられた。ところがこの後、藩主本多重益《しげます》の不首尾が発覚、又八はこれを病気と称して押し込め、弟の重信を養子としたが、本多織部が巻き返しを図り、重益を藩主の地位に戻すため、幕府老中へ働きかけて将軍への拝謁を認めさせた。元禄六年にこれが実現し、重益は復権して又八らを処罰した。又八派の人々は丸岡を立ち退き、近隣の諸藩をも巻き込む問題となったため、幕府は吟味に乗り出し、結局本多重益は家中の仕置よろしからず、との理由で改易となった。

さて、この事件から幕府が得た教訓は何だったのでしょうか。

それは、対立する一方の家臣からの要望を受けて押し込められていた主君の将軍への拝謁を認めるという、控えめな関与であっても、それが又八ら反対派の報復を招き、最終的には大規模な騒動が起きて、幕藩体制の安定を損なうことにつながってしまった、ということでした。こうした事情により、幕府は御家騒動への不介入の方針をとるようになったのです。

主君のとらえかた

では、こうした家臣団による押込行為を主君はどうとらえていたのでしょうか。前述した丸岡本多騒動のように、いったん隠居させられた主君が復権した後に家臣たちを処断した事例もありますが、この復権という措置は広く行われており、**このことは必ずしも報復的な処断が行われなかった場合もあったことを示しています。これは何を意味するでしょうか。**

答えは、報復的な処断をしなかった主君は、家臣たちの自分への押込行為が叛逆的なものではなく、自らの不行跡に対する必然的な制裁だったことを認めていた、ということです。

矛盾軽減のための手段

以上、遅くとも江戸時代の中ごろには押込行為の正当性が広く社会に浸透していたことを見てきました。しかし、そうはいってもやはり家臣による主君押込は、主君の権威を絶対とする君臣秩序とは相容れない部分があったことは否定できません。そこで、**この矛盾を一定程度ながら解消する措置がとられました。既にとりあげた事例の中にもでてきたのですが、お気づきでしょうか。**

それは、その主君の親類大名（あるいは旗本）が関与し、家臣団による主君押込を事前に了承している、ということでした。幕府という最高権威が関与しない中で、家臣団より上位に位置し、しかも内々の存在でもある彼らの了解が有効と見なされたようです。

跡目相続に関する幕府の方針

この親類大名が関与するという点では、大名家の相続問題も同じでした。そもそも幕府は当初、末期養子《まつご》（当主が臨終間際に養子申請を行い、相続を認めてもらうこと）を禁止していましたが、慶安四年（一六五一）

に緩和し、[*]当主が十七歳以上五十歳未満の場合は、これを認めるようになります。そしてこの後、五十歳以上の場合も緩和されましたが、十七歳未満の場合は十八世紀以降、むしろ制約は厳しくなりました。つまり十七歳未満の当主が死んだ場合、原則として相続は認められず、御家断絶の可能性が高まったわけです。

そこで大名家では、さまざまな方法を駆使（？）して、これを何とか免れようとしました。次に二つの事例を紹介しましょう。

＊これは改易により牢人が増えることを防ぐための措置とされている。

備中生坂《いくさか》池田家の場合

明和四年（一七六七）正月、三代目当主政員《まさかず》は疱瘡《ほうそう》にかかって重態となり、同月二十五日に死去しました。急いで末期養子を申請する願書が、二十七日付けで政員の名前で作成されました。**ここで何かお気づきのことはないでしょうか。**

そうです。既に死んだ当主が、まだ生きている形で願書が作成されているのです。これは末期養子出願が当主本人のみに認められた権限で、将軍がこれを認める、という建前が重んじられたためでした。現実問題として養子が決まらないうちに当主の病状が進んで死に至ることが多かったようですし、幕府側もそれ（願書の日付けの矛盾）は承知していたのです。

ところで実は政員には二人の子がいた（ただし正妻はまだいない）のですが、出生届けを出しておらず、弟で二十六歳になる政弼《まさすけ》を養子に定めたいと申請したのです。なぜこのような処置をしたかというと、二人の子どもは九歳と三歳でまだ幼く、仮に生後まもなくに出生届けを出してしまうと、乳幼児の死亡率が高かった当時のことですから、その後死んでしまう可能性があり、そうなると御家断絶の危機が高まってしまうからです。それを避けるためにわざと出生届を出さず、[*]それをいいことに後継としてすぐに幕府の儀礼などをこなせる弟を養子に定めた、というわけなのです。そして、これらのことを親類大名・旗本らが承認している旨の文書や、現時点で政員の子をみごもっている女性はいない、と記した文書なども添付されたのでした。

さて、それでは政員の二人の遺児たちはどう扱われたのでしょうか。三月二十一日に政弼への家督相続が正式に許可されましたが、翌月十一日、政弼は「実は相続前に私は二人の男子をもうけていましたので、ここにお届けします」と、本当は甥なのに自分の子どもということにして、幕府に届け出たのでした（この後も混乱は続くが省略）。

＊そのかわり、ある程度成長した時点で「丈夫届け」を出すことが認められていた。

備中鴨方池田家の場合

生坂池田家の同族、鴨方池田家（ともに備前岡山池田家三十一万五千石の分家）では、七代目当主政共が文政七年（一八二四）に急死した後、弟の政広が十五歳で八代目となったのですが、**実はこの「政広」を名乗る人物は二人いた、というのです。いったいなぜそのようなことになったと思いますか。**

答えはこういうことでした。一人めの政広は病弱だったため、家督を継承して一年も経たないうちに弟の政善が九代目の当主となり、しかも兄の政広という名乗りも受け継いだのです。では、なぜわざわざ兄と同じ名前を名乗ったのでしょうか。それは、この政広から政善への家督相続が幕府へ無届けで行われたものだったので、この事実を隠すために政善に兄の名である政広を名乗らせ、あたかも政広がずっと当主であり続けたように見せようとしたからでした。無届けにした理由は、政広が生来病弱であり、しかも相続を認めてもらう上で重要な儀式である将軍への拝謁をしておらず、拝謁後に病状が進み、当主を交替するようなことはできないので、事前に内証で人だけをかえ、弟政善を政広ということにして、将軍への拝謁を済ませたかったからでした（実際に政善が拝謁をこなした）。

しかしそれなら、なぜ病弱とわかっている政広を少しの間とはいえ、はじめに当主としたか、という疑問が残ります。この点については、仮養子というしくみを説明しなければなりません。これは、跡継ぎが決まっていない大名は、帰国に際して仮養子（帰国中、当主に不測の事態が起こった場合に定めた養子）の願書を幕府老中に提出する慣例のことをさします*（翌年、江戸に来た際には返却される）。

そして文政七年の帰国の際、池田政共は病弱ということはおそらく知りつつも、養子としての条件が最もよい唯一の実弟政広を、この仮養子に定めてしまったのです。ところが実は政共自身もあまり丈夫ではなく、帰国途中に摂津国郡山（大阪府茨木市）で病死してしまいました。ここに至って仮養子に定めた政広とは別の人物を後継者とするのは、よほどの理由がなければ認められなかったため、ともかく御家断絶だけは避けようと、そのまま政広を養子とする願書を提出した、というわけなのでした（この場合も、政共の死後に存命中を装って本人が願書を作成した形をとった）。

*この慣例にも、幕府が大名家を存続させようとする意図が見てとれる。

謎をうけて—幕府が体裁にこだわったわけ

以上見てきたように、江戸幕府はもともと大名家を意図的に取り潰すような方針をとっておらず、御家騒動が起きて主君が廃立されるような場合でも、藩内の意思が統一されている場合には、これを認めていました。一方大名家は跡目相続に際してのさまざまな危機を、虚偽報告やわざと無届けにしたりして、何とか御家断絶になることを避けようとしたのです。そして驚くべきことに、幕府はそうした実情を知りつつも、あえてこれを黙認したのでした。

このように、**幕府がとにかく体裁だけは整えさせようとしたのはなぜだったのでしょうか**。黙認するくらいだったら、はじめから大名家の相続をもっと自由に認めてもよさそうなのに、と思いませんか。

答えは、やはり幕藩体制というものが、将軍と大名の主従関係を根幹としており、もし完全に自由にしたら、この主従制原理を幕府自らが崩してしまうことになったからでした。

こうして見てくると、大名家というのは単なる個人の家ではなく、創業家に何か問題があれば他人を経営者に迎えてでもその存続を図る、現代の企業に近いもののように思えてなりません。

【参考文献】
・笠谷和比古『主君「押込」の構造』（平凡社、一九八八年）
・大森映子『お家相続　大名家の苦闘』（角川書店、二〇〇四年）
・福田千鶴『御家騒動』（中央公論新社、二〇〇五年）

28 天明の飢饉はある意味人災だった!?

天明の飢饉をめぐる謎

江戸時代、元禄・享保・宝暦・天明・天保の各年間に大きな飢饉が起こりました。このうち西日本を中心としたのは享保の飢饉だけで、他はすべて主に東北地方に大きな被害をもたらしました。

ここでとりあげる天明の飢饉(図56)とは、広い意味では天明年間(一七八一~八九)に起きた大凶作や飢饉・米騒動などの総称ですが、それらの中で特に大きな被害を出したのは、天明三年(一七八三)秋の、主にヤマセ*を原因とした冷害による大凶作をきっかけとしたものでした。この時の東北諸藩の幕府への報告によると、作物の出来具合は、多い藩でも表高《おもてだか》**の約二四%(盛岡藩)、多くは一桁台で、弘前藩などは〇%でした。これらの数字がどれほど正確なものかは不明ですが、いずれにしてもこの上ない大凶作だったことはまちがいありません。そして死者も、比較的信頼できる史料によれば、東北地方全体で三〇万人を超え、明治以前の日本における最大級の惨事だったと見られています。

この大飢饉は天災や領主からの重税賦課によって引き起こされた、というような単純なものではありませんでした。例えば前年の天明二年は極端な不作ということはなく、その時の米は、当初藩も農民もそれなりに保有していましたし、***飢饉に対する備蓄米もありました。それなのに、どうしてこれほど大量の人々が餓死(あるいは飢餓にともなった疫病死)してしまったのでしょうか。以下、見ていきましょう。

図56　天明飢饉之図　（福島県会津美里町教育委員会所蔵）

*夏、北日本の太平洋側に吹き寄せる東寄りの冷湿な風。

**公認された藩の石高で、実際の生産高（内高《うちだか》）より少ない。

***そもそもこのこと自体意外に思われるかもしれないが、これについての事情は拙著『疑問に迫る日本の歴史』を参照されたい。

消費生活者としての農民

次は、天明年間より一四〇年も前の寛永二十年（一六四三）に、幕府領へ出された禁令の一部です。

・庄屋も一般の百姓も、以後は身分不相応な家をつくってはいけない。
・庄屋は妻子とも絹・紬《つむぎ》・布木綿を着てよいが、百姓は布木綿だけを着るように。
・百姓の食べ物は常に雑穀を用い、米をみだりに食べてはいけない。
・五穀（米・麦など常食とする五種の穀物）の無駄になるから、村の各所でうどん・冷や麦・そうめん・蕎麦《そば》・饅頭《まんじゅう》・豆腐などの商売をしてはいけない。
・市中に出てむやみに酒を飲んではいけない。

・庄屋・百姓が駕籠《かご》に乗ることは禁じる。
・仏事・祭礼などで身分不相応のふるまいはしないこと。

さて、**こうした条文から逆に浮かびあがってくる当時の農民たちの暮らしぶりとは、どのようなものでしょうか。**

禁令というのは、「～してはいけない」の「～して（いる）」現状があるから「それをやめなさい」と命じているわけですから、実際に農民たちはここで書き上げられているようなことをさかんにやっていた、ということになります。われわれが江戸時代の農民に対して抱くイメージとはずいぶんかけ離れた、贅沢な暮らしぶりと感じた方も多いことでしょう。まじめな部分（？）でも、農具や生活用品を買うためにも彼らには現金が必要であり、それは年貢として納めた他に手元に残った米を売ることなどで、手に入れていたのです。つまり、それだけ農民の生活が消費経済の中にしっかりと組み込まれてしまっていたのであり（これは東北地方といえども同じ）、しかもこれが寛永二十年のことですから、それから一四〇年後の天明のころは、その傾向が一層強まっていたはずです。せっかく飢饉の起こる前年には手元にあった米も、売り払ってしまっていたのでした。

稲の品種と飢饉の関係

ところで東北地方では、農民たちは単位面積あたりの収量が多い晩稲《おくて》種を主に用いていましたが、**このことが飢饉に悪影響を及ぼしていた、とされています。どういうことだと思いますか。**

答えは、この晩稲種が冷害に弱かった、ということです。これに対し早稲《わせ》は、冷害には比較的強かったのですが、収量が少なかったため、藩がこれを奨励しても、少しでも多くの現金収入を得たい農民は、なかなか従おうとはしませんでした。

藩がやたらに米を売ろうとしたわけ

では次に、東北諸藩が年貢米の他に、地元の商人に命じて少しでも多くの領内米を極力安価で買い集めさせ、相場の高い江戸や大坂（消費人口が圧倒的に多い）で売ろうとした事情を考えていきましょう。

まずおさえておきたいのは、各藩が恒常的な財政危機に苦しんでいた、ということです。特に「江戸入用《いりよう》」と呼ばれる江戸藩邸に居住する大名妻子の生活費、家臣たちの俸給、他藩との交際費などが国元の費用以上にかかり、それに加えて幕府から寺社の修造や治水工事などの臨時の負担が求められたので、これらを賄《まかな》うためには少しでも多くの米を江戸や大坂で売って、貨幣を獲得するしかありませんでした。さらに実際にはそれでも足らなかったので、江戸や大坂の金融業者から多額の借金をしなければならず、米の売却金はその返済にも充てられていたのです。

したがって天明三年が冷害で、収穫期以前に今年は凶作と予想されていても、藩は江戸や大坂の米相場がよい時に手元の米を売ってしまおうという意識の方が強く、ついには飢饉に対する備蓄米まで切り崩して移出してしまいました。さすがに城下町など都市部の庶民たちはこのことに気づいて、例えば弘前藩では移出差し止めを要求して米騒動を起こしたりしましたが、結局藩はそれを無視する形で、七月下旬に厳重な警備の中、青森から七千俵余りを積んだ船二艘を出港させたのです（しかも船はその後、大風雨のために難破し、積んだ米は海に沈んでしまったといわれる）。

　この後、実際に飢饉が発生すると、藩はようやく自領の食料を確保するため、穀物が他領へ持ち出されるのを禁止します（穀留《こくどめ》）。しかし、**この政策が東北地方全体の飢餓状況を悪化させた、という面もあります。いったいなぜか、わかりますか。**

　それは、穀留だけでは不足する穀物については、他領から買い付けようとしたので、その他領が同じように穀留をしたら、それができなくなってしまうからです。藩は一つの独立国のようなものですから、それが割拠している状態だった幕藩体制は、本質的にこのような問題を抱えていた、といえましょう。

幕府政治と飢饉の関係

ところで、この天明の飢饉がこれほど大きな災害となった一因として、**当時の政権担当者がとっていた政策があげられています。それはどのようなことか、わかりますか。**

図57　田沼意次像

　当時は老中田沼意次（図57）が政治の実権を握っていました。彼は、年貢率を引き上げて幕府財政を再建することには限界があると考え、実態としてさかんになっていた商品流通を積極的に認める重商主義的な政策をとりました。このやり方は市場経済に大きく依存するものであり、その結果、飢饉などの危機的状況にはほぼ無防備だったのです。
　国家や藩を運営するためには、農民に税を納めさせることが必要でしたが、それは飢饉などいざという時には、領主が自分たちの食料や種籾を給付してくれる、という農民たちの領主への信頼感から成り立っていました。しかし、このころの幕府や藩は、そうした役割を果たすことができなくなっており、これによって農民たちは、権力者に対し深い絶望感を抱くようになります。田沼政権は、この時期頻発した一揆・打ちこわしなどによって幕府内部でも批判を受け、結局天明六年（一七八六）に失脚しました。

かわって成立した松平定信政権は、いわゆる寛政の改革を実行しましたが、その一環として幕府領ばかりでなく大名領にも社倉・義倉（凶作に備え穀物を貯蔵した倉）を設置させました。そしてその穀物は、農民から集めるだけではなく、（あたかも現代の健康保険制度のように）幕府自身や藩も一部拠出し、管理と運用は幕府代官や勘定方の監督がありましたが、基本的には農民たちに任せたのです。そのため、強い反発を招くことはありませんでした。

一方、江戸ではいわゆる七分積金*を行いました。ここで集められた金穀は、天保の飢饉（一八三三～三六）の際に一定の効果を発揮し、幕府が倒れた後も明治政府に引き継がれ、東京府庁や市役所建築などの資金となりました。

*寛政三年（一七九一）、江戸町人が負担した町入用の倹約を命じ、残った金の七分（七％）を毎年江戸会所（金融機関）に積み立てさせる一方、幕府も二万両を補助して非常時に備えさせた。

謎をうけて―飢饉の歴史的背景

以上いろいろ見てきたように、天明の飢饉は天災や領主による厳しい年貢取り立てによって起こった、というような単純なものではなく、幕藩制社会の本質に根ざしたいくつかの原因が複雑に絡みあって引き起こされたものでした。すなわち江戸中期以降、基本的には米が余って米価は低い一方で[*]、商品経済の発達により、その他の商品価格が高くなるという状態が続きました。これによって農業経営は困難となり、年貢も納められず、やがて離農者が増えて農村は荒廃していきました。したがって、たとえ凶作や飢饉が起きなかったとしても、ゆるやかにはこうした状況が進行したであろう、との見方もあります。

このような本質的矛盾に対処できず、解体過程に入った幕藩制社会の中で、全国的流通市場の最も末端に置かれた東北地方に起こった災害が飢饉でした。実はこうした傾向は、既に元禄の飢饉のころからあらわれていましたが、それが最も悲惨な形で引き起こされたのが天明の飢饉だったのです。

＊その一方で米価が安かったことが、近世後期における庶民の社会的分業の展開や諸産業、文化の持続的な発展を可能とした、という見方もある。

【参考文献】

・北島正元『日本の歴史18　幕藩制の苦悶』（中央公論社、一九六六年）
・菊池勇夫『近世の飢饉』（吉川弘文館、一九九七年）
・　同　『飢饉』（集英社、二〇〇〇年）
・　同　『飢饉から読む近世社会』（校倉書房、二〇〇三年）
・田中圭一『百姓の江戸時代』（筑摩書房、二〇〇〇年）

29 江戸時代の農民に休日はあったのか

江戸時代の農民の休日をめぐる謎

江戸時代の農民に休日があったか、などということを考えたことはありますか。厳しい年貢などの負担にあえいで、農民たちには休日などはほとんどなかったのではないか、とイメージする人も多いのではないでしょうか。しかし史料にもとづいて調べていくと、意外な農民たちの様子、そしてその背後にある当時の農業との関係が浮かびあがってきます。以下、見ていくことにしましょう。

◇

「公式」の休日数

表18は、天保十三年（一八四二）七月、下野国芳賀郡三谷《みや》村（栃木県真岡市）の村人たちが文書の形で領主に提出した、村の休日数をまとめたものです。一応合計すると一年間で三十二日ですが、正月の三が日以外は半日休みとあるので、実質的には十七・五日となります。ずいぶん少ないと思いませんか。**そもそも、この休日数は本当に正確なものなのでしょうか。**領主側が提出を求めていること、提出文書の最後に「ここで定めた休み以外は、決して休まないことを村人全員承知いたしました。もし心得違いで休んだ者は、どの

表 18　三谷村が領主に報告した休日数（天保 13・1842 年）

月	1	2	3	4	5	6	7	8	9	10	11	12	閏
休日数	7	3	3	2	1	5	5	2	3	1	0	0	0

ような処罰でもお受けいたします。ここに印を捺して、その証拠といたします」とあることなどに注目して考えてください。

そうです。領主側に村の休日数に関して気になることがなければ、わざわざこのような文書を提出させる必要はなかったはずです。そして文書の上では、村側は丁重な表現で「これ以上休みません」と誓っていますが、これを裏返して読めば、当時、実態として農民たちは、これ以上の日数を休日としていたのではないでしょうか。だからこそ、それを危険視した領主側が、このような文書を出させることによって、そうした状況を規制しようとしたのではないか、との推測が可能となるのです。

実際の農民の休日数は？

三谷村の文書は、領主側に提出した、あくまで建前を記したものです。実際の休日数を調べるためには、これとは性質の異なる史料にあたらなければならないでしょう。ここで、それに適したものを紹介します。同じ下野国都賀郡助谷《すけがい》村（栃木県壬生町）のある村役人は、江戸後期に十年余りにわたって日記（「万《よろず》日記」、図58）をつけており、その中で年間の休日数を●印で克明に記録していました。表19は、それをもとにしてまとめた享和二年（一八〇二）の休日数ですが、これを見ると、この年の休日数は八十二日もあったことがわかります。[*] この休日数は年によって若干の変動はありますが、他の年もそれほど大きな違いはなく、寛政十一年（一七九九）から文化七年（一八一〇）まで

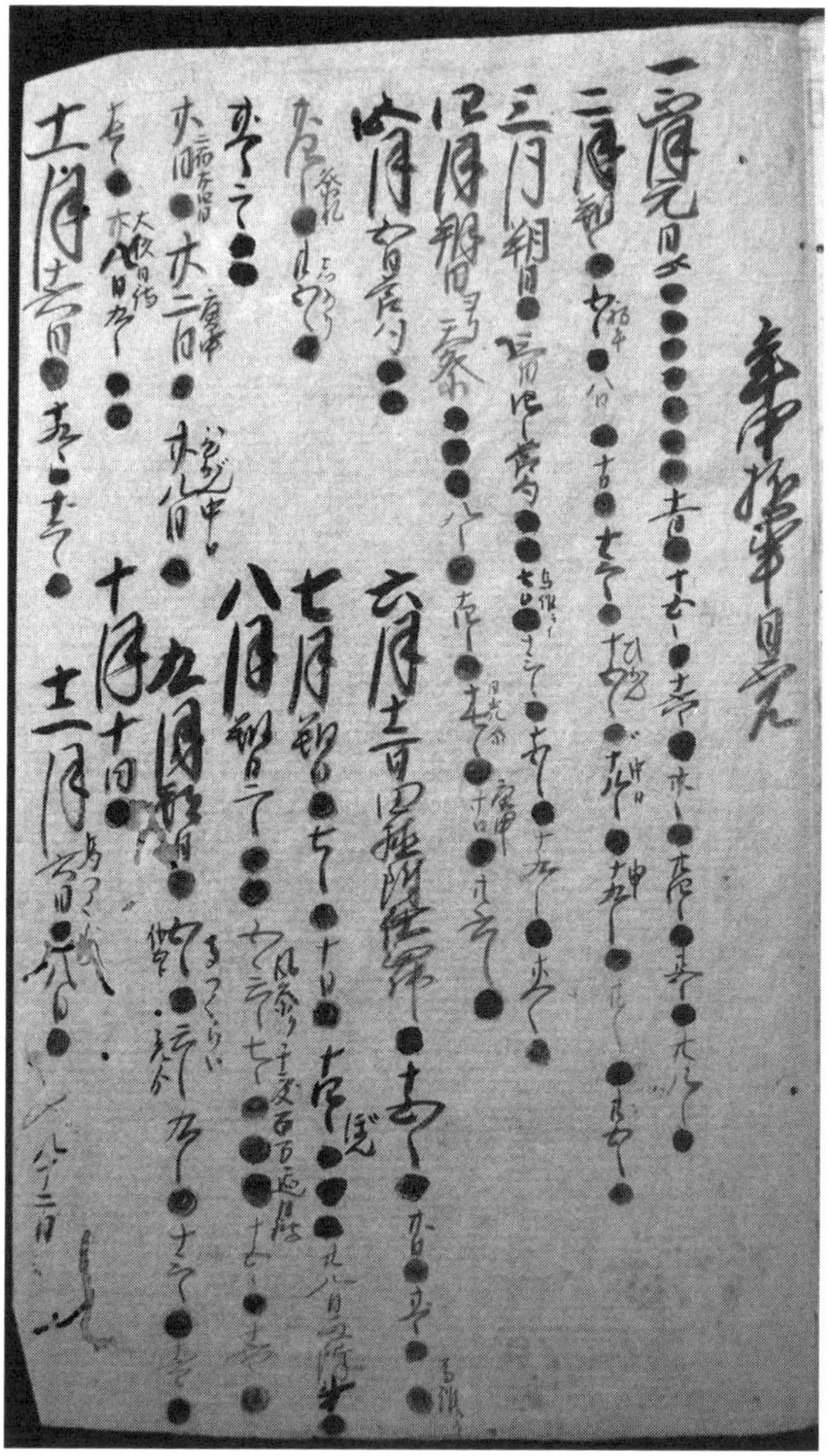

図 58 「万日記・年中遊事日覚」（享和 2・1802 年）

（粂川芳雄氏所蔵　栃木県立文書館寄託）

表 19　助谷村の村役人が日記に記録した休日数（享和 2・1802 年）

月	1	2	3	4	5	6	7	8	9	10	11	12
休日数	14	10	8	8	2	7	8	10	9	1	3	2

の十二年間の平均は、七十三日になります。これは三谷村の場合に比べてはるかに多い日数です。もちろん二つの事例は時代も場所も異なりますが、それにしてもやはり「公式」の休日数と実態とでは、かなりの差があったことはまちがいないようです。

＊五月と十月は農繁期（田植えと稲刈り）にあたるので、休日数は極端に少なくなっている。

領主側の本音

ここで、そのことが確認できる事例を紹介しましょう。天明四年（一七八四）に宇都宮藩が出した命令の中に、「村の鎮守のお祭り日以外にも、休日と言って農業をせず、遊んでいるということがあるそうだが、大いにまちがっている」と書かれています。やはり領主側は、村の農民たちが定められた日以外も休日にしている状況をつかんでいたのです。**ここで領主側が最も心配しているのは、どういうことでしょうか。**

領主側の最大の願いは、安定した年貢収入を得ることです。そのためには、農民がたくさん休んで、農業に支障が出るようでは困るわけです。別の史料ではもっと具体的に「農民が遊びにふけって経済的に困窮したり、風紀が乱れたりして、ついには一家滅亡、一村衰亡につながってしまう」と記し、自らの本音を表には出さず農民たちに休日を増やすことの問題点を教え諭しています。

農民側の弁解

ところで前掲の「万日記」には、それぞれの休日が何のためのものかが記されているものがたくさんあります。例えば「ひかん（彼岸）」「初午」「馬作らい」「日光参」「祭礼」「ぼん（盆）」「風祭り」「庚申《こうしん》」「百万遍日待《ひまち》」などです。これらは、村の鎮守のお祭りや農業に関わる行事ですが、当然ながら例えばお祭りではお店が出たり、興行（見世物）などが行われたりして、今でいうレジャー的な面もありました。

これに対し幕府や藩は、農民たちが神事や祭礼を理由に芝居などの興行を催すことを、度々厳しく禁じています。次の史料は、そうした領主側の取り締まりに対し、安政二年（一八五五）九月に下野国塩谷郡飯岡村（栃木県塩谷町）の代表が、取り調べを受けている村人たちへの寛大な処置を願い出た文書です。

これらの者どもにつきましては、村の中で芝居興行を決してしてはならないことは、度々の厳重なお触れもあるので、これを堅く守り、違反することなどないはずでした。

ところが八月十八日の鎮守祭礼にあたり、芝居に似たようなものを催すとのことが御役人の耳に入り、この度、一同呼び出しの上、取り調べを受けているとのこと、祭礼に対して歌舞伎狂言に似たようなことを催したくて越後生まれの者に習い覚えたいとのことでしたので、それはお触れに違反すると私どもから申し聞かせてやめさせようとしました。しかし慎み方がよくなかったようで、やはり狂言のようなことをやったような噂が立ち、この度の取り調べとなったようで、まずもって後悔して恐れ入っております。

今後は必ず慎んで農業に精を出し、禁止されたことは決してやりませんので、御慈悲をいただきたくお願いします。彼らも重ねて改心していることはまちがいありません。心得違いのないように厳しく本人たちに言い聞かせますので、何とぞ特別の御仁恵によって、取り調べをこれまでにして釈放してくださいますよう、御歎願申しあげます。

（「大嶋正守家文書」、意訳）

村の代表は、いろいろと弁解していますが、**その中で似たような表現を繰り返しています。お気づきでしょうか。**

答えは、「芝居に似たようなもの」（原文では「芝居に似寄せ候儀」）、「歌舞伎狂言に似たようなこと」、「狂言のようなこと」などです。禁止されている芝居や歌舞伎、狂言そのものではありません、という巧妙な言い回しを使うことによって、何とかお咎めを免れようとする、農民たちのしたたかさが感じられます。

農民の休日が増えたわけ

ところで、こうして農民たちの休日が増える傾向にあったことの背景には、いったい何があったのでしょうか（単に農民が全体的にサボるようになったとは思えません）。

「24 江戸時代は環境時代の始まり!?」で述べたように、日本の耕地面積は、江戸初期から中期にかけて大いに増え、それ以後は明治初期までほとんど変わりませんでした。つまり江戸時代の新田開発は、江戸中期までではほとんど終わっていたのです。

したがってそれ以降は既にある田畑の単位面積当たりの収穫量を上げるために、さまざまな農具を開発あるいは改良したり、干鰯《ほしか》や油粕《あぶらかす》などの金肥《きんぴ》（金銭を支払って買い入れる肥料）を利用したりしました。いわゆる集約的農業の始まりであり、この流れは基本的に現在まで続いています。

表20は河内の木下清左衛門という人が、天保十三年に著した『家業伝』という書物に掲載された、農事暦と呼ばれるものの一部です。**これを見て、どのようなことに気づくでしょうか。**

表 20　農事暦（一部、木下清左衛門『家業伝』天保 13・1842 年より）

月	日	稲　作	綿　作	畑　作	その他
4	1 10 20 晦日	田の畦廻りの手入れ 畔ごしらえ、苗取り、馬鍬入れ	播種 穴肥を施す、最初の中耕、除草 間引き、綿苗選び 中耕、除草、下肥施肥	麦の除草 薄肥施肥、菜種刈り取り 大豆播種、菜種の穀・枝取(夜業)、穂のむしり	牛の飼料用意、畔に施肥を積む、刈草で土肥づくり・積み出し、かけ肥手配、牛馬糞用意、長おおこ・とんぼ・穂むしろなどの手入れ
5	1 5 20	田植え 除草開始（7 日目ごとに除草）、田草返し 除草、畦塗り	畦肩の除草、綿苗選び、土寄せ 二番肥 中耕、除草、土寄せ	麦刈り、麦の乾燥 薩摩芋の苗植え付け、麦藁取り、麦の脱穀、 畑に灰施肥	堆肥の積み上げ、冬作の細肥づくり、田の畦の手入れ
6	1 20	四番草（株間の除草） 五番草（畦間の除草） 六番草（株間の除草） 施肥、落水して地固め	土肥・人糞尿施肥、三番肥、摘芯	芋の畦肩の草削り、灌水大豆植え付け	タン子・柄杓の手入れ、菜種・米の売り物への心配り

（『図録農民生活史事典』柏書房より）

答えは、季節ごと、時期ごとに実に細かな農業スケジュールが決められていた、ということです。提示したのはわずか三ヵ月間のものですが、こうしたことが一年間にわたって続くわけです。これらを一つ一つ気を抜かずにこなしていくためには、大変細やかな神経と忍耐力が必要だったはずです。

つまり、これまで見てきたような集約的な農業技術の発展は、農民たちに「研究的な態度で一生懸命集中して農業に励む」という生活習慣を身につけさせ、その結果として、厳しい勤労を強制する一方で、その息抜きとしての休日を増やし、それを村の総意として決めていったと考えられています。*

＊もし村で定めた休日に働いた者がいたら、他の村人は文句を言い、村役人に罰してもらおうとした。

謎をうけて

江戸後期の農民たちは、それなりの日数の休みをとっていました。それらの表向きは、農事や神事に関わるものではありましたが、実際には芝居の興行など、楽しみの部分も少なくなかったようです。

一方年貢の安定的な確保をめざす領主側は、こうした動きを危険視し、これを抑える方策をとりましたが、なかなか実効性をともなうものとはならなかったと思われます。

こうした農民の休日数増加の背景には、耕地面積の拡大がほぼストップした江戸中期以降、より集約的な農業が必要となったことが影響していたと考えられます。江戸中期以降の村は、村人たちに勤労と休養のバランスを保たせていたのです。

【参考文献】

・秋山高志他編『図録農民生活史事典』（柏書房、一九九一年）
・佐藤常雄他『貧農史観を見直す』（講談社、一九九五年）
・阿部昭他編『栃木県の歴史』（山川出版社、一九九八年）
・阿部昭「遊び日の編成と共同体機能」（津田秀夫編『近世国家と明治維新』三省堂、一九八九年所収）
・上野修一「芝居興行をめぐる役人と村人の攻防」（栃木県立文書館『学校教材史料集』４、二〇〇八年）

30　江戸時代の庶民と読書事情

江戸時代の庶民と読書をめぐる謎

江戸時代は武士を中心とした社会だったと見なされがちですが、その一方で庶民文化の発達にもめざましいものがありました。教科書では、いろいろな作家や作品がとりあげられてはいますが、庶民がそれらをどのように受容していたか、その具体的な様子については、一般にあまり知られていません。

例えば彼らは、いったいいつごろから読書に親しむようになったのでしょうか。そして、彼らを取り巻く読書環境は、どれくらい整えられていたのでしょうか。以下、見ていくことにしましょう。

◇

幕末期農民の識字率

寺子屋の普及により、幕末期における庶民の識字率はきわめて高かったとされていますが、実際のところはどうだったのでしょうか。

近世史研究者の高橋敏氏は、この問題について次のような事例を紹介しています。まず同じ時期のヨーロッパ諸国の場合、イングランド・ウェールズで六七～七九％、スコットランドで八八～九〇％、フランスで六九〜七六%、ロシアでは二〇%前後でした。

これに対し日本では、比較できるような調査を幕府や藩は行っていませんが、たまたま安政三年(一八五六)二月に駿河国駿東《すんとう》郡御宿《みしゅく》村(静岡県裾野《すその》市)で行われた、名主を選ぶ入札(選挙)から、人名を書けた人の割合がわかっています。**それによると、識字率は何%くらいだと思いますか。**

答えは七六・二%でした。ただしこの数字は、棄権者十二名をすべて識字力なしと見なしたものなので、実際にはもっと高い可能性があり、投票した五一名だけで計算すると、書いた人名が判読できた者は四八名で、割合は九四・一%にはねあがります。[*] やはり幕末期農民の識字率は、当時の先進国と比べても遜色のないほど高かった、といえるようです。

＊もっとも、彼らがすべて戸主であるという点は考慮されなければならない。ただ寺子屋の普及により、女性や子どもの識字率もそれなりに高かったと判断されるから、大きな違いはないとも思われる。

読書熱の高まり

江戸時代も後期になると、三都(京都・大坂・江戸)以外の地方都市はもちろん、農村部にまで読書の習慣が広まっていったようです。

信濃国埴科《はにしな》郡森村(長野県千曲市)の名主中条唯七郎が弘化二年(一八四五)に書いた『見聞集録』によると、彼は寛政五年(一七九三)、二十一歳の時に『和漢朗詠集』[*]を読み始めますが、このころ村にはあまり本がありませんでした。ところがその翌年、数年前から中断していた四書(儒学の基本となる『大学』『中庸』『論語』『孟子』)の素読《そどく》を、ある医者を師として始めたところ、はじめは「出家か、それとも医者になるのか」などとからかっていた村人たちが、「追々我も〳〵と入門」し、ついには彼らは「稽古ノ夜も短しと歎息」するほどになったというのです。まさにこのころが、森村における読書ブームの画期だったというわけです。

なお唯七郎は、「昔ハ当村辺に無筆の者多し、然《しかる》に今ハ無筆の人なし」とも記しています。これは、前に紹介した幕末における農民の識字率の高さを裏づける内容といえましょう。

＊十一世紀初めに成立した中国の漢詩文の佳句と日本の有名な和歌を集めたもので、ひろく朗詠（声高く詠う）のために用いられた。

江戸後期のベストセラー本

ここでは、こうした庶民に広く受け容れられた二冊の本をとりあげたいと思います。

一つは十返舎一九《じっぺんしゃいっく》の『東海道中膝栗毛』です。弥次さん、喜多さんが随所で失敗や滑稽を演じながら、東海道や京都・大坂を旅する道中記で、小説の一種である滑稽《こっけい》本と呼ばれました。正編八編、続集十二編からなり、享和二年（一八〇二）より文政五年（一八二二）まで、実に二十一年にもわたって書き継がれ、明治に至っても延々と増刷されました。これにより一九は一躍人気作家となり、文化十一年（一八一四）に信濃国松本町（長野県松本市）を訪れた際には、町をあげての歓迎を受けています。

ところでこの本は、単に害のない面白さだけが評価されたわけではありません。他に例えば、**当時の庶民の別のブームとの関わりも考えられるのですが、それは何だと思いますか。**

答えは旅行ブームです。江戸後期になると、「伊勢参り」に代表されるような遠隔地への旅がさかんになりました。『膝栗毛』で紹介される他の地域の興味深い情報が、庶民を刺激したにちがいありません。

それともう一つ、この本には教養書としての性格がありました。すなわち、失敗に懲りない二人の行状は、その都度教訓を含んだ結末で締めくくられているのです。

さて、庶民の中でも町の商人や村の名主などは、当時の学問の中心であった儒学思想をまじめに学ぼうとしました。それは決して学者になるためではなく、儒学の教えを自分なりに解釈し、生き方の参考にしようとしたのです。そうしたニーズに応える形で出版されたのが、二つめに紹介する『経典余師《けいてんよし》』（図59）です。著者は渓百年《たにひゃくねん》といい、天明六年（一七八六）初版の『四書』から天保十四年（一八四三）刊行の『近思録』まで、全部で十種類が出版されました。よく見るとすべての漢字に振り仮名がついています。本来、漢字ばかりの内容で読解は難しいわけですが、こうすれば少なくとも読むだけなら、ほとんどの人が取り組めるわけです。しかも、本文に続

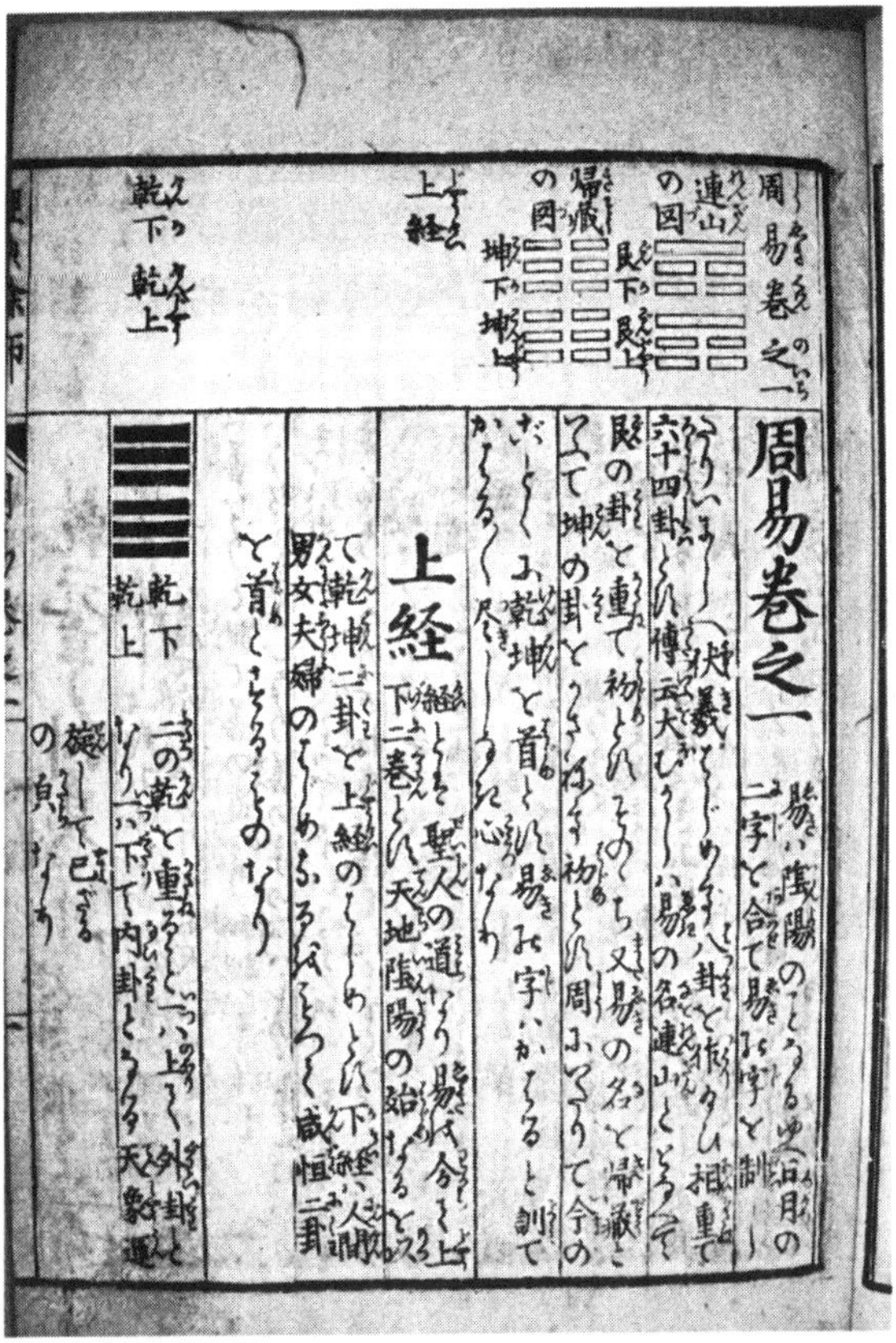

図59 『経典余師』（矢板肇家文書、栃木県立文書館寄託）

けてその解釈が書かれていて、意味もとりやすくなっています。この本の広告に「素読学問《そよみがくもん》の暇《いとま》なき人又は辺鄙《へんぴ》の師《し》に乏《とも》しき地《ところ》にても忽《たちま》ちものしりとなる重宝《ていほう》の書也」とあるように、時間のない人、地方で師匠もいない人でも手軽に自学自習できるところが受けて、儒学者たちの批判をよそに、江戸時代最大のベストセラーになりました。

本屋の発達

ところで、こうした全国的な読書ブームを支えたのが本屋でした。それも読者の地方への拡大と呼応して、三都ばかりではなく地方都市にも本屋が開業し、しかもそれらが緊密に結びついて書籍の流通網を形成していきました。

これに関し、前に紹介した中条唯七郎は『見聞集録』の中で、「かつては善光寺の本屋で書物を買おうと思っても、その書名すらわからなかったが、最近はどのような書物を尋ねても、在庫がなければすぐに京都から取り寄せてもらえる」と述べています。地方の本屋の質の向上とともに、流通面での格段の進歩がうかがえる注目すべき発言です。

ただし、当時の本は値段が高く、庶民には手が届きませんでした。しかし**彼らを相手にする商売もあったのですが、それはいったい何だと思いますか。**

答えは貸本屋です。例えば名古屋の有名な貸本屋大野惣八（通称大惣）は、幕末期には貸本数が一万冊以上もあり、そのなかみは通俗書のみではなく専門書も揃っていて、見識をもって収集していたことがうかがい知れます。気になるレンタル料は、例えば草双紙（絵入りの通俗的読み物）十冊が十日で五〜八分（おお

表21　江戸時代の庶民が設立した主な文庫

文庫名	設立者	時期	内容・特徴
浅草文庫	二世板坂卜斎	江戸前期	家康などの医師をつとめた後、浅草で自らの文庫を庶民に公開。
雲橋寺文庫	加藤小五郎他	天明ごろ	飛驒高山の寺子屋の師匠で、文学・国学関係の図書千冊余を庶民に公開。利用者からは国学者や文学者も出た。
経宜堂	河本一阿	天明ごろ	岡山で民衆を対象に開いた。文化5年の蔵書数約3万2千。副本が多く備えられ「またがしならぬ」の判あり。後に土佐藩主がすべて買い取る。
青柳館文庫	青柳文蔵	天保ごろ	幼少時に貧困で勉学ができなかったため、富を築いた後に仙台藩に蔵書2万巻と基金千両を寄贈、庶民のための公開文庫とする。
射和文庫	竹川竹斎	幕末期	伊勢で実業家として財をなし、蔵書1万巻を開放。

よそ現在の八五〇円～一三六〇円）でした。これなら庶民でも何とか借りて読めたものと思われます。

庶民向けの図書館があった！

江戸時代、今日の図書館にあたる施設を文庫（ふみぐら、ぶんこ）と呼びました。朝廷（東山文庫）や公家（近衛家の陽明文庫など）、幕府（家康の富士見亭文庫や家光の紅葉山文庫）、諸藩などが開設しましたが、それらの多くは書籍の貯蔵が主な目的でした。

それが江戸後期、十八世紀末になると、学者はもちろんのこと、一般の武士や町人、さらには有力農民の中にも文庫を開く者が現れ、それらが庶民に公開されるような場合も少なくありませんでした（表21）。

例えば近世史研究者の湯川真人氏は、出羽国庄内地域の天領角田《カクタ》二口《フタクチ》村（山形県三川町）の名主佐藤家がもつ五案館蔵書について検討を加え、江戸後期、三代にわたって購入した書籍が一五七一冊あり、五〇年間にわたって年平均七回程度の貸し出しがあったこと、借りたのが佐藤家と親交のあった教育者、医者、歌人、商人や上層農民など五〇数名であったこと、などを指摘しています。

また桐生の郷土史家清水照治氏の研究によれば、上野国桐生新町（群馬県桐生市）の商人長沢家が寛政三年（一七九一）ごろに私設図書館「潺湲舎《せんかんしゃ》」（新築、二階づくり）を開いています。文政二年（一八一九）作成の書籍目録によると、蔵書数は一三〇六冊で、寛政四・五年ごろから十年近く貸し出しを行っていたようです。同十一年（一七九九）から享和元年（一八〇一）、足かけ三年間の貸し出し回数は三四回、本にして二三五冊にのぼります。借用者の数は二三人で、多くは桐生新町の人々ですが、遠くは前橋、熊谷、日光、さらには岩城（福島県いわき市）にも貸し出されています。借用者は親戚の他に商売仲間、町や村の役人、医者、文学仲間など、その地方の知識層・指導層といえる人たちでした。

さて、その潺湲舎が、比較的近くの有名な施設から本を借りています。そこは特に**中世末期から近世初めにかけて栄え、海外にまでその名が知られたのですが、どこかおかかわりでしょうか。**

答えは足利学校でした。十六世紀後半、ザビエルやルイス＝フロイスが「坂東の大学」と呼び、全国から三千人もの学生が集まって学んでいた足利学校も、江戸時代に入ると幕府の保護下に入り、学校という名の一寺院になってしまいました。しかしその一方で、こうして図書館的な機能を果たしていたことがわかるのです。当時の財政状況は厳しく、長沢家から補助を受けていたようですが、その代わりに潺湲舎にはない、易学関係の貴重書を融通していたのかもしれません。また、このように現在の公共図書館どうしのネットワークに似たようなしくみがあったことにも大変驚かされます。

一般百姓も利用した「農村図書館」

ところで米沢女子短期大学の小林文雄氏によれば、武蔵国播羅《はら》郡中奈良村（埼玉県熊谷市）の名主野中家の蔵書の中で、天保八年（一八三七）三月以降、さかんに貸借が行われている十数種類の本があります。これらは、**その直前に起きた幕政を揺るがすできごとに関する内容のものなのですが、そのできごととは何だと思いますか。**

それは、同年二月に起きた大塩平八郎の乱*です。ここでまず驚くのは、事件直後、既にこれだけ多くの関係書物が作成され、しかもそれらが遠く離れた武蔵国の村でさかんに読まれていた、ということです。さらにそれらを借りた六人を見てみると、このうち二人が小前《こまえ》と呼ばれる村役人以外の一般百姓でした。地域秩序の維持を願う村役人たちとは異なり、彼らは当時の政治や社会状況に不満をもち、やがて幕末の政治動向に一定の影響を及ぼした人々でしたから、大塩の乱に関する情報の受け取り方も村役人とは違っていた可能性が高いのです。すなわち、野中家の蔵書（情報）は、同じ内容のものが立場・考え方の異なる人々に利用されていたわけであり、まさに図書館とも呼ぶべき中立性・公共性をもっていたのです。

*大坂町奉行元与力で陽明学者の大塩平八郎が、天保の大飢饉に対する奉行所の無策を批判して起こした乱。門弟や近郷の農民らを動員して大坂市内の豪商を襲ったりしたが、一日で鎮圧された。

謎をうけて

今日の私たちが想像する以上に、江戸後期における庶民の識字率は高く、また読書に関しても熱心でした。その背景には、本屋の質・量の両面での発達や貸本屋の普及などがありました。さらには、庶民を対象とした図書館的な施設まで設けられるようになり、人々はかなりの速さで情報を入手することが可能となっていました。そして、それを各々異なる立場・見方で吸収したことが、幕末の政治動向にも一定の影響を及ぼした、と考えられているのです。

【参考文献】

・林文夫他『図説日本文化の歴史10江戸（下）』（小学館、一九八〇年）
・小林文雄「近世後期における「蔵書の家」の社会的機能について」（『歴史』七六、一九九一年）
・清水照治「長沢仁右衛門と私設図書館潺湲舎」（『桐生史談』四〇、二〇〇一年）
・鈴木俊幸『江戸の読書熱』（平凡社、二〇〇七年）
・湯川真人「近世後期庄内地域・名主佐藤家の書物ネットワークに関する一考察」（『書物・出版と社会変容』三、二〇〇七年）
・高橋敏『江戸の教育力』（筑摩書房、二〇〇七年）
・松本一夫「近世後期足利学校の図書館的機能について」（『歴史と文化』一九、二〇一〇年）

第4章

近現代

31／実は江戸時代に始まっていた近代医療

江戸後期における医療をめぐる謎

テレビの時代劇に、貧農の老父が倒れ、悪い金貸しから借金をして薬を買うが、取り立てにあって若い娘がさらっていかれる、という場面がよく出てきます。はたしてこうした状況は一般的だったのでしょうか。つまり農民たちは貧しくて医者にもかかれず、薬も満足に買えなかったのでしょうか。それにそもそも村に医者はいたのか、また江戸後期の医療技術はどの程度のものだったのか、以下見ていくことにしましょう。

◇

村に医者はいたのか

江戸や大坂といった大都市はともかく、地方の村に医者はいたのでしょうか。例えば宝暦年間（一七五一〜六四）の佐渡（幕府直轄領）の相川町（新潟県佐渡市）の人口は約一万人でしたが、このうち医者は三〇人いました。すなわち、医者一人に対する人口は三三〇人ほどだったということになり、この数字は平成十八年（二〇〇六）の全国平均が四八五人だったのと比べると、いかに驚くべきものであるかがわかります。

無医村というのは、むしろ大正・昭和期以降に起こった現象だ、という指摘もあるのです。

農民は医者にかかれたのか

文政三年（一八二〇）二月、佐渡奉行所の役人が上司に対して次のような意見書を提出しました。

医者は人の命を預かる者だから、不鍛錬の者は医者になるべきではない。ところが近ごろ、百姓・町人どもの中で医者になれば金もうけになり、生涯安楽に暮らすことができ、人聞きもよいといって医師になる者が多い。これは決して好ましいことではない。

（『佐渡国略記』、意訳）

これより、金持ちにもなれ、また社会的名声も高いというので、医者になろうとする者が多かったことがわかります。そしてこのことは、**実際に医者になって成功している者がいたことをも示していますが、さらに考えると、どんなことがいえるでしょうか。**

答えは、それだけ多くの人々が医者にかかり、診療代を支払っていた、ということになります。その中には、もちろん上級武士や裕福な町人もいたでしょうが、農民たちも含まれていた可能性はなかったのでしょうか。以下、さらに考えていきましょう。

幕末、同じ佐渡の宿根木《しゅくねぎ》村に、柴田収蔵という人が医院を開いていました。この村の家数は約一二〇軒、一軒あたり平均五人が住んでいたとすると、人口は六〇〇人ほどだったと推測されます。**嘉永元年（一八四八）一～六月までの半年間に、収蔵の医院で診療（往診も含む）や投薬を受けた人の数は、延べにしてズバリ何**

人だと思いますか。

答えは、来院して診察を受けたのが一一〇人、往診が八二人、薬を取りに来たのが一六〇人で、計三五二人となり、これは村民の半数以上にあたると推測されます。なかには収蔵だけでは安心できず、別の医者に診てもらおうとする患者さえいました（セカンド・オピニオン！）。ともかく、農民たちは意外にも気軽に医者にかかっていたのです。

さらに農民たちがどのような病気で医者に診てもらったかを調べてみると、弘化四年（一八四七）一月中にはできものが六人、腹痛・下痢が五人、風邪と怪我がそれぞれ四人、眼病が二人、その他（痔、脚気、卒倒、関節痛、耳鳴り、便秘、頭痛、性病など）が各一人、といった状況でした。基本的には、農民たちが今と同じような病気で医者にかかっている様子がうかがえます。

科学的になっていった医療技術

ところで長い間日本では、病気は悪病神のしわざ、体内に巣食う「ムシ」のせいだと考えられ、そのため病気になると、薬を飲む一方で祈禱や呪いごとをして対処していました。

しかし、それが十八世紀後半になると、大きな変化が起こります。明和元年（一七六四）、空論を排し実証を重んじた医師吉益東洞《よしますとうどう》は、次のように主張しました。

薬も□なり、□を以て□を攻め、□去れば病は癒《い》ゆるさて、**右の□には皆同じ漢字一字が入るのですが、おわかりでしょうか。**

そうです。答えは「毒」でした。すなわち東洞は、薬に関して基本的に今と同じ考え方を既にもっていたことになります。広島で生まれ、京都で医学を学んだ東洞は、それまで医学の中心だった自然哲学的な流派を批判し、実証主義的な医学の重要性を主張しました。やがて有名な山脇東洋*に見出され、その名声は全国的なものとなり、弟子の中には前野良沢**らがいます。

こうして、それ以前は病気予防（養生）という目的で、国内に自生する薬草（穏やかで長い間をかけて健康に導くもの）を用いていたのが、即効性のある強い薬がもてはやされるようになっていきました。

そして地方ですが、例えば佐渡では非常に早い時期から「病気には特定できる原因がある」ということに気づいた人々がいました。でも、**それがなぜ佐渡だったのでしょうか。**

金や銀の鉱山業で栄えた佐渡では、採掘する際に発生する油煙や石の粉塵《ふんじん》を坑夫が吸い込んで珪肺《けいはい》を発症し、数年で死んでいったのです。文政年間（一八一八〜三〇）には地元の医師が、この病気の原因について正確につかんでいました。「必要は発明の母」といいますが、こうした科学的な判断は、都市部で安穏に暮らしていた高名な医師ではなく、鉱山町に住んでそこで日々働く人の惨状を見つめていた地方の医師だからこそできたのです。

＊十八世紀中ごろに活躍した医師。宝暦四年（一七五四）、刑死人の解剖を見て、その記録を『蔵志』にまとめ、従来説に誤りが多いことを指摘した。

＊＊十八世紀末に活躍した医師。蘭学を志し、杉田玄白らと刑死人の解剖を見る。『解体新書』和訳に中心的役割を果たす。

農民と朝鮮人参

薬草の代表選手ともいえる朝鮮人参は、甘草《かんぞう》とともにあらゆる生薬と調和し、薬の効用を増進させる特徴をもっています。薬草に対する関心が高まる中、医師たちは朝鮮から輸入する人参を日本でも栽培できないか、と考えるようになりました。八代将軍徳川吉宗の時、幕府の指示で佐渡の他、日光や石見でも栽培が始められました。この時の佐渡奉行が幕府宛てに書いた報告書には、朝鮮人参の一本一本の出来不出来に一喜一憂している様子が強く感じられます。

こうして栽培は軌道に乗り、次第に値段も下がっていきました。例えば天明三年（一七八三）、江戸から佐渡へ送られてきた朝鮮人参一匁（約四グラム）の値段は、一番手ごろなもので銭九一文、これを一文＝二五円換算で計算すると、現在の二二七五円になります。同じころの農民の農作業の日当が一〇〇文、およそ二五〇〇円でしたから、朝鮮人参は農民にも手の届く商品となっていたことがわかります（娘をさらわれなくても買えた？）。官営の栽培が順調に進んだため、やがて人参の種子は農民たちに払い下げられ、あちこちの畑で栽培されるようになりました。これにより朝鮮人参は、ますます普及していったのです。

種痘にみる西洋医学の普及

天然痘（疱瘡《ほうそう》などともいう）は、世界中の人々を苦しめた流行病で、江戸時代の日本でもたびたびはやり、多くの人々（特に子ども）の命を奪いました。しかし一七九六年にイギリス人医師エドワード・ジェンナーにより牛痘種痘法が発明され、根絶への道が開かれました。そして種痘は、オランダを通じて日本へも導入されました。

例えば下野においては、嘉永三年（一八五〇）に壬生《みぶ》（栃木県壬生町）で初めて種痘が行われました。これは、日本で初めて長崎・佐賀において成功した、わずか一年後のことです。実は種痘法自体は、文政六年（一八二三）に有名なシーボルトが来日した際に牛痘苗を持参したのですが、この時はうまくいきませんでした。しかし、一度成功すると、たちまち日本各地に普及していったのです。

この壬生藩での種痘実施に尽力したのは、齋藤玄昌という人物でした。玄昌は若くして江戸に遊学して蘭学を修得し、その後壬生へ戻って藩医となりました。ここでオランダ医学が効果のあることを実感し、自身の子を六人も天然痘で失ったこともあって、玄昌は藩当局に種痘の必要性を訴えました。藩主鳥居氏の理解もあり、藩内でまだ疱瘡に罹《かか》っていない子ども全員に対する強制的な種痘接種が実現したのです。農民たちは、この種痘の効果を実感することで、以後、西洋医学を進んで受け入れるようになっていきました。

図60　証札　（井上潤三家文書、栃木県立文書館寄託）

同じ下野北部の喜連川藩内の

山口良左衛門という人の孫娘「よし」も、文久二年（一八六二）に次のような種痘接種が済んだことを証明する札（図60）をもらっています。

（表）「疱瘡全　相済　　診察所」（大田原藩種痘所印）
（裏）「文久二年壬戌正月二十七日　種痘喜連川藩山口良左衛門孫女《むすめ》よし年三歳」

これを見て、不思議に思う点はないでしょうか。

答えは、喜連川藩関係の人物が、大田原藩の種痘所で接種した、という点です。ここでは、藩という枠を超えて種痘が実施されていることが注目されますが、こうしたことは決して珍しくなかったようです。

謎をふまえて

江戸後期、農民たちは今と同じような病気で、けっこう頻繁に村の医者にかかっており、その医者たちの医療技術も、ある程度科学的なものになっていきました。一方、江戸中期以降にオランダ医学を学んで活躍した人物として、前野良沢・杉田玄白・大槻玄沢・稲村三伯・緒方洪庵などは全国的に知られていますが、各藩の藩医や在野の医師たちも、驚くべき早さでこうした人々からオランダ医学を学び取り、地元へ帰ってその普及に努力していたのです。それはもう、幕府や藩などという政治的な枠組みを超えた動きでした。医学の面からみても、日本の近代化は江戸後期から始まっていたのです。

【参考文献】
・壬生町立歴史民俗資料館第六回特別展図録『種痘医斎藤玄昌』（一九九六年）
・田中圭一『村からみた日本史』（筑摩書房、二〇〇二年）
・同　『病いの世相史　江戸の医療事情』（筑摩書房、二〇〇三年）

32 地租改正をめぐる熾烈な駆け引きの真相

地租改正をめぐる謎

明治政府が行った土地制度及び税制の根本的改革であった地租改正。しかし、そもそもその税率が地価の三％と定められたのは、なぜなのでしょうか。農民たちは負担の軽減を求めて各地で反対一揆を起こし、その結果税率は二・五％に下げられましたが、それにしてもこのような大改革ですから、その実現に際しては、もっと政府と農民たちの間で、激しいやりとりがあったと推測されます。それはいかなるものだったのでしょうか。また、そうした難事業を実現させる上で最も苦労したのは、どのような立場の人たちだったのか、あわせて見ていくことにしましょう。

◇

改正の契機

政府が近代化政策を進める上で、財源の確保は大きな課題でした。明治四年（一八七一）七月に廃藩置県を断行、全国の政治的統一を実現させた政府は、土地改革の準備に着手しました。すなわち、実際には江戸後期より始まっていた土地の永代売買を公認し、翌五年には農民たちの土地所有権を認める地券（壬申《じんしん》地券、

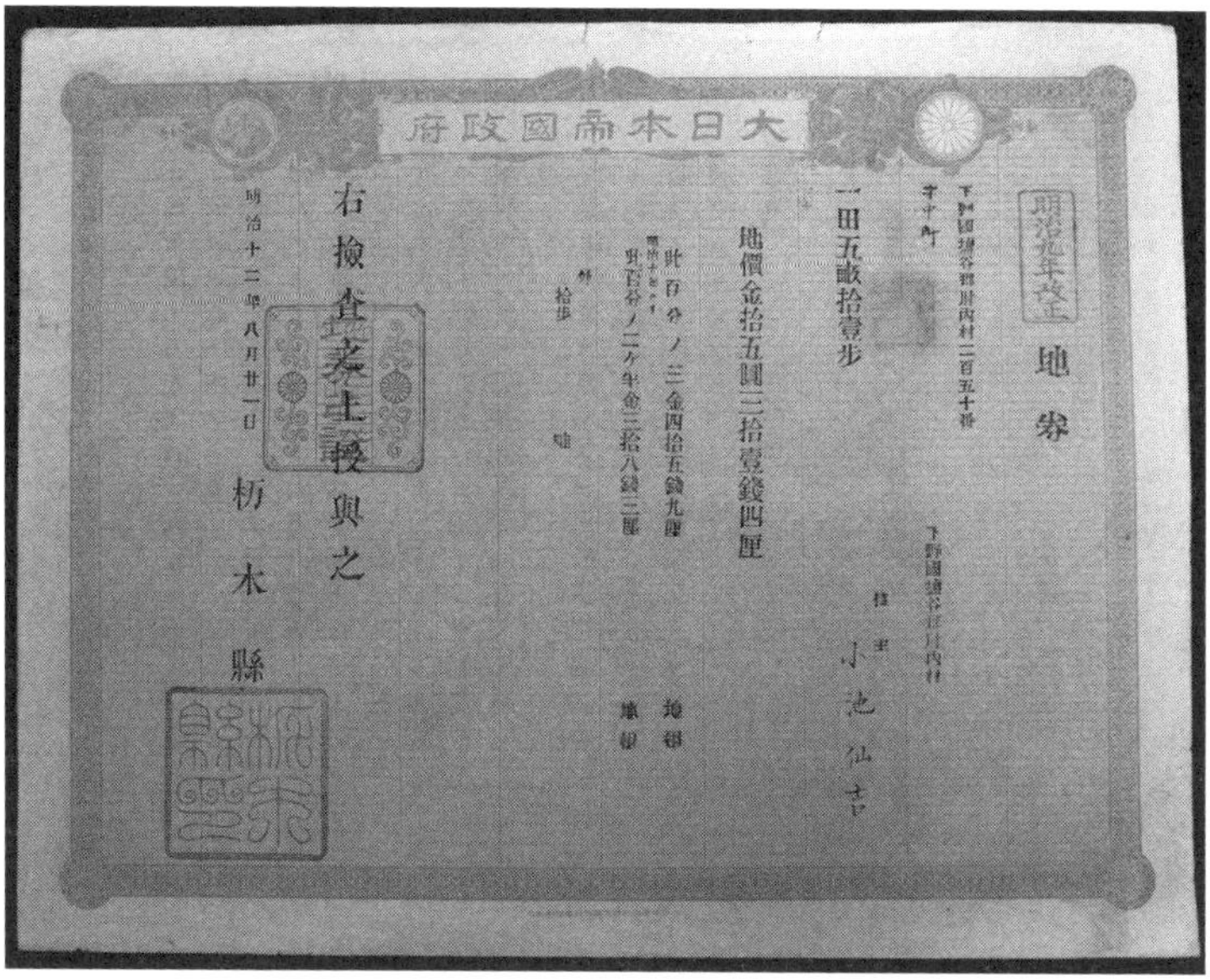

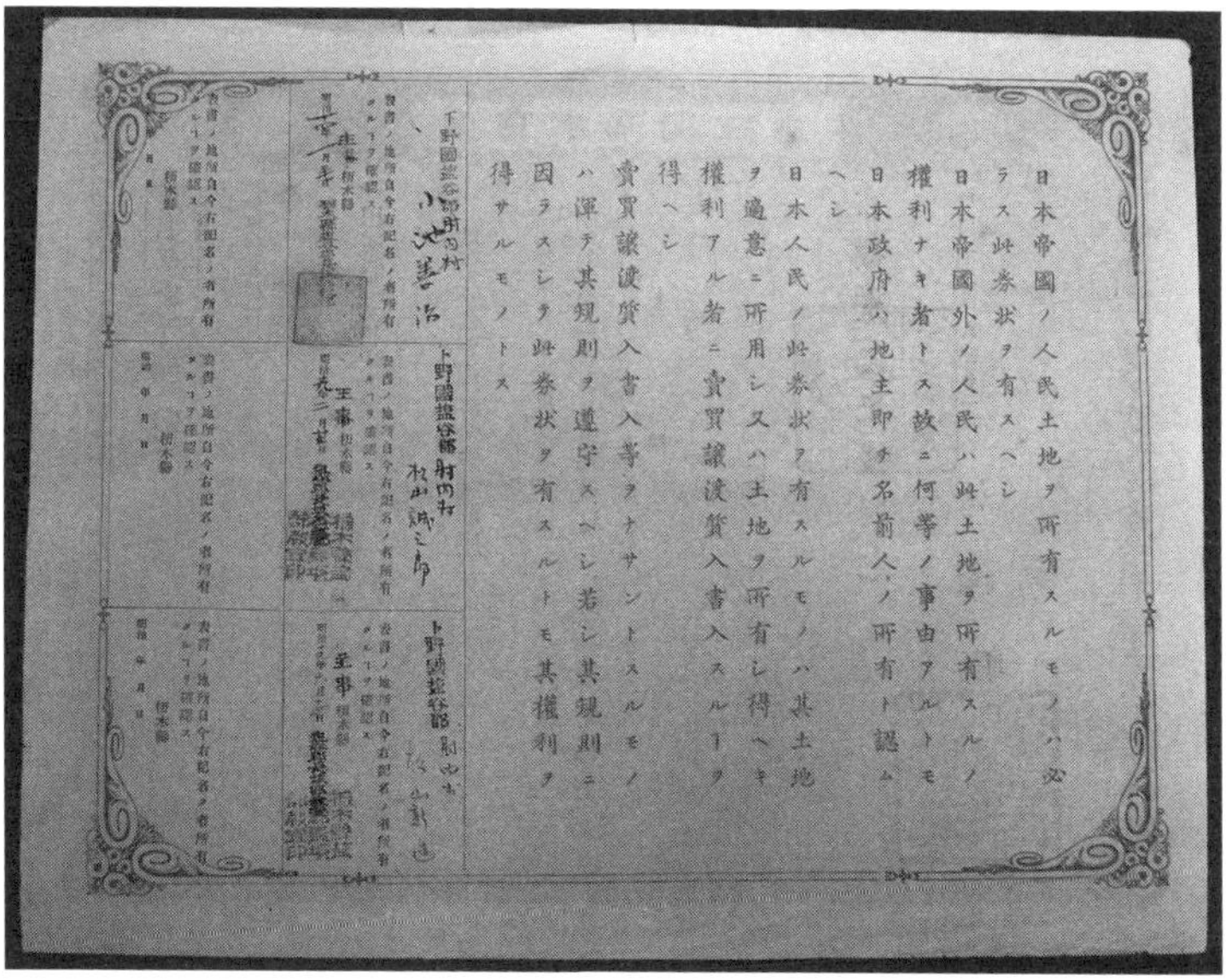

図61　地券　表と裏　（杉山文雄家文書、栃木県立文書館寄託）

裏面の左側に記された3名は、最初の地主（表面の小池仙吉）から譲渡されていった人物。これにより、土地が実際に売買されていたことが明確にわかる。

図61はその後発行された改正地券）を発行、ここに記した地価を基準に課税しようとしたのです。

ところが租税については、旧幕府時代における負担額のままであったため、**収穫量の多い耕地の方が、少ない耕地より税額が少ないケースも見られました。なぜかわかりますか。**

答えは、江戸中期以降、大規模な検地が行われておらず、旧来の税額が現実の土地生産力と対応しなくなっていたからです。壬申地券に記された地価は、こうした事情が反映された甚だ公平性を欠いたものでしたから、これを基準に地租を定めるのは問題である、との意見が大勢を占めるようになりました。

地租改正の実施

そこで大蔵省は明治六年四月、地方官を集めて会議を行い、約一ヵ月の討議の結果、地租改正法を制定したのです。その手順としては、まず「地押丈量《じおしじょうりょう》」と呼ばれる土地調査と収穫量調査を行い、それらをもとに決められた数式*（図62）により地価を算出していきました。ここで例えば種肥代が収益Pの一五％となっていますが、優良地や劣等地も同じというのはおかしいですし、実際には人件費を除いても二〇〜三〇％はかかっていました。また利子率も、従来のそれよりかなり低く抑えられているのです。**では、なぜ政府はこうした数字を強引に定めたのでしょうか。**

$$\mathrm{X}(\text{地価}) = \frac{\mathrm{P}(\text{収穫米} \times \text{米価}) - 0.15\mathrm{P}(\text{種肥代}) - \left\{\frac{3\mathrm{X}}{100}(\text{地租}) + \frac{\mathrm{X}}{100}(\text{村入費})\right\}}{0.06(\text{利子率})}$$

（自作地の場合）

図62　地租改正における地価の計算式（『地方官心得書』より）

それは、政府が必要とする税収額があらかじめ予定されており、そのために少しでも地価が高くなるようにしたかったからです。政府はこれにより起こるであろう農民たちの不満を少しでも和らげるため、土地調査をすべて彼らに任せ、その結果を役人がチェックする、という方法をとりました。

*一年の収益をその財産（この場合は耕地）が生み出す利子とみなし、必要経費を差し引いた収益を利子率で割ることで地価を算出した。

政府の方針転換

ところが、征韓論争や台湾出兵などの影響で、改租事業は思うように進まず、しかも従来の税収より五九〇万円、率にして一六％も減少する見通しとなってしまったのです。

そこで政府は明治八年（一八七五）、それまで大蔵・内務両省に分割されていた事業を統一し、地租改正事務局を設置（総裁大久保利通のもとで、大隈重信・松方正義・前島密らが実務を統括）、ここから全国に係官を派遣して指導・監督にあたる強力な体制を整えました。そして同年、地租改正条例細目を制定し、ここでは地位等級制が採用されました。これは、各村において収穫量の異なる田畑に等級をつけ、それらをまとめて一覧表化し、府県ごとに反あたりの平均収穫量を決める、というものでした。

具体的な手順を、栃木県（六管区）を例に紹介しましょう。

①模範村と呼ばれる基準の村を設定し、土地の肥沃さや収穫量、交通の便などを勘案してその村の一等地を定め、これをもとに他の耕地の等級を決めていく。

②模範村の一等地と他の各村の一等地を比較し、後者が前者の何等地に相当するかを決め、管区ごとに統一した等級にする。
③六管区がそれらを持ち寄り、このうちの壬生管区の等級をそのまま県全体の等級とする。これを基準に例えば佐野管区の一等地は県全体の二等地に相当する、などと決めていくことにより、県全体の等級表を作成する。
④これにもとづいて各管区内の村々の等級を県の等級に直していく。
⑤等級ごとの反あたりの収穫量を決定する。

もちろんこの過程で、「自分たちの村についてもっと等級を下げてほしい」という要求がかなり出されました。前に示した地価を算出するための数式において、他の項目が動かない以上、収穫量を抑えるためには、等級を下げてもらうしかなかったからです。農民たちは役人側と討議を重ねた末、一応納得した形で等級を確定していきました。

ところが県、さらには政府の方は、こうして等級が決められていくことに危機感を抱いていました。ともかくも農民側が納得した等級をそのまま認めれば、政府としてどうしても確保したい税収には到底達しないことが明らかだったためです。

既に政府は、明治八年十月には「(政府が)地価が不当に安いとみなした場合には、五公五民の検見法を適用する」と定めました。**これは農民側にきわめて不利な方法なのですが、その理由は何だと思いますか。**

それは、土地調査によって従来より耕地が大幅に増えていたので、これをもとに五公五民の検見法を行えば、大幅な増税になってしまうからです。

表22　関東府県収穫反当表

府県名	地目	政府案（石）	府県見込額（石）	決定額（石）
東　京	田	1.354	不 詳	1.3
	畑	1.1392	不 詳	1.085
神奈川	田	1.3153	不 詳	1.262
	畑	1.0168	不 詳	0.968
埼　玉	田	1.317	1.168	1.264
	畑	1.344	1.186	1.089
群　馬	田	1.3005	1.102	1.248
	畑	1.005	0.908	0.958
栃　木	田	1.1126	0.971	1.068
	畑	0.9534	0.86	0.908
茨　城	田	1.042	1.1	1
	畑	0.9278	0.9	0.884
千　葉	田	1.018	0.932	0.917
	畑	0.925	0.84	0.881

（直井康幸氏作成、一部改変）

こうして政府は、半ば脅迫する形で農民たちの抵抗を抑えようとし、自らが予定した地租額に見合う数字、最終的には各府県ごとの反あたり平均収穫量を「上から」押し付けてきました（「押し付け反米」）。

府県の対応

さて、この政府と農民たちの間に立つ府県の役人たちも、基本的には中央から赴任した人々でしたから、大多数は政府の意向に忠実に従いました。例えば石川県令などは、「政府の査定は、たとえ富士山が崩れたり、かなづちで打っても少しも変わらない。……これを受け入れない者は朝敵だから、裸にして外国へ追放してしまえ（意訳）」などといって農民たちを威嚇したのです。

一方、農民の窮状に理解を示し、そのため政府に非協力的であった県の高官もいましたが、彼らの中には岡山県や徳島県などのように、更迭されてしまった人々もいたようです。

明治十年（一八七七）九月、地租改正事務局は関東一府六県の長官らを呼び出し、それぞれから反あたりの平均収穫量の案を提出させた後、あらためて政府案を示しました（表22）。ほぼすべての県で、政府案の収穫量の方が上回っていましたが、多くの県はこれを容認する様子でした。しかし栃木県令と埼玉県令は強く抵抗し、このうち栃木県令は辞職も覚悟して当初のものより若干上方修正した案を再提出したりして交渉しましたが、結局は政府の当初案よりわずかに減らした決定額が示され、「これを受け入れなければ、兵隊を差し向けても従わせる」と申し渡されてしまったのです。

改正の最前線で苦悩した人々

このように県の苦悩も相当なものでしたが、**実はもっと厳しい状況に追い込まれた人たちがいました。どのような立場の人たちだと思いますか。**

それは前に少しふれたように、実際に村に入って土地調査と収穫量調査を行った、農村のリーダーたちでした。彼らの多くは、江戸時代には村役人をつとめていて、農民たちからの信望も厚く、だからこそ政府・県側も地租改正事業の最前線で働いてもらったのでした。

彼らは、文字どおり官と民の板ばさみになりながら苦労を重ねてこの事業を推進し、その結果ようやく一定の成果を出したわけですが、それが突然政府と、それを受けた県の意向によって大きく突き崩されてしまったのです。彼らは、政府決定額の不足分を補うため、村に戻って再度調整しなければなりませんでした。当然ながら農民たちの抵抗は激しく、その絶望感の大きさは察するに余りありますが、**一方で彼らが認識していたことがあります。それを次の文章から読み取ってみましょう。**

何とかしようとして色々苦心したがうまくいかず、進退ここに極まっている。地租改正が大事業であることはいうまでもなく、今まさに取り組むべき改革の中でも最も大事なことである。（栃木県芳賀郡茅堤《かやつつみ》村の地主で地主惣代などとして地租改正事業にあたった坂入源左衛門の上申書の一部、意訳）

（「坂入浩一文書」）

そうです。坂入源左衛門は、局面を打開できずに苦悶する一方で、この地租改正が近代国家に脱皮せんとするわが国にとって、避けて通れない重要事業であることを認識していたのです。失礼な言い方になるかもしれませんが、一介の村役人にすぎない坂入のような人たちが、このような高い政治的意識を以て困難な事業にあたってくれたことは、まことに尊いといわねばなりません。教科書では「地租改正が行われた」、と簡単な記述で片付けられていますが、その裏にはこうした無数の人々の努力と苦悩があったことに思いを致すべきでしょう。

農民の負担は増えたのか

ところで、こうして多くの紆余曲折を経て実行された地租改正の結果、農民たちの実際の負担は、江戸末期に比べてどう変化したのでしょうか。これまで見てきたように、土地調査によって把握された耕地・宅地の面積は大幅に増えましたし（四八・七％）、政府が地価算出の数式を高額になるよう強引に設定したり、各府県ごとの平均収穫量を上から決めたりしたため、かなりの負担増になったのではないかと思うかもしれません。しかし**実際には、全体としてあまり変わりませんでした。それはなぜだと思いますか。**

実は、政府と農民たちの対立点の一つであった平均収穫量が、実際よりかなり低い数字で決まっていたのです。これにより地価算出の数式の不利な点をある程度相殺《そうさい》することができました。

それから地租額は、はじめ地価の百分の三とされましたが、農民たちの激しい抵抗や相次ぐ士族の反乱などのため、明治十年からは百分の二・五に引き下げられました。これにより地租改正前三ヵ年平均地租額一一三七万石から一九六万石（一七・三％）減ったのです。さらに多額の税負担を強いられていた幕末期に比べると、かなり減少したのですが、その一方で地方税や民費（町村民が町村維持のため負担した経費）は相当増えたので、全体としては余り変わらず、ということになったようです。

謎をうけて

明治政府は、あらかじめ必要とする税収額が決まっていたので、それにあわせる形で地価とその税率を決めたのでした。それゆえ全国各地の農村では、たとえ一揆を起こさないまでも、田地の等級査定をめぐって厳しいやりとりがあったのです。その最前線で調整にあたったのは、そうした農村のリーダーたちでした。彼らは地租改正が国家の大事業であることを認識しつつも、身近な農民たちの苦労もよく理解していたので、その間に挟まれ大変な苦労をしながら仕事を進めたのでした。

【参考文献】
・『真岡市史　第8巻　近現代通史編』（一九八八年）
・中村哲『日本の歴史16　明治維新』（集英社、一九九二年）
・石井寛治『大系日本の歴史12　開国と維新』（小学館、一九九三年）
・直井康幸「地域からみた地租改正」（栃木県立文書館『学校教材史料集』第5号、二〇〇九年所収）

33 農業の近代化を成し遂げた知られざる偉人とは？

産業の近代化をめぐる謎

明治維新後、日本は欧米の進んだ技術を導入し、近代化を進めていった、とされています。何となくそのまま納得してしまいそうになりますが、実際のところはそれほど簡単に実現したのでしょうか。そして、その一方で、従来の日本の諸産業はほとんど否定されてしまったのか、それとも何らかの形で欧米のそれと結びつき、ある程度はいかされていったのでしょうか。ここでは近代農業の基礎づくり、という点に絞って考えていくことにしましょう。

◇

軌道修正された大久保利通の殖産興業政策

大久保利通（当時、政府の実権を掌握）は、明治七年（一八七四）に提出した意見書では、「およそ国家が強いか弱いかは、人民の貧富に由来し、その人民の貧富は物が豊かか否かにかかっていて、さらにそれは人民が工業に励んでいるかどうかによる」というような主張を述べていました。ところが翌年には内務省の方針の一つを「民産を奨励し、民業を振興させる」としています。**微妙ではありますが、ここに変化が見ら**

れないでしょうか。

それは、振興すべきものが「工業」から「民業」*に変わっている点です。わずか一年の違いですが、大久保はこの間に、欧米直輸入の産業がうまく定着せず、外国製品が国内市場を席巻している状況を憂慮し、この時点ではまず諸産業の基礎となる農業の振興を優先させるべきであり、その他の産業を含め、まったく新しいものを始めるのではなく、それまで国内である程度発展していたものの基盤を強化する形で進めるべきである、との考え方に軌道修正したものと思われます。そしてその農業の近代化にあたっても、「西洋にもよいことはあろうが、日本固有の方法にもよいことがあるにちがいない」などと述べているように、欧米の先進技術と日本の明治以前の技術とをうまく融合させていくべきである、という意見をもっていました。

*この「民業」あるいは「勧業」という用語は、政府が主体となって諸産業を興すのではなく、民間主体に行わせ、政府はこれを保護・奨励する役割を担うべき、との考え方から用いられたようである。明治十年に行われた地租軽減も、反対一揆におされて、という理由の他に、民力を養うねらいがあった、という指摘もある。

駒場農学校の創立

明治十一年（一八七八）一月、農業の総合教育・研究機関として駒場農学校（現在の東京大学農学部など、図63）が創立されました。敷地内には、二十三町歩強（東京ドームの約半分）の泰西《たいせい》（西洋）農場、五町歩強の本邦農場、農舎、放牧地、畜舎、家畜病院、植物園、果木園、講堂、会堂、宿舎、汽缶室、気候測定場などが配置されています。大久保はこの学校に、自らが維新の功労により賜った賞典禄から二年分に相当する五四〇〇円を寄附しています。**これは現在の価値にして、どれくらいの金額になると思いますか。**

図63　駒場農学校

答えは約一億一千万円です（米価換算）*。いかに大久保がこの学校に期待していたかが、よくわかります。

さて、大久保は前述のような考え方にもとづき、農学校にはいわゆる「お雇い外人教師」だけではなく、日本側の指導者が必要と考えていたようです。既に明治八年には全国の府県に対し、樹芸、本草（薬用となる動植鉱物）、養蚕の三科に関し「実地練達の者」を答申させていましたが、これに対し時の群馬県令楫取素彦《かとりもとひこ》が推薦してきたのが、同県勢多郡富士見村大字原之郷（前橋市）の農民、船津伝次平《ふなつでんじべい》でした。なお、これとは別に、松方正義も前橋の速水堅曹《はやみけんこう》（器械製糸の先駆者）から農業の精通者として、船津を紹介されています。これらをうけ大久保は、駒場農学校の日本側の指導者を船津とすることを決断しました。

＊米六〇キロはこのころ一・三四円、現在は二万七〇〇〇

円とすると、当時の一円は現在の二万円に相当することとなる。

老農船津伝次平

図64　船津伝次平

では、この船津とはどのような人物だったのでしょうか。船津伝次平（図64）は天保三年（一八三二）、原之郷に田畑あわせて一町歩ほどを所有する小農の家に生まれました。勉学に熱心で、十代後半には足利の大川茂八郎から最上《さいじょう》流の算術を、また上州那波郡板井村（群馬県玉村町）の斎藤宣義《ぎぎ》について円理（円周や円の面積、球の表面積、体積などを求める算法）をそれぞれ学んでいます。安政四年（一八五七）に父が死去したため家督を継ぎ、翌年には選ばれて名主となりました。維新後は地域の経済・教育関係の役職につき、地租改正御用掛《がかり》などもつとめましたが、この間さまざまな農蚕業技術の工夫を重ねていきました。例えば田畑底破法という手法により苗が倒れるのを防いだり、野菜の苗床に小石を並べて苗の育成を促進したりすることであり、船津はこうした技術を「チョボクレ節」と呼ばれる節をつけて、周辺の農民たちにわかりやすく教えたのです。このような業績によって船津の名声は高まり、それが楫取や速水の大久保らへの推薦につながったのでした。

なお、この船津伝次平のように、江戸時代末期以来、農業を愛してこれに懸命に取り組み、さまざまな工夫を重ねることによって、豊かな経験と知識を身につけた明治初期における地域農村の指導者を、老農といいます。他に、稲の品種改良や農機具の考案などで功績のあった奈良の中村直三《なおぞう》、香川の奈良専二《せんじ》などが有名であり、船津とともに明治三老農と呼ばれています。

イギリス人教師による指導の失敗

さて、開校直後の駒場農学校では、船津以外はイギリス人の教師たちが学生たちの指導にあたりました。

彼らの月給は、現在の価値にしてどのくらいだったと思いますか。

答えは、もちろん個人差はありましたが、最も高い人で何と八三四万円（米価換算、当時の金額で約四一七円）でした。これは各省大臣の月給五百円（現在の一千万円）に近い破格のものであり（ついでにいうと当時の政府高官の給料がとんでもなく高額であることにも驚かされる）、いかに政府が彼らの手腕に期待していたか（それとともにいかに当時のイギリスと日本の間に圧倒的な国力差があったか）がわかります。

それほどのイギリス人教師たちですから、当時最先端の農業技術を用いた彼らの試験農場では、さぞかし作物が豊かに実っただろうとお思いかもしれませんが、実際はそのようにはならず、**逆に船津が担当した部分の方が成功しました。**

なぜこのような結果になったのでしょうか。主な理由は二つありますが、このうち一つは、**もともとイギリス人たちがどのような場所で農業を行っていたか、に関わる問題です。どういうことか、わかりますか。**

それは、彼らがイングランド東部、ノーフォーク地方という、どこまでも低平な土地が広がるところで行われている大農法の指導者だった、ということです。そこでは大型の農機具が用いられるわけですが、ご承知のようにわが国では北海道以外にはそのような場所はほとんどなく、*狭い谷地や、平野にしても田畑が細かく区切られた状態であり、とてもそのような大型農機具が使えるような条件下にはありませんでした。また土壌も砂質の酸性だったり、何よりも栽培作物が日本とはまったく異なる小麦やカブ、大麦、クローバーなどであり、こうした点でもイギリスの技術をそのまま日本へ持ち込むことには無理があったのです。

イギリス人教師たちは、そうした日本の農業を性質の違いとはとらえず、単に遅れたものと見なしていました。したがって日本で重視されていた堆肥づくりには見向きもしませんでした。これが彼らの農場の作物が実らなかった二つ目の理由です。

さらにいえば、当時の日本農業の中心である稲作と養蚕に関して、彼らはまったく実態をつかんでおらず、そもそも稲作の知識も日本へ来る途中、条件の大きく異なる熱帯地方での状況を視察した程度しかありませんでした。

*北海道では、主にクラークに代表されるアメリカ人教師たちが、大農法を指導した。

船津とドイツ人教師

一方の船津は、「土づくりがまず大事」と、農場づくりのための開墾段階から人夫たちとともに汗を流し、また講義も実際に農場で作業をしながら行うこともあったので、生徒たちにもわかりやすいと好評でした。そして農場近くにつくった仮屋に寝泊まりして作業にあたり、視察に来た大久保が「そんなことで事務上の調べをする時間があるのか」と心配して尋ねるほどの熱心な取り組みぶりだったそうです。

やがてイギリス人教師たちは、順次契約期限が切れて帰国し、代わってドイツ人教師たちが招かれます。彼らもまた大農法を行う技術者でしたが、イギリス人教師たちとは異なり、日本の土壌に強い関心を抱きました。特に農芸化学を専門とするケルネルは、稲作の研究に力を入れ、肥料の三大要素が窒素・リン酸・カリウムであること、このうちリン酸肥料をもっと用いるべきであることなどを指導しました。イギリス人教師には不信感を抱いていた船津も、このケルネルとは心が通じあい、その指導を受け入れたのです。彼自身、経験的にはこうしたことを知ってはいましたが、それを科学的に説明してくれた点に得心がいったためと思われます。**このような姿勢は、単に老農だったからではなく、船津だからこそもちえたものでした。それはなぜか、わかりますか。**

答えは、既に紹介したように、船津が若いころに和算を嗜《たしな》み、もともと物事の原因と結果を論理的に考えるのが好きだったためと考えられます。

こうして船津は、ヨーロッパ式の農法と、長い年月をかけて築き上げてきた日本の農法を、両者の長所をうまく結びつける形で融合させた、新しい農法（当時は「混同農法」と呼んだ）をつくりあげていきました。これこそ、その後まもなく暗殺されてしまった大久保利通が強く望んでいたものだったのです。そして船津が駒場農学校時代に指導した学生たちからは、後に日本の農学・農政を担う指導者が多く輩出することになるのです。

謎をうけて―農業の近代化を可能にした人材

以上見てきたように、日本農業の近代化は、欧米の先進技術をそのまま導入することでは実現できず、当時の日本農業の実情や、それまで積み上げられてきた独自の技術をふまえて、はじめて成し遂げられたのです。そしてその橋渡し役を担ったのが、船津伝次平をはじめとした老農と呼ばれる人々でした。私は、もっとこうした人物にスポットがあてられるべきだと強く思っています。

なおその後、船津は農商務大臣になった井上馨《かおる》が農学校に対し、再び英米流の大農法を教えるように介入してきたため、同校を去ることにしました。松方正義や品川弥二郎らはこれを惜しみ、明治十八年（一八八五）、船津を全国巡回の農業教師に任じ、その卓越した経験と技術を普及させました。さらに船津は、農商務省農務局樹芸課を経て北豊島郡の西ヶ原農事試験場（東京都北区）に勤務しました（ここで農民出身者としては異例の技師に昇進した）が、同三十一年（一八九八）三月、病気のために辞職して故郷の原之郷に帰り、まもなく六月に六十六歳で亡くなっています。

【参考文献】

・中村信夫『刻まれた歴史』（家の光協会、一九八六年）
・佐々木克監修『大久保利通』（講談社、二〇〇四年）
・大屋研一『農業王　精農・船津伝次平の光芒』（三五館、二〇〇四年）
・笠原英彦『幕末維新の個性3　大久保利通』（吉川弘文館、二〇〇五年）
・内田和義『日本における近代農学の成立と伝統農法　老農船津伝次平の研究』（農山漁村文化協会、二〇一二年）

34／東海道本線ルートの謎に迫る

東海道本線の敷設をめぐる謎

東海道本線が、東京から出発して名古屋を過ぎると、本来の東海道ルートである桑名・四日市方面には進まずに北上して岐阜に至り、そこからは中山道ルートを通って京都に着くことを不思議に思ったことはありませんか。これには、明治前・中期における日本の東西を結ぶ幹線鉄道敷設をめぐっての政府や軍部などの思惑が深く関わっているのです。そのあたりのいきさつを調べ、あわせて近代産業の勃興と鉄道との関係についても見ていきましょう。

◇

高崎線開通の思わぬ効用

まず、現在の高崎線に相当する鉄道（第一区線）について見ていきましょう。日本初の私鉄である日本鉄道株式会社は、東京～青森間の鉄道敷設を計画し、その手始めとして明治十六年（一八八三）七月に上野～熊谷間、翌年五月には熊谷～高崎間、さらに同年八月には前橋（現在の駅の場所とは異なる）まで開業させました。そして明治十八年三月には、その途中駅として設けられた赤羽駅から品川駅までの路線（品川線）

が開業しました。これにより、当時わが国の最も重要な輸出品だった**上毛地方の生糸や繭《まゆ》の輸送は、大いに便利になりました。どういうことか、わかりますか。**

それは、品川駅が既に明治五年（一八七二）九月に開業していた新橋・横浜間の官設鉄道の途中駅だったため、ここを経由して特に高崎に集中する生糸や繭を大量かつ安価に、しかも短時間で港のある横浜まで運べるようになった、ということです。

さらにやや細かく鉄道輸送によるメリットを考えてみましょう。従来、高崎に集まった生糸や繭は、車で倉賀野（高崎市）まで運ばれ、そこから舟に積んで烏川、利根川を経て江戸川の河口から横浜へ送っていました。それが鉄道でつながったことにより、積み替えの手間が減ったことと、もう一つ**それに関してメリットが生まれました。いったい、どのようなものだと思いますか。**

答えは、積み替えによる損失が少なくなった、ということです。もともと生糸や繭はとても傷《いた》みやすいもので、積み替えるごとに一〇％を超える損失が出る、とされていました。それが少なくなるわけですから、収益を確保する上で大きなメリットになった、というわけです。

それから輸送時間に関して、他の養蚕・製糸業がさかんな地域に比べて東京・横浜に近かったとはいえ、高崎から横浜までは従来二、三日かかっていたのが、一日以内に運べるようになりました。

こうしたわけで、第一区線の鉄道は、開業した明治十八年（一八八五）からすぐに上毛地方の生糸・繭の輸送手段としてさかんに用いられるようになり、大きな収益を上げたのです。このことは、当初旅客輸送が中心となるだろうと見込んでいた政府及び日本鉄道会社の関係者たちに、貨物輸送の重要性を認識させたのでした。

別ルートの要望もあった東北本線（宇都宮線）

現在の東北本線（宇都宮線）は、上野〜大宮〜古河〜小山〜宇都宮というルートですが（第二区線）、当初はこれとは別のルートとする案もあったことをご存知でしょうか。すなわち、当時織物業がさかんだった足利の買継商木村半兵衛（三代・四代）らは、製品を迅速かつ大量に国内各地や海外へ運ぼうと、第一区線の熊谷で分岐し、足利〜佐野〜栃木〜鹿沼を通って宇都宮に至るルートとするよう、政府及び日本鉄道会社に要望しました。しかし、後に日本の鉄道の父と呼ばれ、当時鉄道局の局長だった井上勝は、建築費、工期などの面ではるかに有利として大宮分岐の現ルートを主張、結局これが採択されることとなりました*。

しかし木村たちは、なおも足利への鉄道敷設をあきらめず、この第二区線の小山駅から分岐し、前橋駅を終着とする支線の形での実現を要望、明治二十二年（一八八九）十一月にこれが実現しました**（両毛鉄道、現在のＪＲ両毛線）。

*明治十九年（一八八六）六月、上野〜宇都宮間が開業した。
**既に同年一月には、小山と水戸を結ぶ水戸鉄道（現在のＪＲ水戸線）も開業していた。

小刻みだった鉄道敷設―幹線鉄道をめざして

さて、話はさかのぼりますが、政府は明治二年（一八六九）十二月に東京と京都を結ぶ幹線鉄道と、東京〜横浜間、琵琶湖近辺〜敦賀間、京都〜大阪〜神戸間の支線を敷設することを決定しました。そして同五年九月に、東京（新橋）〜横浜間、同七年五月に大阪〜神戸間、同十年二月には京都〜大阪間がそれぞれ開業しましたが、それ以外のところは停滞していました。**これには当時の国内外の情勢が関係していたのですが、具体的にはどのようなことをさすでしょうか。**

答えは台湾出兵（明治七・一八七四年）や相次ぐ士族の反乱（明治七年・九年）、西南戦争（同十年）などへの対応にともなう財政難です。なおこの他、時の政府首脳が鉄道より沿岸海運を重視していたことなども影響したと考えられています。

しかし明治十一年（一八七八）三月、内務卿大久保利通が海運網と連絡する形での鉄道敷設を重視する政策に転換し、一二五〇万円の起業公債の募集を決めたことにより、鉄道事業は前進しました。すなわち、まず同十三年七月に京都～大津間、同十七年四月には日本海岸の要地である敦賀～長浜間がそれぞれ開業し、これによりこの時点で既に就航していた大津～長浜間の琵琶湖を渡る汽船を用いれば、神戸から敦賀までが通じることになりました。

中山道線の内定―政府・軍部の思惑

残っていた一番の大事業である東京と京都を結ぶ幹線鉄道については、明治四年（一八七一）ごろまでは東海道ルートを用いる考えもあったようです。しかし、その後は東海道よりも中山道ルートにすべきとの意見が強まっていきました。

では、この件に関して軍部はどのように考えていたのでしょうか。参謀本部長だった山県有朋《ありとも》は、明治十六年（一八八三）六月に提出した幹線鉄道敷設に関する建議書の中で、「幹線鉄道は国の中央に一つ敷設し、そこから左右に枝線を引いて東西の海港につなげればよい」と述べています。一般に軍部は、海上からの攻撃を受けやすい東海道ルートに反対した、といわれていますが、この山県の建議書の中には特にそのような指摘は見当たりません。* そもそも井上鉄道局長も、イギリスから招いたボイル建築師長の調査報告などをもとに、東海道には峻険な箱根の山や富士川、大井川、天竜川などがあって鉄道の敷設は困難であること、もともと輸送の大動脈であり、沿岸海運も発達している東海道よりも内陸部を縦貫している中山道ルートに敷設すれば、その沿線地域への物資運搬が便利になり、地域開発の効果が期待できること、などを主張していたのでした。

こうした意見をうけ、政府は同年八月、中山道幹線の建設を内定し、大垣～高崎間の鉄道敷設を決めます。既に五月に長浜～関ヶ原間が開業していましたし、翌年五月には上野～高崎間と関ヶ原～大垣間も通じました。ここに至って、中山道線を完成させるために残ったのは、この大垣と高崎を結ぶ工事のみとなったのです。

＊陸軍の教官・顧問として来日したドイツの軍人メッケルが作成した明治二十年（一八八七）の文書が初見。

東海道線への変更

ところが明治十八年（一八八五）十月に高崎～横川間が完成した後は、工事が難航しました。横川～軽井沢間には碓氷《うすい》峠をはじめとした難所が多く、山間地帯での工事となるため、建築資材の運搬さえ容易ではなかったのです。

そしてこのころから、技術者の中にも中山道線敷設への疑問の声があがっていました。あらためて調査させたところ、思った以上に工事が困難であることが判明したため、井上は東海道線への変更を考えるようになります。そこでもう一度二つのルートを比較・検討するため、部下たちに調査を命じたところ、表23に示

表 23　中山道線・東海道線の比較（明治 19・1886 年時点）

	中山道線	東海道線
残りの区間/総距離（東京～名古屋間）	288km/414km	350km/383km
予想される建設費	1,500万円	1,000万円
橋の長さ	1,280m	6,614m
所要時間	19時間	13時間

（老川慶喜『日本鉄道史　幕末・明治篇』をもとに作成）

したような結果が得られました。ご覧のように、残りの鉄道敷設距離も橋の長さも東海道線の方が長いにもかかわらず、建設費や所要時間は中山道線の方がずっとかかることがわかります。これは、中山道線の方が全体的に地形が険しく（したがって隧道＝トンネルも四十八ヵ所と東海道線より多い）、急勾配《こうばい》の箇所が多いためですが、**それによってさらに大きな問題が発生してしまいます。どのようなことか、わかりますか。**

答えは輸送力がきわめて限られてしまうこと、また急勾配を長く走るためには燃料である石炭の消費量が増大し、その結果収益も二十九万円と、東海道線の六割程度しか見込めないことです。

井上はこうした結果をふまえ、事前に山県有朋への根回しを済ませた上で明治十九年（一八八六）七月、東海道線への変更を上申し、内閣もこれを認めました。幹線鉄道における着工後のルート変更は、日本の鉄道史上、空前絶後のできごとといわれています。

しかし、この時点で名古屋から西側の部分は、中山道線を前提として既におおかた敷設されていたので、これにつながる形での工事となりました（新橋～神戸間の全通は明治二十二・一八八九年七月、図65）。これで冒頭に掲げた謎の一つは解消できたのではないでしょうか。

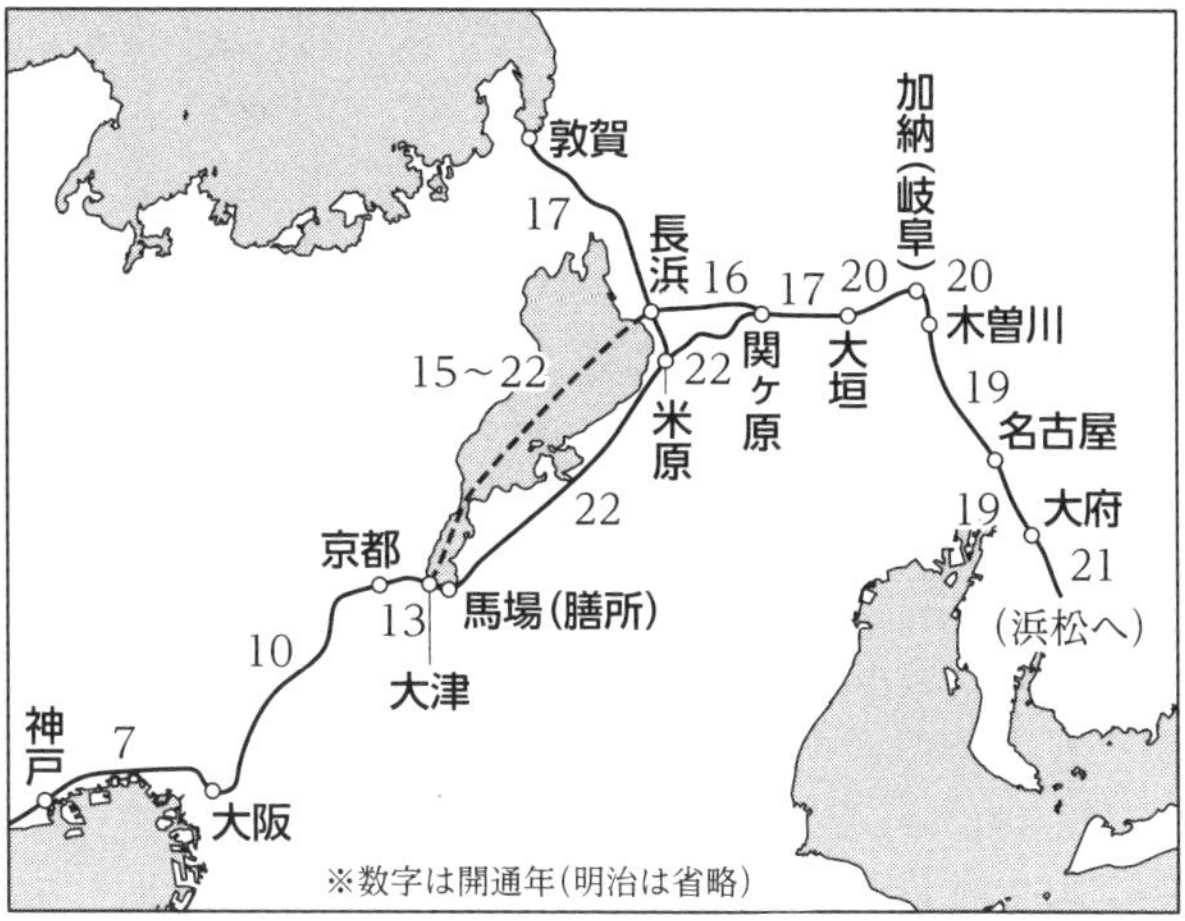

図 65　断片的につながれていった東海道本線

謎をうけて—近代産業の勃興と鉄道の関係

以上見てきたように、明治政府の当初の思惑とは異なり、日本の幹線鉄道の敷設は順調には進みませんでした。そしてそのルートも、はじめ中山道を想定して着工しましたが、中部地方の地形が峻険で断念せざるをえず、結局名古屋までは東海道ルートとなり、これと神戸から琵琶湖西岸まで延びていた線路とを結ぶ形で東海道線ができあがったのです。

また鉄道は明治前・中期における日本の主要産業だった軽工業の製品を大量、安価かつ迅速に輸送する上で大きく貢献しました。そして、**これにともなって発展した産業があるのですが、それは何かわかりますか。**

答えは石炭鉱業です。すなわち、紡績工場の機械を動かすため、また汽船用、さらには鉄道自体の需要も増大していきました。これによって産炭地も、それまでの肥前地方（長崎・佐賀）にかわって筑豊（福岡）がトップとなり、その他幌内《ほろない》（北海道）や常磐（福島・茨城）の出炭高も増加しました。そして例えば筑豊炭を運搬するための鉄道網も発達していきました。

こうした産業の発展にともなって資本の蓄積が進み、その一部は各地の鉄道建設への投資に用いられました。*明治期における日本の経済発展を支えたのは汽船と鉄道だった、との指摘もあるのです。

＊ただし、なかには株を集めただけで、ある程度利益が得られると鉄道会社をやめてしまう企業も少なくなかった。

【参考文献】

・日本国有鉄道『日本国有鉄道百年史』第一巻（一九六九年）
・原田勝正『鉄道と近代化』（吉川弘文館、一九九八年）
・竹内正浩『鉄道と日本軍』（筑摩書房、二〇一〇年）
・老川慶喜『日本鉄道史　幕末・明治篇』（中央公論新社、二〇一四年）

※図65は地球地図日本（国土地理院）を用いて作成しました。

35 今日の大衆文化の原点は大正時代にあり――阪急の事業戦略

大衆文化のひろがりをめぐる謎

今日、わたしたちは余暇を利用してショッピングや映画鑑賞、スポーツ観戦などを楽しんでいますが、こうしたことが始まったのが大正時代とされています。いわゆる余暇産業を鉄道事業を中心として展開した代表的な人物として、阪急の創業者小林一三《いちぞう》（一八七三～一九五七）があげられますが、彼はどのような工夫をして一連の事業を成功させていったのでしょうか。また、それがなぜ大正時代だったのか、以下見ていくことにしましょう。

◇

はじめに鉄道ありき

表24は、明治末年ごろに関西で開通した私鉄とその区間をまとめたものです。これらの中で、**箕面《みのお》有馬電気軌道**（阪急電鉄の前身、

表24　明治・大正期に関西で開通した主な私鉄

鉄道会社名	開通年	区　間
阪堺鉄道（現在の南海）	明治18年（1885）	大阪・難波－堺・大和川
阪神電気鉄道（現在の阪神）	明治38年（1905）	大阪・出入橋－神戸・三宮
箕面有馬電気軌道（現在の阪急）	明治43年（1910）	大阪・梅田－宝塚
京阪電気鉄道	明治43年（1910）	大阪・天満橋－京都・五条
大阪電気鉄道（現在の近鉄）	大正3年（1914）	大阪・上本町－奈良

以後箕面軌道と略す）**に関し、他と比べて気がつくことは何でしょうか。**

答えは、他の鉄道が大阪や神戸のような都市を結んでいたのに対し、箕面軌道だけは当時農家もまばらで閑散としていた宝塚を終点とした、ということです。はじめは有馬温泉まで延ばす予定でしたが、*余裕がなく不可能となったため、宝塚を仮の終点とし、それがそのままとなりました。

ふつう鉄道は、乗客が多いことを当て込んで人口の多い都市どうしを結ぶ形で敷設されますが、箕面軌道の場合、まず人口の少ない郊外に鉄道を通しました。そのため、開通後に終点の宝塚や沿線地域を開発する必要があったのです。

＊同時に開通した箕面支線は、紅葉の名所として有名だった箕面を終点とした。

宝塚といえば

そこでまず同社の専務取締役だった小林一三は、鉄道開通と同じ明治四十三年（一九一〇）の十一月、箕面支線の終点である箕面に、当時としては珍しい放し飼い形式の動物園をつくりましたが、採算がとれず数年で失敗してしまいました。そのため小林は、観光開発の重点を翌年五月に始めた宝塚新温泉（在来の温泉街とは武庫川を隔てた対岸に立地）に全面的に移します。ここには豪華な大浴場の他にさまざまな娯楽施設があり、ヘルスセンターの草分けのような特徴をもっていました。そしてさらに集客のため、いろいろなイベントを催しましたが、その中の余興として始められたのが、少女歌劇の公演でした（大正三・一九一四年）。そうです。もうお気づきのように、この少女歌劇こそ、現在でも大人気の宝塚歌劇団のルーツだったのです。

ただし、こうした少女（あるいは少年）による音楽隊は、何も宝塚が初めてではありませんでした。すなわち東京の三越百貨店では、既に明治四十二年（一九〇九）に児童博覧会という催し物にあわせて少年音楽隊が初演奏を行っています。この他、白木屋（現在の東急）でも同四十四年に少女音楽隊が結成され、舞踏やコミックオペラを上演していますし、名古屋のいとう呉服店（現在の松坂屋）や京都の大丸などでも同じような音楽隊がつくられました。こうした流れの中で、直接的には大阪の三越で人気のあった少年音楽隊をまねて、大正二年七月に結成されたのが宝塚唱歌隊だったのです（十二月には宝塚少女歌劇養成会と改称）。

そしてこの後、こうした音楽隊の中で宝塚のみが存続して隆盛をきわめることとなりました。もっとも宝塚も、最初は珍しがられましたが、宣伝不足や偏見もあって次第に客は減ってしまいました。ところが大正三年十二月、大阪毎日新聞社が創設した大毎慈善団の資金集めのために開かれた大毎慈善歌劇会は、新聞でさかんに宣伝されたこともあって大成功し、これを機に出張公演も増え、少女歌劇の知名度が上がっていきました。その結果、宝塚新温泉にある劇場の入場者数も年々増加し、大正八年（一九一九）には新温泉に来た客のほとんどが宝塚少女歌劇目当て、といわれるほどの人気となりました。このため従来の劇場では手狭となり、同十三年にその三倍の収容人数（三五〇〇席）を誇る大劇場をつくっています。

有名映画会社の名前の由来

こうして宝塚少女歌劇の名声が全国的なものになると、小林は念願の東京進出を果たします。**その時つくられた会社は、現在では主に映画会社の名前としてよく知られていますが、おわかりでしょうか。**

答えは「東宝」です。昭和七年（一九三二）、阪急*によって創立された株式会社東京宝塚劇場（取締役社長小林一三）は、丸の内や日比谷を中心に数々の劇場や映画館経営に乗り出しました。そしてその一環として同十二年に創立されたのが、株式会社東宝映画だったのです。

＊大正七年（一九一八）に箕面有馬電気軌道は阪神急行電鉄株式会社に社名変更、阪急はその略称。

宝塚歌劇成功の要因

さて話を少し戻しますが、宝塚少女歌劇が成功した要因として、一つにはまだごく少数の愛好家しかいなかった本格的なオペラではなく、あくまでも大衆芸術路線をとったことがあげられます。そしてもう一つは、歌劇の出演者養成を目的とした宝塚音楽歌劇学校が大正七年に創立されたことです（初代校長小林一三、昭和二十一・一九四六年に宝塚音楽学校に校名変更）。

この学校をもったということが、具体的にどのような利点をもたらしたのでしょうか。まず、毎年卒業生が歌劇団員になっていくわけですから、常に新鮮な出演者が確保できる、という点があげられます。また**劇団経営の上でも、このシステムは好都合でした。その理由は何だと思いますか。**

それは、学校の生徒だった人をそのまま雇用するため、高額な契約料や給与を支払う必要がなく、人件費が比較的安く抑えられたからです。

なおこの他、指導者として優秀な人材を集め、充実した養成カリキュラムにより質の高い技術を生徒たちに身につけさせることができた点も大きかったようです。そして劇団付きの演出家や作曲家たちも、次々と欧米に留学させて当時最新の知識や技術を学ばせました。その結果、彼らはそれらの成果を帰国後の作品にいかすことができ、そのことが大衆を魅了し続けたのでした。

住宅地経営が成功したわけ

一方小林は、鉄道運賃の増収をめざし、人口がきわめて少なかった沿線地域の住宅地開発に着手しました。まず鉄道開業前に宝塚線沿線（大阪・梅田から池田まで）を二度ほど自ら歩き、気候的にも自然環境の面でも住むのに適した土地であることを確信しました。その上で、沿線の地主たちに対し用地の買収交渉を行ったのですが、その際**会社の信用が当時ほとんどなかったことが、かえって小林に幸運をもたらしました。いったいどういうことだと思いますか。**

それは、地主たちが鉄道の開通を危ぶんでいたため、（それなのに買ってくれるんだと喜び、結果として）良質な土地を大量に、しかも安く買い集めることができた、ということです。実際には、開通後に宅地価格は急激に高騰していきました。

小林は明治四十三年（一九一〇）、ニュータウン一号として池田室町に二百戸の住宅地経営を始めます。* これは上流階級の別荘・別宅としてではなく、中流サラリーマン向けに郊外移住を勧めるものでした。そのため日本初のローン方式を採用するなど、購入方法も柔軟に対応しました。

そして宣伝パンフレットにも工夫を凝らした結果、この住宅地は時代的に早すぎた一部の洋館住宅を除いて、売り出し早々に完売となったのです。当面運賃の増収が見込めない中で、こうした沿線の土地・住宅経営によって会社は利潤を上げ、その結果経営危機を乗り切ることができました。

こうしたことが可能となった背景として考えられるのは、どのようなことでしょうか。表25から読みとってみてください。

そうです。明治末から大正年間にかけて、大阪の人口が急増していることにお気づきでしょう。それは、

表25　大阪の人口の推移

年	開通年
明治29年(1896)	504,200
明治44年(1911)	1,203,000
大正 5年(1916)	1,508,000
大正14年(1925)	2,180,000

（津金澤聰廣『宝塚戦略』より作成）

当時の大阪が軽工業に加えて造船や汽車製造などの重化学工業の発達した大都市へと変貌を遂げていたためであり、その一方で大阪市内の住宅環境は悪化し、また工場からさかんに排出される煙による害が深刻化していたのです。

*家屋は一軒ごとに違った個性をもたせた他、下水設備や学校、病院、公園、電信電話もあった。

空いた電車を埋める

さらに小林は、特に神戸線（図66）において大阪・神戸方面に通勤客などが向かうのと逆方向の電車が空いてしまうのを解消すべく、支線である**今津線を利用して、ある戦略を打ち出します。いったいどのようなことだと思いますか。**

答えは、今津線沿線への学校誘致です。代表的なところでは昭和四年（一九二九）に関西学院を西宮市上ヶ原に、同八年には神戸女学院を同市岡田山に誘致しました。戦後になるとさらに急増し、今では阪急沿線全体に多くの学校が立地している状況となっています。

野球人気に目をつける

この他スポーツイベントとして、現在の夏の全国高等学校野球選手権大会の前身である、第一回全国中等学校優勝野球大会を、大正四年（一九一五）八月に宝塚線沿線の豊中グラウンドで開催しています。その結果、予想を上回る五千人もの観客が集まり、運賃は増収となりましたが、当時会社は資金難で球場の拡張ができませんでした。そのため主催者の大阪朝日新聞社は、もともと関係がよく、また強い要望を受けていた阪

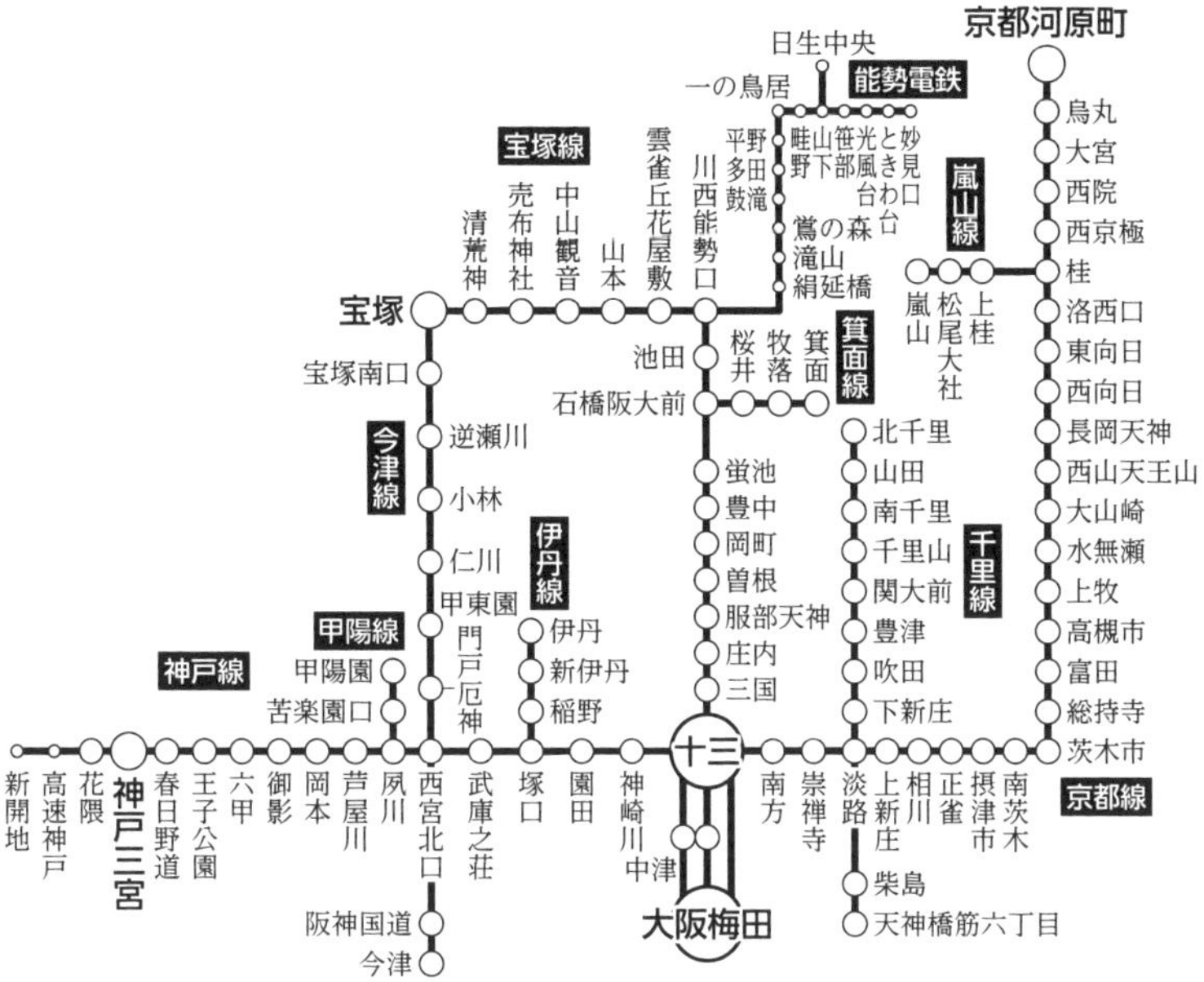

図66　阪急電鉄路線図（令和元・2019年）

神電車に提携先を変え（箕面軌道は大阪毎日系）、会場も第三回からは阪神沿線の鳴尾球場、さらに大正十三年（一九二四）の第十回大会以降は、新設の阪神甲子園球場へと移したのです。*

なお野球といえば、巨人軍よりも先に阪急がプロ野球球団をつくっていたことをご存知でしょうか。昭和九年（一九三四）に大日本東京野球倶楽部（現在の読売ジャイアンツ）が設立されますが、実はそれより十年も前の大正十三年二月に、阪急が職業野球団宝塚運動協会をつくっていたのです。しかもこれは、同九年に結成された東京の日本運動協会という、日本初のプロ野球チームが、同十二年の関東大震災によって解散したのを、阪急がそのまま引き受けて再編したものでした。

ただ、この宝塚運動協会は時期尚早ということもあって昭和四年に解散となり、あらためて同十一年（一九三六）、阪急職業野球団（現在のオリックス・バファローズにつながる）が結成されたのです。

＊この年が十干十二支の甲子《きのえね》にあたることから球場名がつけられた。

新しい形のデパートづくり

さて、小林一三は昭和四年（一九二九）に阪急百貨店をつくりました。**この百貨店は、既に存在していた三越や松坂屋、松屋などとは大きく異なる特徴をもっていましたが、それはどのような点だと思いますか。**

答えは、他の百貨店は前身がすべて江戸時代（あるいは明治初期）以来の呉服店だったのに対し阪急百貨店は、鉄道会社が主要駅（梅田）に隣接してつくった、日本初のターミナル・デパートだったという点でした。小林は、電鉄事業は公共性が高いため、経費がかかるわりには利益が少ないと感じていました。そのため乗降客の多い主要駅に百貨店をつくれば、かなりのもうけが期待でき、やがては逆にその百貨店目当てに鉄道利用客が増えるだろうと予想していたのです。＊

この点、他の百貨店は駅からある程度距離があったため、乗合自動車を出して客を送迎していました。ターミナル・デパートなら、こうした経費も必要なかったのです。

さらに小林は、百貨店の内部にも工夫を施しています。例えば大量販売が見込める商品については、なるべく価格を抑えるために自社農場や工場を用いて直営販売としました。また広くて豪華、清潔な食堂をつくり、大衆料金で食事を提供しました。その際、食堂を店の最上階におきましたが、これには眺めのよさの他に、**店側にあるねらいがありました。それはどのようなことだと思いますか。**

答えは、客が食事の帰りに階を降りながら商品を見ることになるので、それを販売につなげよう、ということでした。このやり方は現在も引き継がれているようです。

こうした特徴をもつ阪急百貨店は、当時の世界的不況の中でも順調に売り上げを伸ばしていきました。そしてこのターミナル・デパートという方式は、その後、全国の私鉄にも大きな影響を及ぼすことになります。

＊大正十四年（一九二五）に開業した食料品や雑貨中心の直営マーケット（二・三階が売場、四・五階が食堂）が成功し、すぐに売場が不足したため、阪急ビル新館をつくって百貨店とした。

謎をうけて―なぜ大正時代だったのか

以上見てきたように、小林一三は鉄道事業を中心としながらも、これを育成するねらいをもって住宅地経営や文化・スポーツ・娯楽施設などの経営に乗り出していきました。これらの事業の成功には、大正期日本の政治や社会、経済の動向が大きく関わっています。すなわち、既にふれたように大阪は世界的な商工業都市となり、大きな民間会社も増えたため、かつてはそのほとんどが官吏となっていた帝国大学卒業生も、さかんにそちらへ就職するようになりました。こうしたサラリーマン層が郊外に住宅を求め、同時に都市にできた娯楽施設や百貨店などで余暇を過ごすようになったのです（この傾向は東京も同様だった）。個人主義、家庭生活を重んじる消費生活文化がさかんとなり、これがいわゆる余暇産業の発展を促しました。

なお宝塚歌劇隆盛の背景としては、女子高等教育の普及とそれにともなう職業婦人の進出、ということがあげられています。

【参考文献】

・今井清一『日本の歴史23　大正デモクラシー』（中央公論社、一九六六年）
・津金澤聰廣『宝塚戦略―小林一三の生活文化論―』（講談社、一九九一年）
・初田亨『百貨店の誕生』（三省堂、一九九三年）

36 平民出身ではなかった原敬——いかにして宰相となったのか

原敬をめぐる謎

原敬（図67）といえば、大正時代に「平民宰相」と呼ばれて国民各層から歓迎され、初の本格的政党内閣を組織した政治家として知られています。しかしその一方で、普通選挙制の導入には消極的で、鉄道の拡充、高等学校の増設など積極的な政策を打ち出したものの、第一次世界大戦後の不況により、財政的にも行き詰まっていきました。そして最後は東京駅で刺殺され、内閣は総辞職となります。

ところで元勲と呼ばれる明治維新の功臣たちの次の世代にあたる原は、どのように行動することによって権力を握ったのでしょうか。それを見ることによって、彼の政治路線や立場の特質を考えていくことにしましょう。

◇

図67　原敬

もともと士族出身だった

原敬は安政三年（一八五六）、盛岡藩士の家に生まれました。彼の祖父は家老にまで出世しています。つまり明治時代には士族と呼ばれた家であり、平民出身ではなかったのです。しかし原は明治八年（一八七五）、十九歳の時に分家し、その際自ら希望して平民身分となりました。この理由について近代史研究者の伊藤之雄《ゆきお》氏は、数年後に、ある新聞紙上に自分の出自である武士階級を厳しく批判し、商工業や農業などの実業を重んじるべきである、という文章を載せていることから、自分の中の士族意識と決別するための意図的な行動である、と指摘しています。

官僚となるまで

明治四年（一八七一）、十五歳で上京し、いくつかの学校で学んだ後、同九年に司法省法学校（後の東京大学法学部）へ合格者一〇四名中第二位の成績で入学します。しかし同十二年（一八七九）、校内の事件に関与して退学処分となりました。この後、原は中江兆民*の私塾を経て新聞記者となります。今でもそうした傾向はあるのかもしれませんが、この当時は特に新聞記者は、その論説が認められれば、政治家や官僚となるチャンスが多かったようです。では**こうしたことの背景には、どのような事情があったと思いますか**。

実は、このころ権力の中枢にあった元勲と呼ばれる藩閥政治家たちが、自分たちの手足となって働いてくれる有能な人材が民間にいないか、アンテナを高くして探していました。そうした人たちの目にとまりやすかったのが、鋭い論説を書く新聞記者たちだった、というわけです。

自由民権運動の最盛期だった明治十三年十一月に書いた論説の中で原は、藩閥政府が立憲政治体制を熱望する民意を無視していることを批判しています。しかしその一方で、「藩閥政府が時勢に逆行してきたかといえば、その反対である。維新以後、四民平等、地租改正、裁判制度など、さまざまな改革を行ってきた」

と記し、一定の評価も与えています。すなわち原は理想主義者ではなく、また不平士族らの感情論にも与《くみ》しない、現実的な民権論者だったといえましょう。こうした考え方は、終生変わりませんでした。

翌年五月から約半年間、原は東北から北海道を視察、この時の見聞を通じて「憲法制定、国会開設を実現し、政党内閣制により国・地方の政治を安定させる」「急激な民権運動には反対し、社会秩序を維持する」「西洋流の文明開化、殖産興業を進め、国民に満足を与える」などの政治的目標を固めていきました。

＊思想家。後にフランス流の自由民権急進論を主張して藩閥政府を攻撃した。

官僚から政治家へ

まもなく原は新聞社を辞めますが、元勲の一人である井上馨《かおる》の目にとまります。そして、その側近の仲介で外務省に入ると、外交官としての有能ぶりを発揮したため、井上や伊藤博文から高い評価を得ました。

その後、農商務省に移りますが、明治二十三年（一八九〇）五月、山県有朋《ありとも》内閣の農商務大臣となった陸奥宗光の秘書官として、省内の藩閥官僚を追放し、人事の刷新を行いました。原は陸奥に信服したらしく、陸奥が大臣を辞めると自らもこれに従い、明治二十五年八月に陸奥が今度は第二次伊藤内閣の外務大臣になると、原も再び外務省に入り、外務次官にまで昇任します。そしてここでも反対派を押し切り、外務官僚の専門化を図ったり、藩閥勢力を排除したりしたため、「外務省に原あり」と評判をとるまでになりました。

このころ、超然主義（政党の動きには制約されない、藩閥勢力による内閣の政治姿勢）では、もはや立ちゆかないことを悟った伊藤博文は、自ら政府支持の政党をつくろうと動き出しました。そこで原は伊藤に近づき、結党に協力したのです。こうして明治三十三年（一九〇〇）九月、立憲政友会の結党が実現し、原は同年十二月、党の実務面をとりしきる幹事長となり、次いで第四次伊藤内閣の逓信《ていしん》大臣に任命されました。しかし伊藤内閣は、政友会内部の争いや、もう一人の元勲で政党政治に反対していた山県有朋の影響力が強い貴族院からの抵抗にあって八ヵ月で退陣し、それ以降は表26に示す状況となります。

表26　明治末～大正中期の政権

年　月	首　相	備　考
明治34年(1901)6月～大正2年(1913)2月	桂太郎・西園寺公望	山県系の陸軍軍人桂と伊藤系で公卿出身の西園寺が交互に組閣。「桂園時代」と呼ばれる。
大正2年2月～3年3月	山本権兵衛	薩摩出身の海軍軍人。
大正3年4月～5年10月	大隈重信（第2次）	長州閥井上馨らが政友会打破を期待。
大正5年10月～7年9月	寺内正毅	長州閥の陸軍軍人。

藩閥勢力からの政権奪取

原はこの間、政友会の最高実力者（大正三年六月、総裁に就任）として、これらの政権に入閣したり、あるいは閣外から影響力を行使したりしました。その一方、地方名望家（地域社会において名声や人望があり、経済・文化・政治をリードした人々）出身のいわゆる「陣笠代議士*」たちを育てて、これを強い統制下に置き、政友会の政党としての力を強めていくことに努めました。

寺内内閣は当初より短命と予測されていたので、原は藩閥を打破して政党政治実現のチャンスが近づいたと判断します。しかし意外なことに、原は山県との正面切っての対決姿勢には出ず、むしろ頻繁に会談するようになります（このことを世間は、原が妥協したと見なした）。その結果、両者は外交政策（欧米に対抗して中国と提携すべきであり、二十一ヵ条要求などの強硬外交はもってのほかである）などの諸政策で一致を見ました。しかし、首相推薦権を握る山県は、政党の台頭**は認めつつも、なおこれが主体となる政権には反対だったのです。

ところが**大正六年(一九一七)には海外で、また翌年には国内で、山県らの藩閥勢力を大きく動揺させるできごとが起こります。それらは何だったか、わかりますか。**

答えは、大正六年がロシア革命、翌年が米騒動です。特に後者は、米価の高騰をきっかけとして起こった全国的民衆暴動で、これ以後、労働運動や普通選挙運動などが広がっていくことになります。原も「(米騒動によって)官僚内閣の無力なことが、山県にもよくのみ込めたのだ」と語っています。

ただ、それでもなお山県は、自らの配下からの組閣を模索しますが、それもだめとわかると、西園寺に三度目の組閣を打診してきました。しかし、この動きを予想していた原は、あらかじめ西園寺に対し、①山県から組閣を求められても絶対に拒否すること、②もし他の官僚政治家を推薦するようなことがあれば、原は山県が最も恐れる行動に出るだろう、と伝えるよう依頼したのです。では、**この山県が最も恐れることとは、いったいどのようなことだと思いますか。**

それは、政友会より進んだ考え方をもっていた、加藤高明率いる憲政会と原の政友会が組んで、護憲運動(もっといえば反政府運動)を起こすことです。実際、山県は西園寺に対し、その心配がないか尋ねており、これに対し西園寺は「早く(政権を)原に渡せばその心配はない」と答えています。ここに至って山県は万策尽き、ついに原を後継首相に推薦したのでした。

＊大物政治家に強い忠誠心を示す支持勢力のこと。江戸時代、陣笠をかぶった一兵士になぞらえてこう呼ばれた。

＊＊当時、政友会の他に、これより進歩的な憲政会や立憲国民党などが有力になっていた。

原内閣の政治方針

こうして大正七年（一九一八）九月、初の本格的政党内閣である原敬内閣が誕生しました。首相が（もとは士族ながら）平民籍の政党党首で、しかも衆議院に議席をもつこと、軍部・外務の三大臣以外はすべて政友会党員であること、これらはいずれも日本で初めてでした。ジャーナリズムも反対勢力もこぞって歓迎し、なかでも世間は大変な喜びようで、原は数ヵ月間、歓迎会に引っ張り出され続けたそうです。

さて原は、首相就任後まもなく「政友会の四大政綱」と呼ばれる施政方針（①鉄道、道路、港湾など交通機関の拡充整備、②大学・高等専門学校など高等教育機関の増設、③八・八艦隊〔戦艦八隻、巡洋艦八隻による艦隊〕など軍事力の充実、④産業発展のための諸政策）を明らかにします。これらの政策を実現させるためには、莫大な財政支出が必要となりますが、この点**時期的に原は恵まれていたといえます。それはどういう事情によるものか、わかりますか。**

答えは、ちょうどこのころ第一次世界大戦が終了し（大正七・一九一八年）、日本がいわゆる大戦景気と呼ばれる好景気となったため、財政状況が大幅に改善した、ということです。

戦いは続く—普通選挙制を見送った背景

ところで原は、首相就任の翌年の大正八年五月、衆議院議員選挙法を改正していますが、その主な内容は次の二点です。

①納税要件を直接国税十円から三円に引き下げる。この結果、二十五歳以上の成年男子の約四分の一が有権者となる（それ以前は約十分の一）。

②大選挙区制から小選挙区制へ変更。

これに対し、普通選挙制実現を要求する運動が盛り上がり、それまで直接国税三円を要求していた野党憲政会、立憲国民党も路線を変更し、普選支持を表明しました。

原内閣はこれを抑え続けたので、一般の印象を悪くしましたが、実際のところ原は普選運動をどう見ていたのでしょうか。大正九年三月、原は次のような発言をしています。

国情の許す時期には、それに応じた選挙権の拡大を行うことに異論はないが、昨年改正したばかりの新選挙法成立後、まだ一年も経たず実施されてもいない。それなのに、ここで急にそれを改正しようというのは、いかがなものであろう。これで国民は、立憲政治に信を置くことはできるだろうか。(中略)納税資格撤廃の根本目的が、階級制度打破にあるとの主張に至っては、現在の社会組織に脅威を与えるきわめて危険なものであって、決して国家のために認めることはできない(「原総裁の訓示」、意訳)。

つまり原は、基本的には選挙権の拡大には賛成しつつも、その目的が階級制度打破にある、とする主張には、強く反対していたのです。実際、**このころ原を心配させるようなさまざまなできごとが起きているのですが、それはどのようなことか、わかりますか。**

答えは前にも少しふれた、労働運動、社会主義運動です。例えば大正八年四月には『社会主義研究』が刊行されていますし、九月には神戸川崎造船所の職工たちが賃上げを求めてサボタージュを行っています。また翌年二月には八幡製鉄所でストライキ、東京では普選要求の大規模なデモがあり、五月には同じく東京で日本初のメーデーが行われました。さらに大正末～昭和初期にかけて、小作争議（小作農と地主の争議）も盛んになっています。

こうした状況をふまえ、原は将来日本でも普通選挙制が実現することは認めつつも（女性にも参政権を与える構想ももっていた）、その急激な実現には反対し、さらにはこうした普選勢力の支持を得て党勢拡大を図る野党の姿勢を批判しています。

ところでその野党は、普選支持を決めたにもかかわらず、選挙になれば不利であることがわかっていました。したがって、あくまでも国会でこの要求を実現しようとしたわけですが、原は先手をうって解散し、総選挙にもち込んだのです。

その選挙は、前述した法改正により、小選挙区制度のもとで戦われました。これについては、野党勢力を減退させるねらいがあったとされていますが、実際の結果はどうなったのでしょうか。表27をご覧ください。これを見ると、野党議員の数はほとんど変わらなかったのに対し、藩閥官僚系の政党が激減していることがわかります。このことに関し、原の本当のねらいは、議会内での山県勢力の抵抗を排除し、多数党である政友会を基礎とした、イギリス型の政党内閣を実現することにあったのではないか、とする指摘もあります。

さて原は、確かに急激な改革には強く反対していたのですが、その一方で自作農創設と小作農問題の検討（ただしこれは地主勢力の反対で棚上げ）、労働争議に対する穏便な対応、労働組合法案などの検討、陪審制

表27 大正9年(1920)総選挙の結果

	選挙前（定数381）	選挙後（定数464）
政友会	162	278
憲政会	118	110
立憲国民党	31	29
正交倶楽部*	32	6
新政会*	22	2

＊はともに藩閥官僚系の政党

度の検討など、ある程度進歩的な取り組みも行っていました。

謎をうけて―過渡期の政治家原敬

原はワシントン会議の準備や摂政問題（大正天皇の体調が悪いため、皇太子裕仁《ひろひと》に政務を代行させる案）が片づけば、一度辞職するつもりでしたが、大正十年（一九二一）十一月四日、東京駅にて刺殺されました。

庶民の反応は、意外に冷淡だったそうです。それは、原の漸進主義が保守的と受け取られたこと、大勢力となった政友会をバックに強引な政治を行ったこと、などが関係しているのかもしれません。

しかし、山県を頂点とした藩閥勢力がまだ厳然として権力の中枢にあったこの時代、はたして原にこれ以上のことを望めたのでしょうか。何の政治的な基盤もない地方士族出身の人間が、優秀な官僚として維新世代の政治家たちから高い評価を得、上からの動きによるとはいえ、結成された政党に入って頭角をあらわし、硬軟とりまぜた方策を用いてついには初の「平民」宰相の地位を得たこと自体に、まずはもっと目を向けるべきではないでしょうか。「自由民権運動」とか「普通選挙運動」などは、それらが達成された今日から見れば、進歩的で正しいものというイメージが強いわけですが、この当時政権を担っている人たちからは、かなり急進的で過激なもの、と受け取られていたようです。ましてや山県などは、「普通選挙となれば国は亡ぶであろう」という発言からもわかるように、絶対反対でした。そうした中で原がとった漸進主義というものの意義を、もう一度見直してみるべきだと思います。

【参考文献】
・山本四郎『原敬　政党政治のあけぼの』（清水書院、一九八四年）
・川田稔『原敬と山県有朋　国家構想をめぐる外交と内政』（中央公論社、一九九八年）
・季武嘉也『日本史リブレット　原敬　日本政党政治の原点』（山川出版社、二〇一〇年）
・伊藤之雄『原敬　外交と政治の理想』上（講談社、二〇一四年）

37

真珠湾攻撃指揮官の苦悩
——連合艦隊司令長官山本五十六

山本五十六をめぐる謎

図68　山本五十六　(国立国会図書館所蔵)

昭和十六年(一九四一)十二月八日、日米戦争の開戦当初に実施された日本海軍によるハワイ・真珠湾攻撃は、大戦果を上げました。この作戦の立案から実戦指揮にあたったのが、時の連合艦隊司令長官山本五十六大将(図68・表28)です。その山本が、開戦直前に次のような言葉を残しています。

日米戦争は世界の一大凶事であって、日本としては対中国戦争に続き強敵を新たに得るのは誠に国家の危機である。日米両国お互いに傷ついた後、ソ連やドイツが世界制覇をめざしたら、どこの国がこれを防げようか。……日本が尊重されるのはわが海軍が実力を保持している場合のみであり、ゆえに日米正面衝突を回避するため両国はあらゆる策をめぐらす必要がある(昭和十五年夏ごろ、ドイツとの同盟問題に関する意見書の一部、提出先不明、意訳)。

表 28　山本五十六関係年表

年	で　き　ご　と　（丸数字は月を示す）
明治17(1884)	新潟県長岡に生まれる。
37(1904)	海軍兵学校卒業(第 32 期)。
38(1905)	日露戦争に従軍。日本海海戦に参加、負傷。
大正 8(1919)	駐米武官。
10(1921)	海軍大学校教官。
	ワシントン会議で日本の主力艦はトン数で対英米６割に抑えられる。
13(1924)	霞ヶ浦航空隊副長兼教頭。
15・昭和1(1926)	駐米武官。ミッチェルの対艦爆撃実験について日本海軍に報告。
3(1928)	空母赤城艦長。
4(1929)	ロンドン軍縮会議随員(この間に少将に昇進)。
5(1930)	航空本部技術部長。
8(1933)	第１航空戦隊司令官。
9(1934)	ロンドン軍縮会議予備交渉代表(この間に中将に昇進)。
10(1935)	①九試単座戦闘機完成。⑧九試中型攻撃機完成。⑫航空本部長。
11(1936)	⑫海軍次官。
14(1939)	⑧連合艦隊司令長官兼第１艦隊長官。
15(1940)	⑪大将に昇進。
16(1941)	⑫真珠湾攻撃を指揮、大戦果を得る。
17(1942)	⑥ミッドウェイ海戦を指揮、大敗。
18(1943)	④中部太平洋ソロモン諸島上空で戦死(死後、元帥)、59 歳。

目下ワシントンで行われている日米交渉が成立した場合は、出動部隊に引き揚げを命ずるから、その命令を受けた時は、たとい攻撃隊の母艦発進後であっても直ちに反転、帰航してもらいたい

（昭和十六年十一月十三日、岩国での真珠湾作戦の説明と打ち合わせの際の発言）。

このように、山本は最後まで対米戦には反対でした。では、その山本がなぜ、先陣を切ることになってしまったのでしょうか。そしてまた、この真珠湾作戦には、当初海軍首脳らは大反対でした。それがなぜ実施するに至ったのか、以下見ていくことにしましょう。

◇

ワシントン会議後の日本海軍の国防方針

大正十二年（一九二三）に改訂された「第二次帝国国防方針」では、明確にアメリカと将来戦うとの判断が示され、「用兵綱領」にも「海軍は開戦初期に速やかに東洋にある敵艦隊を制圧するとともに、陸軍と協力してフィリピン、グァムの敵海軍根拠地を破壊し、その主力が東洋方面に来航したら、その途中で順次その勢力を減殺《げんさい》（少なくしていくこと）することに努め、機を見てわが主力艦隊をもってこれを撃破する（意訳）」という対米戦のシナリオが記されました。

表 29　海軍主要艦艇の年度別完成数

	戦艦	空母	巡洋艦	駆逐艦	潜水艦
大正 6(1917)	(1)2		(2)		
7(1918)	(1)1		(2)		
8(1919)		(1)	(3)2	3	2
9(1920)	(4)1		(3)1	13	4
10(1921)	(2)1		(3)4	12	8
11(1922)		1	(6)3	10	8
12(1923)			3	7	6
13(1924)			(4)1	5	7
14(1925)			(2)3	5	3
大正15・昭和1(1926)			2	5	5
2(1927)		1	(2)2	5	7
3(1928)		1	(2)1	6	4
4(1929)		(1)	3	5	5
5(1930)				4	3

( )内は起工数。
※巡洋艦：戦艦と駆逐艦の中間的な攻撃・防御力をもつ。艦隊決戦では戦艦とともに主力部隊を形成。
※駆逐艦：水雷艇が大型化したもの。速力・砲力も優れ、遠距離航海が可能。魚雷を装備。（山田朗『軍備拡張の近代史』より改変）

日本海軍は、日露戦争での日本海海戦の大勝利を模範とし、それまでは艦隊決戦主義（戦艦を中心とした艦隊が一気に全戦力を集中して決戦を挑む）にこだわってきました。**しかし、それがなぜ「減殺の上での決戦」というふうに変わってしまったのでしょうか。**

答えは、ワシントン条約によって主力艦が対米六割に抑えられてしまったため、決戦以前の段階で、ある程度敵戦力を減らしておかないと勝利は困難である*、と判断するようになったからです。

しかし、減殺の段階で日本は主力艦である戦艦を投入することはできません。来るべき艦隊決戦のために温存しておかなければならないからです。**そのためにどうしたのか、表29から推測してみましょう。**

そうです。戦艦はワシントン条約により建造中止になっていますが、巡洋艦、駆逐艦、潜水艦の建造ペースは衰えていないことからわかるように、こうした補助艦で戦力を補おうとしたのです。その結果、一九三〇年代初めには、巡洋艦保有量がアメリカとほぼ同じの約二〇万トン、潜水艦も対米九割の保有量をもつに至ったのです（建造中を含む）。

こうした状況の中で一九三〇年に開かれたのが、ロンドン軍縮会議でした。

＊当時の日本海軍には、減殺の上での決戦をするためには、少なくとも対米七割の軍艦が必要と見なされていた。

ロンドン軍縮会議と日本海軍

ここで当時の日米巡洋艦の性能を比べてみましょう。**表30を見て、どんなことに気づくでしょうか。**

決定的な違いは、日本の方が魚雷発射管が多く、かつ口径も大きいということです。日本の巡洋艦は、対艦攻撃に有効な魚雷を重視していました。当時の魚雷は、口径五三センチというのが国際的標準サイズでしたが、日本は爆薬量を多くするために口径六一センチの魚雷を装備しました（五三センチ魚雷に比べ一・五倍）。しかもこれを秘密にし、五三センチ魚雷と公表していました。すなわち日本海軍は、巡洋艦・駆逐艦による六一センチ魚雷を使った肉迫攻撃（したがって高速力も求められた）でアメリカ主力艦を減殺させることで、主力艦の劣勢を補おうとしたのです。

しかし、会議の結果結ばれたロンドン海軍軍縮条約では、日本の大型巡洋艦は対米六割に抑えられ、潜水

表30　日米7000トン級、10000トン級巡洋艦の性能比較

	日・古鷹型	米・オマハ型	日・妙高型	米・ペンサコラ型	米・ポートランド型
排水量（トン）	7,100	7,050	10,000	9,097	10,258
主砲（口径×門数）	20cm×6	15cm×12	20cm×10	20cm×10	20cm×9
魚雷（直径×発射管数）	61cm×12	53cm×10	61cm×12	53cm×6	なし
最大速力（ノット）	34.5	34.0	35.5	32.5	32.5
一番艦完成年	1926	1923	1928	1930	1933

（山田朗『軍備拡張の近代史』より改変）

艦も現有量から三二％も削減しなければならなくなりました。これを海軍軍令部が要求している対米戦「所要兵力」と比べてみると、巡洋艦は二隻足りない十二隻に、潜水艦は三分の二にあたる四二隻に減らされることになります。半面、軽巡洋艦や駆逐艦は、現有より多い数が認められました（このように軍縮条約とは一部軍拡をともなうことがある）が、海軍内の対米強硬派（いわゆる艦隊派）は、自分たちの主導で作成した漸減→決戦という作戦が不可能になると、大きな危機感を抱きました。なお、山本五十六はこの会議の随員として参加し、*また結果的には物別れに終わった一九三四年のロンドン軍縮会議予備交渉では首席代表となり、この前後に国際法について相当な勉強をしたといわれています。

＊日本の代表団は、この時強硬派と妥協派に内部分裂していた。山本は、表面上は強硬派のようにふるまいながらも、結局は妥協案に合意した。このことで山本は「自分たちの味方だ」と両派に思われ、結果として山本はその後も海軍内にとどまることができた、という指摘もある。

航空主兵論のめばえと山本五十六

ところで航空機がただ飛ぶだけではなく戦力として戦史に登場するのは、第一次世界大戦からのことです。日本海軍もこのことに注目し、一九一〇年代後半から航空隊の設置や飛行訓練を開始しました。一九二一～二三年、アメリカの陸軍准将ミッチェルは、空爆によって戦艦など各種艦艇を撃沈する実験を行いました。表28にあるとおり、山本は二回目の駐米武官をしていた際に、この実験の経過をアメリカ軍内部の論争も含めて逐次報告していたのです。彼自身のコメントはありませんが、この経験には相当な衝撃を受けたと想像できます。なお山本は、駐米期間中にアメリカ国内を詳しく視察しましたが、後に「デトロイトの自動車工場とテキサスの油田を見ただけでも、日本の国力で、アメリカ相手の戦争も、建艦競争もやり抜けるものではない」と語っています。

これからの海戦は、戦艦同士が主砲を撃ちあうようなものではなく、航空機による対艦攻撃が主流になる、という航空主兵論は、当初まったく異端の軍事思想であり、したがって海軍内部には反対もありましたが、その一方で徐々に航空予算は増加されていきました。例えば大正十二年（一九二三）～昭和五年（一九三〇）の間に、航空予算は実に四七・九％も伸びています。また、航空機生産は当初すべて外国に依存していましたが、大正八年（一九一九）には民間で生産させることとしました。新鋭機開発のためには、年一回の予算に縛られる官営工場では無理がある、と判断されたためです。

そしてこれにともない、海戦において重要性を増してきたのが、海上を移動する航空基地としての空母でした。

また海軍は昭和二年(一九二七)以降、航空部隊による艦艇攻撃訓練を始めていましたが、同九年(一九三四)

には魚雷攻撃で夜間でも七〇％の命中率（昼間では前年度に八八・四％）を達成し、大いに自信を深めていました。**こうした航空機及び戦闘技術の向上と、アメリカから帰国後の山本の経歴との関連を、冒頭の表28から探してみましょう。**

山本は大正十三年霞ヶ浦航空隊勤務を出発点として、以後航空畑を歩んでいます。航空本部技術部長時代、国産飛行機の開発に乗り出しますが、なかでも敵の攻撃に対して脆弱な空母に頼る必要のない、長大な航続力をもつ地上発進の大型攻撃機を構想、昭和十年には三菱重工が九試中型攻撃機（後の九六式陸上攻撃機）を完成させました。これは航続距離四三八〇キロを誇る世界的優秀機です。また、同じ年にやはり世界水準に達する九試単座戦闘機が完成、日本海軍は当面の目標としていた航空技術の自立だけではなく、世界トップレベルの航空機保有という、自らも予想しなかった目標をも一挙に達成してしまったのです。この陸上攻撃機は、後に中国の重慶爆撃や、マレー沖海戦でその力を発揮しました。

真珠湾攻撃を可能にした零戦

真珠湾攻撃において大きな役割を果たしたのが、零式艦上戦闘機、いわゆる零戦でした（図69）。ここで、その性能について同時代の他国の戦闘機と比べてみましょう。**表31を見て、零戦の優れていた点をあげてみてください。**

まずはその長大な航続力があげられます。表には二二二〇キロとありますが、落下増槽（飛行機外部に取り付けられた追加の燃料タンク）を装備した場合は三五〇〇キロまで増大します。また世界に先駆けて二〇ミリ機銃を装備している点にも注目できます。防御力が弱いという大きな弱点がありますが、小型で軽量、

図 69　零式艦上戦闘機

表 31　各国主力戦闘機の性能比較（1940 年当時）

国	戦闘機名	馬力	全備重量	最高速力	航続力	兵装（機銃口径×数）
日	三菱／A6M2 零式艦戦21型	940	2,336kg	533km	2,220km	20mm×2 7.7mm×2
米	グラマン／F4F-3 ワイルドキャット	1,200	3,176kg	531km	1,360km	12.7mm×6
英	スーパーマリン／ スピットファイアーMk.I	1,030	2,415kg	571km	805km	7.7mm×8
独	メッサーシュミット／ Bf109E-1	1,050	3,010kg	550km	660km	20mm×2 7.9mm×2

（山田朗『軍備拡張の近代史』より、改変）

操縦性も良好、しかも航続力と攻撃力は強大なものでした。**では、これらの長所の中で真珠湾攻撃にいかされたのは、どの点だったでしょうか。**

真珠湾攻撃がどのような戦術だったかをご存知の方は、もうお気づきだと思います。すなわち、これは敵の虚を突く奇襲戦法であり、米軍が日本軍の来襲に気づくのが早ければ早いほど逆襲を受ける可能性が高くなり、そうなると空母六隻という虎の子の機動部隊は、ハワイからなるべく離れた地点にいた方が、逆襲から逃れやすくなるわけです。そのため、零戦のもつ航続力の長さがいかされたのです。

海軍次官としての山本——日独伊三国同盟に徹底して反対

山本は、昭和十一年（一九三六）十二月、広田弘毅《こうき》内閣の海軍次官に就任します（直接の上司である海軍大臣は永野修身《おさみ》）。以後、林銑十郎《せんじゅうろう》内閣、第一次近衛文麿内閣、平沼騏一郎《きいちろう》内閣（以上、海相はいずれも米内《よない》光政）と四代の内閣で留任しました。

時あたかも日独伊三国同盟締結問題が起こり、山本は同じ意見の米内、さらに昭和十二年十月からは最も強硬な対米非戦論者井上成美《しげよし》軍務局長とも連携して、締結反対を貫き通しました。同盟条項の中に、独伊が対英米戦になったら日本も自動的に参戦しなければならないような内容が含まれていたからです。日本は、ソ連が対独戦を始めた場合には参戦するが、ソ連中立、第三国（事実上英米をさす）が枢軸国と戦争した場合には、必ずしも参戦義務を負いたくない。一方の独伊は、後者の場合でも日本に自動参戦させたい。この駆け引きが続きました。このことに関し、山本は昭和十四年六月ごろ、「参戦は各状況によって決まる。……われわれは戦争が起こった場合、はじめから終わりまで何らの責任ももたない。換言すれば、われわれは決して参戦しないだろう」と述べています。このような言動のため、山本はこのころ陸海軍の主戦派や右翼勢力からさかんに脅迫を受けていました。

連合艦隊司令長官へ

独ソ不可侵条約締結による平沼内閣の総辞職にともない、山本は海軍次官を辞め、昭和十四年（一九三九）八月三十日、海軍実戦部門の最高職である連合艦隊司令長官に補せられました。海軍の一部には、山本を海軍大臣にして、日米非戦という意思をより徹底させるべきとの意見もありましたが、米内はこのことに関し「山本を無理に（海相に）もってくると、殺される恐れがあるからねぇ」といったそうです。前述のように、山本は三国同盟締結を主張する勢力から脅しを受けており、彼自身も死を覚悟したような遺書めいた手紙もこの時期に書いています。そのような山本を連合艦隊司令長官にしたのも、暗殺の危険のまずない海上へ彼をおいておきたいという人々の配慮もあった、との説もあります。

阿部信行内閣の後、米内は組閣の大命をうけ、総理として同盟締結を阻止しましたが、陸軍が反発、単独で辞職した畑俊六の後の陸相を推薦してこなかったため、米内内閣は昭和十五年七月、わずか半年で瓦解しました。

これにかわって成立した第二次近衛内閣の吉田善吾海相は、諸方面からの圧力で入院、後任の及川古志郎海相は、もう耐えきれずとみて同盟締結に同意してしまいました。九月上旬に開かれた海軍首脳会議の席上、山本は「大臣の処置には従うが、同盟を結べば現在全資材の八割を米英からの輸入に頼っている。この不足を補う手だては何か」と及川に問いました。これに対し豊田貞次郎《ていじろう》次官は、「いろいろ意見もあろうが賛成願いたい」といい（及川海相が言ったとの説もある）、結局一同賛成ということになってしまいました（同盟は同月二十七日、ベルリンで正式締結）。

同じ時期、山本は近衛首相と荻窪《おぎくぼ》の近衛私邸で面会しています。そこで近衛から日米戦が起こった場合の海軍の見通しについて尋ねられた際、「それは是非やれといわれれば、初め半年や一年は、ずいぶん暴れてご覧に入れます。しかし二年、三年となっては、まったく確信はもてません。三国同盟ができたのは致し方ないが、かくなった上は、日米戦争の回避に極力ご努力を願いたいと思います」と答えました。この後、事態はさらに悪化し、日米開戦はいよいよ避けがたいものとなりました。

真珠湾奇襲と山本の願い

山本は一方で、このころから日米開戦となった場合の作戦について考え始めていました。そうした中で航空機によるハワイ奇襲構想が浮上してくるのは、昭和十五年十一月ごろです。山本は、同月付けで及川海相に宛てた書簡でその方針に関し「日米戦争において第一に行うべきは、開戦劈頭《へきとう》（まっさきに）、主力艦隊を猛撃撃破して米国海軍及び国民を救いがたいほどに落胆させることである。……敵主力の大部分が真珠湾に在泊している場合は飛行機隊を以て徹底的に撃破し、かつ同港を閉鎖する」と述べています。

これに対し軍令部は、あくまでも重要資源を有する南方の要地を確保した上で敵の来攻を待つ長期不敗の体制をとることが重要とし、国家の興亡がかかる戦争の第一戦にハワイ奇襲のような投機的作戦は実施すべきではない、と強く反対しました。しかし山本が「この作戦が許可されなければ、長官以下、連合艦隊全幕僚が辞職する」と迫ったため、とうとう軍令部は、あくまで南方作戦の支作戦として認めたのでした。いずれにせよ、緒戦となる両作戦においては、大艦巨砲主義にもとづく艦隊決戦は望むべくもなく、結局は異端として批判の多かった航空戦力に頼らざるをえなくなりました。その技術・装備面を営々として鍛え上げてきたのが、他ならぬ山本五十六だったのです。彼自身、昭和十六年十月十一日付けの書簡の中で親友の堀悌吉予備役中将に対し、「個人としての意見と正確に正反対の意見を固め、その方向に一途邁進の外《ほか》なき現在の立場は、誠に変なもの也。これも命《めい》というものか」と、その本心を吐露しています。

一方で山本も、この作戦の危険性は承知していましたが、**それでも開戦直後に大戦果を上げることに固執しました。それはどのような理由からだったと思いますか。**

開戦前の九月、山本は東京で笹川良一*に対して「そりゃ、初めの間は、たこが脚をひろげるように、思い切り手足を広げて、勝って勝って勝ちまくってみせる。しかし、やれるのはせいぜい一年半だからね（ここまでは近衛に対する意見とほぼ同じ）。きっかけは、シンガポールが陥落した時だ。シンガポールが陥ちると、ビルマ、インドが動揺する。インドの動揺は、英国にとっては一番痛いところで、英国がインドを失うのは、老人が『あんか』を取られるようなものだ。しかし、そこを読んでしっかりした手を打ってくれる政治家が果たしているかね」と話しています。つまり山本は、もともとアメリカに対して圧倒的に国力の乏しい日本が、長期不敗の体制をとることなど不可能であり、開戦当初から絶えず積極作戦を続けて、米艦隊をその都度とらえて撃滅し（現実的にはこのこと自体きわめて困難だが）、ある程度の戦果を上げたところで講和に持ち込む以外に手はない、と考えていたのです。しかも山本の考えていた講和条件は、勝ちいくさのさなかに日本側から持ち出すものとしては、かなり譲歩した内容だったようです。実際にシンガポールが陥落した二ヵ月後の昭和十七年（一九四二）四月、山本は桑原虎雄少将に対し、「今が政府として和を結ぶ唯一の、絶好のチャンスじゃないのか。日本としてそれを切り出す以上は、領土拡張の気持ちがないことをよく説いて、今まで占領した所を全部返してしまう、これだけの覚悟があれば、難しいけど、休戦の成立の可能性はあるね。しかし、政府が有頂天になってしまっているからなぁ」と話しています。

＊右翼政治家。戦後は日本船舶振興会会長などをつとめる。

ミッドウェーの敗戦

真珠湾攻撃は、出港中だった空母群を討ち漏らすなどの不備がありました。そこで山本は第二の積極策として、ハワイ占領を念頭においたミッドウェー島攻略と、これを防衛するためにハワイから出撃してくるであろう米太平洋艦隊を殲滅《せんめつ》するための作戦を計画しました。山本の本意は後者にありましたが、軍令部は前者を主目的とすることを主張、結局作戦は両方を含んだ曖昧なものとなってしまいました。しかも今回は、日本側の暗号の一部を解読し、この作戦を事前に察知していた米軍の待ち伏せ攻撃に遭い、大敗北を喫したのです。これ以後山本は、彼自身が望んでいた積極策をとることができなくなってしまいました。

謎をうけて

以上見てきたように、山本五十六は、政治的には対米戦に反対していましたが、情勢が流転する中で実戦部隊の長である連合艦隊司令長官に任じられ、結局は自らが育て上げた日本海軍の航空戦力で実行する役目を負うこととなりました。作戦は彼自身の思いと軍令部の考えの違いから徹底を欠き、実戦段階では山本も現場の指揮官に任せてしまった部分がありました。しかし個人的には、こうした問題の責任をすべて山本に帰するというのは、気の毒な感じがします。

【参考文献】

・テオ・ゾンマー（金森誠也訳）『ナチスドイツと軍国日本』（時事通信社、一九六四年）
・阿川弘之『山本五十六』（新潮社、一九七三年）
・山田朗『軍備拡張の近代史』（吉川弘文館、一九九七年）
・半藤一利『山本五十六』（平凡社、二〇一一年）
・ＮＨＫ取材班・渡邊裕鴻『山本五十六　戦後七〇年の真実』（ＮＨＫ出版、二〇一五年）

38 戦前・戦中も象徴天皇制だった!?
——昭和天皇をめぐる軍部・政府・側近の思惑

戦前・戦中の天皇をめぐる謎

満州事変、日中戦争、アジア・太平洋戦争時の天皇の地位は、「現人神《あらひとがみ》」として絶対的なものととらえている人が多いかもしれません。しかし、はたして本当にそうだったでしょうか。だとしたら、比較的親英米的とされた昭和天皇が、なぜ軍部の対米英開戦要求を拒否できなかったのでしょうか。また、逆に同じ天皇が、終戦に際してはなぜ自らの決断（いわゆる「聖断」）を実行させることができたのでしょうか。以下、時代を少しさかのぼって考えていきたいと思います。

◇

統帥権干犯問題

従来、兵力量は内閣が決めていましたが、昭和五年（一九三〇）、ロンドン軍縮会議において日本の補助艦*の割合が、対米六九・七五%と決まると、統帥部（陸海軍の最高指導機関）は突然、「内閣が決めてしまうのは、天皇のもつ統帥権（軍の最高指揮権）を侵害したことになる」と抗議しました。しかし内閣は、軍縮条約締結にあたっては、もちろん天皇の承認は得ていたのです。ということは、**結局統帥部は、天皇のこと**

を本心ではどのような存在と考えていたことになるでしょうか。

答えは、暗黙の了解として「天皇は飾り物」と考えていた、ということです。すなわち統帥部としては、自分たちの希望と合致してこその天皇絶対でした。したがって、天皇個人が「国際協調のためにも、軍縮を進めてほしい」と願ったとしても、天皇絶対（この場合は統帥権の干犯）という論理をもち出して、それを封じ込めようとしたのです。

＊この場合、戦艦や空母以外の巡洋艦、駆逐艦、潜水艦などの中小軍艦をさす。

熱河作戦に見る内閣と軍部の関係

満州事変の拡大の中で、陸軍は昭和八年（一九三三）、満州西側の熱河《ねっか》省への作戦開始の許可を求めました。天皇は、中国内地を直接脅かせば、同地に利害関係をもつ英米や、日本の利権は南満州のみと見なしていた国際連盟から決定的な反発を招くと考え、二月四日、万里の長城を越えないことを条件にこれを認めます。

ところが二月八日になって、天皇は政府（斎藤 実《まこと》内閣）がこの作戦実施に同意していないことを知りました。驚いた天皇は、参謀総長に対し作戦中止を要求します。しかし陸軍側は、既に四日に天皇の裁可を得ているとして、政府の中止要求に応じませんでした。十一日、斎藤首相からこの状況を聞いた天皇は、ますます中止の意思を固めましたが、これに対し時の侍従武官長＊であった奈良武次《たけじ》は、天皇に「このような国策上の重大事項は、内閣の責任のもとに中止させるべきである」と進言しました。**この発言、一見良識ある内容に思えますが、本当に実現できると考えていたのでしょうか。**

現実には軍部の力が政府を圧倒していたので、奈良がいうような建前論を内閣は実行できませんでした。

だからこそ首相は天皇に訴えたのです。**天皇は陸海軍を統帥する大元帥ですから、建前上は軍の行動を中止させる命令を出すことはできますが、実際にそれをやると大混乱が起きることになります。あくまでも陸軍側の立場に立つ奈良は、そうしたことも見越した上で発言したと考えられ、現に前述の進言の際に「天皇のご命令を以て作戦を中止しようとすれば、もめごととなり、政変の原因になるかもしれません」とも意見具申していたのです。

結局この作戦は実行され、四月には長城を越えて河北省にまで侵攻しましたが、中国政府が停戦を求めてきたため、五月に協定（塘沽協定《タンクー》）が結ばれました。これにより日本軍は長城線まで撤退しましたが、満州事変による日本の中国東北部占領を既成事実化することに成功したのです。

＊陸・海軍の大将ないし中将が任ぜられる。天皇を軍事面で補佐し、大元帥としての天皇の行動様式をつくりあげた。
＊＊陸軍のトップ、参謀総長と陸軍大臣、それから海軍のトップ、軍令部総長と海軍大臣は、直接天皇に意見を具申して裁可を仰ぐことができた。また陸・海軍大臣は内閣の一員ではあるが、首相からは指名できず、軍内部で決めたので、軍が首相予定者に反対の場合、大臣候補を挙げないことで、内閣を崩壊させることができた。昭和十五年（一九四〇）七月、米内光政内閣はこれにより退陣したことは既に述べた。

二・二六事件における侍従武官長と天皇とのやりとり

次は、反乱翌日*（昭和十一・一九三六年二月二十七日）における天皇とのやりとりを記した本庄繁侍従武官長の日記です（意訳）。

この日、陛下に拝謁した際、「彼等行動部隊の将校の行為は、陛下の軍隊を勝手に動かしたもので、もとより許されるべきものではありませんが、日本を思う気持から行ったことですから、必ずしも咎《とが》めるべきではありません」と申しあげたところ、後に陛下は「私の最も信頼する老臣を殺したような凶暴な将校を、その気持の面からも許すことができようか」と仰せられた。

またある時は、陛下が「私の最も信頼する老臣をすべて倒すのは、真綿で私の首を絞めるに等しい行為である」と仰せられたので、「陛下の老臣を殺傷したことは、もとより最悪の行為ですが、たとえ誤った動機からであったとしても、彼等の行動は、国家のためという考えからのものです」と重ねて申しあげた。これに対し陛下は、「それはただ私利私欲のために行ったのではないといえるのみである」と仰せられた。

右の傍線部分から、本庄侍従武官長の本音はどのようなものだったと推測できますか。

答えは、反乱軍の行為について弁解しており、同情していた、ということです。やはりここでも、「陸軍としては自分たちに都合のいい考え方に天皇が立つ限りにおいてのみ、天皇は絶対」という天皇軽視の考え方が示されているのです。

*陸軍皇道派青年将校が部隊を率いて起こしたクーデター。齋藤実内大臣・高橋是清蔵相らを殺害、一時永田町一帯を占領したが、天皇の命令により三日後に鎮圧された。

日中戦争の開始――軍部より政府の方が強気だった

昭和十二年（一九三七）七月七日に起きた盧溝橋《ろこうきょう》事件*において、日中両国は全面戦争状態に入りました。英米をはじめとした諸列強は仲介の動きを見せ、なかでもドイツが仲介案を示しましたが、これはもともと対ソ戦争を最大目標とし、中国との長期戦を望んでいなかった日本陸軍統帥部（参謀本部）の依頼によるものでした。中国の蒋介石も、十一月末にこの案にもとづく話し合いに応じる姿勢を示しましたが、首相近衛文麿をはじめとした政府の方がかえって強硬で、中国に対してドイツ案よりもさらに過酷な条件を示すありさまでした。というのは、表32にあるように十二月には南京を占領するなど日本軍の快進撃が続き、戦争の実情を知らない近衛内閣は、すっかり戦勝ムードに浸りきっていたのです。その結果、翌年一月には「国民政府を対手《たいしゅ》（戦う相手）とせず」などという声明ま

表32　昭和初期から日米開戦までの国内の動き

年	月	できごと
1928(昭和3)	11	昭和天皇即位。
1929(昭和4)	7	田中義一内閣総辞職。
1930(昭和5)	4	ロンドン海軍軍縮条約（統帥権干犯問題起こる）。
	11	浜口雄幸首相、狙撃され重傷（後に死去）。
1931(昭和6)	3	三月事件（軍部内閣をめざすクーデター未遂）。
	9	満州事変。
	10	十月事件（軍部クーデター計画、未然に発覚）。
1932(昭和7)	1	第1次上海事変。
	2	血盟団事件（右翼テロ、井上前蔵相を射殺）。
	3	満州国建国。血盟団員、団琢磨を射殺。
	5	上海日中停戦協定。五・一五事件（海軍青年将校ら、首相官邸等を襲撃）。
1933(昭和8)	2	熱河作戦。
	3	国際連盟脱退。
	7	神兵隊事件（右翼クーデター計画発覚）。
1936(昭和11)	2	二・二六事件（陸軍青年将校ら、首相らを襲撃）。
	5	軍部大臣現役武官制復活。
1937(昭和12)	7	日中戦争始まる。
	12	南京占領。
1938(昭和13)	4	国家総動員法。
1940(昭和15)	9	北部仏印に進出。日独伊三国同盟。
1941(昭和16)	4	日米交渉始まる。
	7	南部仏印進駐。
	10	東条内閣成立。
	12	御前会議で開戦決定。

で出してしまいました。

一方参謀本部は、戦局の見通しが立たないこと、当面の軍需と輸入の減退により、生産力拡充の見通しが立たなくなることを恐れていましたから、ドイツの仲介案に望みを託し、早めの終戦を期待していたのです。

＊北平（今の北京）郊外の盧溝橋付近で起きた日中両軍の衝突事件。最初の発砲が中国側なのか、日本軍の謀略によるものかは説が分かれている。

対米開戦直前時の陸・海軍

昭和十六年（一九四一）十月十二日、近衛首相は自宅に陸・海軍大臣、外務大臣らを呼んで、開戦か和平かの最終的会議を行いました。この直前、海軍省ナンバー3の岡軍務局長は、「海軍は、アメリカとの交渉が決裂するのを望まない。しかし海軍としては、これを表だっていうことはできない。会議では海軍大臣が、『和戦の決定は首相に一任する』と発言するから、その含みで願いたい」と連絡してきました。そして実際の会議では、東条英機陸相が強く開戦を主張し、及川海相は連絡したとおりの発言を繰り返すのみでした。

十四日、今度は陸軍の武藤軍務局長が、「海軍が戦争を望まないなら、陸軍も考えなければならない。しかし海軍は陸軍にはっきりとそういうことを口にしないで、ただ総理一任という。これでは陸軍内部の開戦派を抑えることはできない。何とか海軍の方から、はっきりと戦争に自信がないといってくれるように仕向けてもらえないか」といってきました。**この両軍務局長の発言から、陸・海軍のどのような本音が読み取れるでしょうか。**

それは、驚くべきことに、陸・海軍ともに開戦の責任を相手に押しつけたい、ということでした。海軍も、内部の下（開戦派）からの突き上げがあるし、またこれまで対米戦を予想して軍備拡充を強く要求してきた手前もあって、表だって開戦回避をいうことができず、さらに自らが開戦を回避した場合に予想される非難をも避けようと、あくまでも首相の判断ということにしようとしたのです。こうした事情は陸軍も同様でした。

開戦直前、お互いに協力しあうべき同一国内の陸海軍の本音がこのようなものであったと、もし当時の一般の人々が知ったら、さぞかし衝撃を受けたことでしょう。

東条内閣成立のいきさつ

対米開戦の気運が高まる昭和十六年十月十六日、戦争遂行に自信のもてない近衛首相は政権を投げ出し、十八日に内閣は総辞職しました。ここに至り、米英との戦争を極力避けようとしていた木戸幸一内大臣（天皇の側近）は、第三次近衛内閣の陸相で、開戦を最も強硬に主張していた東条英機を次の首相とするよう、天皇に進言します。実はこの時、**皇族である東久邇宮稔彦王《ひがしくにのみやなるひこ》（大将）が有力な次期首相候補でしたが、木戸はこれに反対しました。なぜだと思いますか。**

それは、木戸がこの戦争を負けと見越していたため、同じ負けるにしても皇族内閣が開戦に踏み切ったとなると、敗戦時に天皇制そのものが危うくなる、と恐れたためです（なお東久邇宮は、戦後初の首相となった）。

天皇は木戸が東条を推したことに対し、「虎穴に入らずんば虎児を得ずだね」といわれたそうです。前述したように主戦派ではありましたが、陸軍で最も実力があり、しかも天皇に対する忠誠には定評があった東条に首相をやらせれば、逆に軍の横暴を抑えて開戦を避けられるだろう、との木戸の思いを天皇が理解したための発言だと考えられています。

東条は自分が首相に推されるとは夢にも思わず、あまりにも意外だったので、呆然となったそうです。

天皇はなぜ開戦を阻止できなかったのか

後にとりあげますが、終戦に際しては天皇の「聖断」によってポツダム宣言を受諾しました。それならば、**なぜ開戦時にも同じようなことができなかったのでしょうか。再び表32を見て考えてみましょう。**

それは、このころ三月事件、十月事件、血盟団事件、神兵隊事件、そして二・二六事件というように、テロが繰り返され、天皇も政府もその恐怖を感じていたためと見られています。戦後になって昭和天皇は、外国人記者にこの点を聞かれ、「もしそれ（天皇権限で開戦を阻止すること）をやっていたら、私は殺されるか幽閉されるかしていたでしょう」と答えています。

図70　鈴木貫太郎

「聖断」実現の背景

ご存知のように、日本軍は開戦後約半年間は快進撃を続けましたが、その後、米軍が攻勢に転じ、太平洋域における日本の勢力圏は次第に狭まっていきました。昭和十九年（一九四四）七月、サイパン島が陥落すると、その責任をとって東条内閣は総辞職します。これにかわった小磯国昭内閣は、中国への和平工作を試みましたが失敗、瓦解しました。この後、昭和二十年四月には海軍出身の鈴木貫太郎(図70)が組閣の命を受けます。その主な顔ぶれは、首相鈴木貫太郎（昭和四～十一年侍従長、天皇の側近）、海相米内光政（海軍内の親英米派、昭和十五年首相、重臣*）、陸相阿南惟幾《あなみこれちか》（鈴木貫太郎が侍従長時代の侍従武官）、外相東郷茂徳《しげのり》（開戦時も外相で和平を主張）などでした。**これを見て、どのようなことに気づくでしょうか。**

答えは、天皇に近い人々か和平派である、ということです。つまりこの内閣は、天皇の意思を実行しやすい、いわば宮廷内閣的な性格が強いといえましょう。特に天皇の青年期に長年侍従長として仕えた鈴木は、天皇の意思をくんで終戦工作を進めるにはまたとない人物であり、二人はいわば「阿吽《あうん》の呼吸」でわかりあえる間柄だったようです。二・二六事件で瀕死の重傷を負った鈴木がもし死んでいたら、他に誰がなしえたか、という思いを強くします。

次に、天皇「聖断」への流れを表33によって説明します。

この表から（特に下線部分に注目して）開戦時にはなしえなかった天皇の「聖断」が、この時は可能になった条件をあげてみましょう。

一つは、当然のことながら戦況・戦備の絶望的な状況です。二度の原爆投下やソ連参戦により、最も強硬な陸軍も、こうした状況は認めざるをえませんでした（開戦前は、圧倒的不利は予想されたとはいえ、少なくともまだ戦っていないので、陸軍は強気だった）。

そしてもう一つは、鈴木首相が結論を出すことを性急にせず、反対派にも徹底的に議論をさせ、法手続を一つ一つ着実に踏みながら、最後の最後に聖断を出させたことにあります（表の破線部分に注目）。

表33　天皇「聖断」への流れ　昭和20年（1945）

5月上旬	沖縄戦で敗色濃厚となる。このころ、天皇は講和やむなしとの気持ちになる。
5月11日	最高戦争指導者6人（首相、外相、陸相、海相、参謀総長、軍令部総長）、初めて講和について話し合う。
6月9日	天皇、内外の陸海軍の兵力・装備がもはや継戦不可能な状態との報告を聞き、衝撃を受ける。
6月22日	天皇、最高戦争指導会議を召集。慣例を破り「戦争終結に努力するように」と発言。 ＊この後、ソ連を通じた和平交渉を試み、時間を費やす。
7月22日	ポツダム宣言（日本に無条件降伏を要求）が東京に伝えられる。政府はソ連からの回答を待つため静観を決定、翌日の新聞には「黙殺」と伝えられる。
8月 6日	広島に原子爆弾投下。
8月 9日	ソ連が日本に宣戦布告。長崎にも原爆投下。 10時過ぎ～13時：最高戦争指導会議、結論出ず。13時半：首相、天皇に会い「聖断」を請う。14時半～22時：断続的に閣議。23時50分：天皇臨席のもとに最高戦争指導会議。
8月10日	ポツダム宣言の条件について会議は紛糾。2時半、天皇の聖断が下る。 （発言内容）「空襲は激化しており、これ以上国民を塗炭の苦しみに陥れ、文化を破壊し、世界人類の不幸を招くのは、私の欲していないところである。私の任務は、祖先から受け継いだ日本という国を子孫に伝えることである。今となっては、1人でも多くの国民に生き残っていてもらって、その人たちに将来再び立ち上がってもらうほか道はない。もちろん、忠勇なる軍隊を武装解除し、また昨日まで忠勤を励んでくれたものを戦争犯罪人として処罰するのは、情において忍びがたいものがある。しかし今日は忍びがたきを忍ばねばならぬ時と思う。明治天皇の三国干渉の際のお心持を偲びたてまつり、私は涙をのんで外相案（ポツダム宣言受諾）に賛成する」 4時：引き続き待たせておいた大臣を召集して閣議、御前会議の決定をそのまま採択。陸軍内に不穏な動き起こる。
8月11日	ポツダム宣言受諾（ただし天皇制維持の条件のみ付ける）に対する連合国側の回答待ち。
8月12日	連合国側の回答届くも、その英文の解釈をめぐって陸軍は受諾反対を主張。天皇は受諾を承認。15時：閣議、受諾か拒否かをめぐって意見対立。
8月13日	阿南陸相、天皇に拝謁。回答文では天皇の地位保証は確認できないと訴えたが、天皇はこれを退ける。9時：最高戦争指導会議。出席者6人中、受諾賛成3、再照会（もう一度天皇制維持の保証を連合国側に確認すべき）3で紛糾のまま散会。15時：閣議。陸相のみ受諾に付す条件をふやすべきと主張。残りのほぼ全閣僚は受諾に賛成。首相、この様子を天皇に報告し、再び「聖断」を仰ぐことを主張、閣僚承認。
8月14日	8時40分：首相、木戸内大臣とともに天皇に拝謁、天皇の召集による御前会議開催を求める。天皇、これを快諾。10時：天皇、陸海軍の3人の元帥を呼び、大元帥として戦争終結に軍は従うべし、と命じる。10時50分：最高戦争指導会議と閣議の合同会議が天皇列席のもとに開かれる。陸相、参謀総長が意見を述べたが、正午近く、天皇が2度目の聖断を下す。 （発言内容）「国体問題（天皇制を維持できるかどうか）について、いろいろ危惧もあるということであるが、先方の回答文は悪意をもって書かれたものとは思えないし、要は国民全体の信念と覚悟の問題であると思うから、この際、先方の回答文をそのまま受諾してよろしいと考える。……国民が玉砕して君国に殉ぜんとする心持ちもよくわかるが、しかし、私自身はいかになろうとも、私は国民の生命を助けたいと思う。……」

＊天皇の最高顧問だった元老にかわり、天皇に後継首相選定の意見を具申できる人々。首相経験者などがそう呼ばれたが、制度上のものではない。

天皇は二人いた？

立憲君主制では、「君主は君臨するが統治しない」が大原則でしたが、この時天皇は、これを破って国家の命運を決める決断をしました。明治憲法第十三条に「天皇ハ戦ヲ宣シ和ヲ講ジ及諸般ノ条約ヲ締結ス」とあり、この天皇大権を用いれば、少なくとも法的には天皇独自の判断による講和は可能だったのです。

誤解を恐れずにいえば、この時代、天皇は二人いました。このことに関し、最後の元老西園寺公望《きんもち》は、「陛下は天皇であると同時に大元帥である。よく大元帥＝天皇というように考えているようだけれども、大元帥は天皇の有せられる一つの職分であって、大元帥＝天皇などということはないのである」と述べています。つまり図71に示したように、大元帥は天皇の下に位置づけられるものであって、軍政両方を握る立場としての「天皇」が大元帥（実際には同一人だが）に対して終戦、講和を命じることができる、と鈴木は解釈したのです。

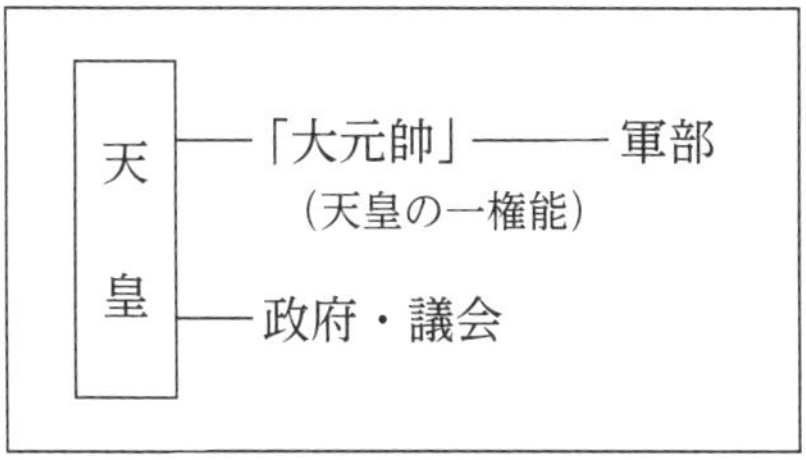

図71　戦前・戦中期の天皇

謎をうけて―天皇のもとでの無責任体制

明治憲法下では、天皇のもとに各種の機関が政治権力を分有する形で存在していました。軍部・枢密院・

重臣などは法制上、あるいは事実上それぞれ独立した権能をもっていたのです。そして、これらの機関を統一的に支配できるのは、天皇だけでした（図71）。しかしその天皇は、明治憲法第三条に「神聖ニシテ侵スベカラズ」とあって、すべての責任の外にあり、しかも大正期以降は立憲君主制の大原則を守って現実の政治に関与しませんでしたから、結果として日本は多頭政治となり、誰が誰に対しても責任をとらない、オール無責任体制となってしまったのです。

【参考文献】
・本庄繁『本庄日記』（原書房、一九六七年）
・林茂『日本の歴史25　太平洋戦争』（中央公論社、一九六七年）
・半藤一利『聖断 天皇と鈴木貫太郎』（文藝春秋、一九八五年）
・　同　『日本のいちばん長い日』（同、一九九五年）
・大江志乃夫『御前会議』（中央公論社、一九九一年）
・藤原彰『昭和天皇の十五年戦争』（青木書店、一九九一年）
・山田朗『大元帥昭和天皇』（新日本出版社、一九九四年）
・阿川弘之他『二十世紀日本の戦争』（文藝春秋、二〇〇〇年）
・坂本多加雄他『昭和史の論点』（文藝春秋、二〇〇〇年）
・宮内庁編『昭和天皇実録』第六（東京書籍、二〇一六年）

39 「銃後の人々」の本音とは ――アジア・太平洋戦争

銃後の人々をめぐる謎

アジア・太平洋戦争に関して、私は以前からいわゆる銃後の人々が実際どのような気持ちを抱いて暮らしていたのか、ということに強い関心をもっていました。当時の政府が行っていた戦時統制のため、こうしたことを知るための史料はあまり多く残っていません。しかし、この時代を考える場合、開戦に至る政治過程や軍事情勢の変化だけではなく、やはりそうした統制の中で人々がどのような気持ちで暮らし、生き抜こうとしていたのか、ということもあわせ見ていかなければ総体的な理解は難しいのではないでしょうか。ここでは残された数少ない史料を用いて、そうした問題について検討していきましょう。

◇

いつごろから敗戦を意識したのか

敗戦直後、アメリカ戦略爆撃調査団が行った調査によれば、半数以上の日本国民が勝利に疑問をもつようになったのは、Aマリアナ沖海戦（昭和十九・一九四四年六月）、B東京大空襲（昭和二十年三月）、C沖縄戦（同年六月終了）のうち、いずれの時点だったと思いますか。

図72　山田風太郎

図73　徳川夢声

答えはCで、この時点で六〇％に達していました。その一方で、Aの段階では未だ一〇％にすぎず、Bで四〇％になります。いかがでしょう。既に戦争の経過を詳しく把握している私たちから見ると、ずいぶん戦争末期に至るまで国民の多くが勝利を信じていた、と感じませんか（ただし後述のように、この数字が実態を示していたか疑問が残る）。

もちろんこれには、当時の政府・軍部が情報を統制・管理し、また発表した内容も、戦局の悪化にともない、およそ事実とはかけ離れた大きな戦果と小さな損害に終始したことも、大きく関係しているでしょう。ただ、そうした中でも、人々はさまざまなルートから噂レベルではあっても、より実情に近い内容を耳にしていたようです。

実際のところ、一般の人々はどの程度情報を把握し、それに対していかなる気持ちを抱いていたのでしょうか。ここでは当時若き医学生だった山田風太郎（後に小説家となる、図72）や映画弁士・漫談家で日本初のマルチタレントともいわれる徳川夢声（図73）らの日記から読み取っていきたいと思います。

①昭和十六年（一九四一）十二月八日

日本の真珠湾攻撃により、アジア・太平洋戦争が始まったこの日について、山田は一年後の同じ日に「痛快とも何ともいいようのない壮大感に圧倒され、身体はしばらくぶるぶると震えていた。……戦況には全身の血が踊った」と回顧しています。また夢声は開戦の翌日、その大勝利を伝える新聞を読んで、「あんまり物凄い戦果であるのでピッタリ来ない。日本海軍は魔法を使ったとしか思えない。いくら万歳を叫んでも追いつかない。万歳なんて言葉では物足りない」と記し、あきれ、かつ驚喜しています。

このように開戦当初においては、軍部や政府はもちろん、全国民がその大勝利に歓喜し、熱狂したように思われます。ところがその一方で、評論家・小説家の伊藤整は（自身はこの戦勝を喜び、気分を高揚させていたが）、この日の町の様子について「バスの客少し皆黙りがちなるも、誰一人戦争のこと言わず。……誰も今日は笑わないのだ。……通行者、みなむっとしていて新聞を見ながら歩く」などと書き留めていて、どうやらそうとばかりはいいきれないようなのです（この点、後述）。

②昭和十七年六月

日本軍の快進撃がストップし、以後劣勢に転じる契機となったミッドウェー海戦が行われました。この時被った大損害のなかみは大本営によって厳しく抑えられ、あたかも日本が勝ったかのような形で発表されました。それにもかかわらず夢声は同月十一日、「新聞を読むと、おやと驚いた。日本の航母（航空母艦）一隻撃破され、一隻大破で（実は出動した四隻すべてを失っていた）、巡洋艦も一隻やられている（これは事実）。大東亜戦争開始以来、こんな大きな犠牲はない。米国の航母……二隻撃沈とある（実際は一隻）が、今までみたいに幕下が横綱を倒したような華々しい戦果ではない」と記し、わずかながら勢いの衰えとして受けとめています。

③昭和十八年二月

日本軍の太平洋方面における劣勢を決定づけたガダルカナル島での敗戦は、大本営によって撤退という事実を「転進」という表現で報道されました。これをラジオで聞いた山田は二月十三日に、「自分が皇軍（日本軍）に対する海のような信頼の中に、時々浮かび上る水泡のような不安を、悲しくも現実に現わした文句であった。……半年以上もこの血戦に息をこらしていた国民にとっては一大失望を与えることに間違いはない。…日本はいつ第二期の大攻勢に移るつもりだろう」と記しています。実際、このころから戦局の悪化をあからさまに述べた噂が国内でぼちぼち出始めましたが、その一方で山田も記すように、これから戦局は好転する、との期待感もまだ根強くあったようです。

④同年四〜五月

真珠湾攻撃を立案・指揮した山本五十六連合艦隊司令長官は、国民からの信望が厚かった軍人で、その戦死（四月十八日）は大きな衝撃を以て受けとめられたようです。山田は五月二十日に、「このニュースをはじめて定時近い会社のざわめきの中できいたとき、みな耳を疑った。デマの傑作だと笑った者があった。が、それがほんとうだとわかったとき、みな茫然と立ちあがった。眼に涙をにじませている者もあった。何ということだ。いったい何ということだ」と、また伊藤は同月二十一日に「驚く。真の戦略家らしいこの人を失うことは何にも増して心細さを覚える」と、それぞれ記しています。

また五月末にアッツ島守備隊約二六〇〇名のほぼ全員が戦死しましたが、これについては大本営も「転進」というわけにはいかず、せめてイメージを美化するために「玉砕」と報じたのです。しかし全滅という事実は曲げようもなく、これについて伊藤は同月三十一日に、「何ということか。とうとうこういう事になった。悲痛この上もない。いよいよ今度の戦はその真相を露骨に現わしてきた。目が覚めたような思いである」と、また喜劇俳優古川ロッパは六月三日、「それから戦争の話になり、すっかり沈みこんでしまった。何《ど》うも娯楽どころではないという感じがソク〳〵と迫って来るのには参る。アッツ島全滅以後の人心というものは全く、もういかんものとなってゐる」と、それぞれ書いています。

⑤昭和十九年夏〜二十年三月

昭和十九年に入ると日本の敗色がいよいよ濃厚となり、勇ましい発言をしていた山田も五月七日に、「日本は敗北するのではないか」と記しています。七月初め、アメリカ軍はサイパン島をおとし、いよいよ日本本土への空襲が現実のものとなりますが、これについて夢声は同月十八日に、「大した衝撃を感じなかった。……この発表程度のことは、既に余程前から知っていた事であり」などと書いています。このころ国民の大半は、（冒頭に紹介した調査結果とは異なり）わずかな期待を抱きつつも敗戦の日が近づきつつあることを実感していたのではないでしょうか。

そしてこの年十一月末、ついに東京への本格的空襲が始まり、翌年三月十日には約十万人の犠牲者を出した東京大空襲が行われました。同月十七日、山田は「このごろ東京都民ことごとく戦々兢々《きょうきょう》として、仕事も何もウワのソラなり。東を向くも西を向くも敗戦論ばかり」と書き留めています。

戦死兵士の家族の建前と本音

よく知られているように、「赤紙」と呼ばれる召集令状が届くと、職場や近所の人々、親戚などが祝いに駆けつけました。そして戦死するとその家族は、「戦死者の忠霊はやがて護国の神として、尊き靖国神社に合祀《ごうし》されることを思えば、勇ましくも華やかに、み魂《たま》と共に遺族も安らけく慰め得て余りあることを光栄といたします*」などとコメントするのです。

しかし、これらは人々の本音とは思えません。**実際のところはどのような気持ちだったのでしょうか。**

山田は昭和十八年十二月二十九日、「(従兄の戦死をうけ)寿子姉は涙をうかべて『ガダルカナルなどゆかせるのは、軍でちゃんと調べて、死んでもよい兵隊を選べばいいのに』という。伯母は……『ガダルカナルという名をきいただけで身ぶるいがする。靖国神社さえもゆきたいとは思わない』という。伯父は、勇兄戦死の報が伝えられた日からしばらく病気になったそうである」と書いた後で、「それでも、連隊からの悔み状に対して、三人額をあつめて出した返事には『大君を捧げまつりしわが子は』云々と書いたそうである」と続けています。やはり肉親の戦死を簡単には受け容れられなかったし、その一方で世間体に配慮し、建前にすぎない手紙を書かざるをえなかった、という実情がよく伝わってきます。

また日中戦争で息子が戦死した大阪市に住むある父親は、「(息子が入った)この部隊は猪武者の部隊長の命令で進むことだけを手柄にしていたらしく、糧食や弾丸の補給も出来ず、如何なる勇士でも死ぬのが当然だ。もう少し戦略があってもよいのではないか」と述べ、内々では軍の批判までしていました。

＊日中戦争期、朝日新聞の投書欄「鉄箒《てっそう》」に掲載された投書の一部。

空襲に対する驚くべき感覚

既に記したように、昭和十九年十一月末より東京では本格的空襲が始まりました（図74）。もし万が一、現代の私たちにそのような危機が迫ったとしたら、生活の心配などはもちろんありますが、とにかく命を守るために町を離れ、遠い山村にでも逃げ込もうとすると思います。

しかし、当時東京に住んでいた人々の多くは、ずいぶんと異なる感覚だったようです。＊

・「正直ノトコロ、今日ノ空襲ハ面白カッタ。B29ノ編隊ハ美シイ。（日本軍機との攻防を眺めて）息モツケナイ面白サダ」（夢声、昭和十九年十二月二十七日）

・「このごろは少数機にては空襲警報を鳴らすことなく、警戒警報のみにてすます。……深夜に来襲せば、例え爆弾頭上に裂くるも断じて起きずと決心するほど、外は寒く蒲団は暖し。人間の意志はコッケイなほど薄弱なるものなり」（山田、同年十二月二十三日）

・「今ごろは敵機頭上にあるも、壕に入る者ほとんどなし」（山田、昭和二十年一月九日）

そして同年三月四日、山田は「明朝B公（B29のこと）来ないかな」とつぶやいています。**なぜこんなことをいったのでしょうか。**ヒントは彼が当時医学生だったということです。

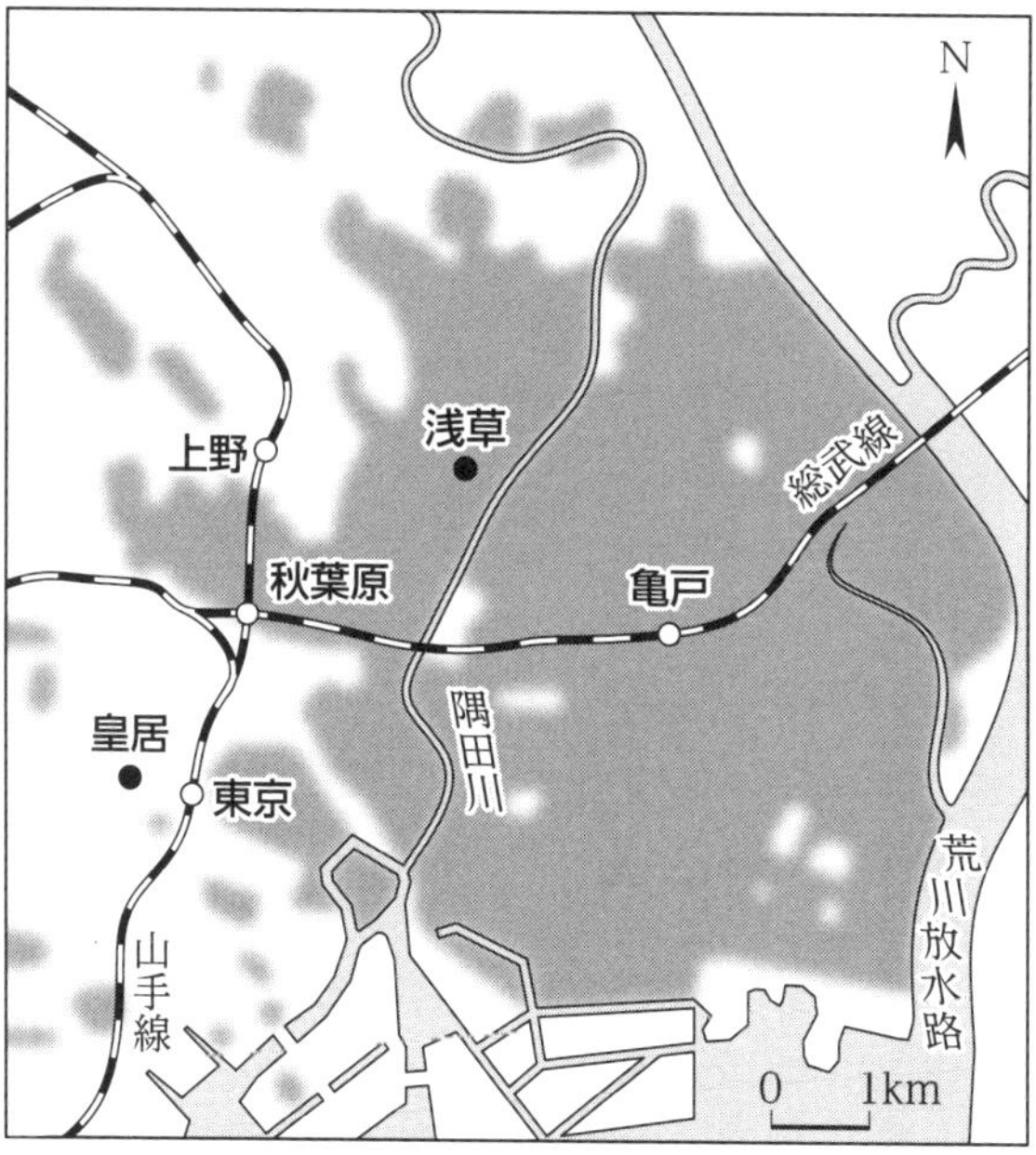

図74　東京大空襲被害図
被害のあった地域
（立命館大学国際平和ミュージアム常設展示解説をもとに作成）

答えは、翌日行われる予定の試験が、空襲があった場合には学校が無試験合格とする、と学生たちに約束していたからでした。山田のつぶやきはもちろん冗談ではあったのでしょうが、命の危険より試験がないほうがよいとは……。

そして、あの東京大空襲があった三月十日にも、山田は「東方の空血の如く燃え、凄惨言語に絶す」としながらも、それに続けて「爆撃は下町なるに、(山田の住む)目黒にては新聞の読めるほどなり」と、あきれるほど暢気な記述を残しています。

一方、夢声(当時は荻窪に在住)の同日の記述は次のようなものでした。「凄観!壮観!美観!……美しい!と言ってはいけないのだが、他にそれを現わす言葉がない。……今夜の大火では、また数万の人が焼け出されるであろう。甚だ気の毒である。その人たちにとっては、美しいどころか、お茶どころか、正に地獄の責苦《せめく》だろう。だが私は……」。さて、**夢声はこれに続けて何と記したでしょう。**

答えは「自分が斬られるまで、痛がることは止めよう」でした。東京に空襲があっても離れた地域であれば、さらに近所が爆撃されても自宅が燃えなければ、といった感覚が読み取れます。しかし、これは夢声だけではなく、人間一般がもつ順応性の一端を示しているのではないでしょうか。もちろんこれには、「今ではいくら前の晩に猛烈な空襲があっても、こそとも言わない。黙って、ぐったりとみな天井を見ている。疲れ切った顔である」と山田が記す(同年一月七日)ように、この時期の人々が深い諦観にとらわれていたことも大きく関わっていたでしょう。

*子どもに関しては、昭和十九年八月から地方への疎開が始まった(学童疎開)。

根深かった厭戦感情

ところで次は、戦時中に東京渋谷で土木工事をしていた三十三歳の労働者の発言です。

「日本は支那や米英と戦って勝っているというが、後には敗戦する。それは日本には物資が不足しているからだ。日本の軍人はみんな死んで負けてもいい」*

はたしてこれは、戦時中のいつごろのものだと思いますか。

答えは何と、昭和十六年十二月十日の発言でした。開戦直後、日本中が大勝利に沸いた（と思われていた）この時点で、なぜ彼はこのようなことをいったのでしょうか。このエピソードの前のほうで紹介した、伊藤整が開戦直後の人々がむっとした表情をしている、と記したことも関係すると思われますが、この時点で既に四年半近く続いていた日中戦争が、一向に先の見えないものとなっていたことを前提に考えなければならないでしょう。それに加えて、圧倒的な物量を誇る米英と開戦したことは、たとえ緒戦に勝利したとしても、人々をさらに大きな不安へ駆り立てたのではないでしょうか。

＊特高警察が反戦・反軍の落書・投書・発言などをまとめた『特高月報』より。既に紹介した大阪市の父親の発言も同様。

謎をうけて

戦時中、多くの一般国民は、政府や軍部からの情報統制を受けながらも、次第に劣勢となる戦況をある程度感じ取っていたようです。また、表向きはともかく、内実は出征した家族の戦死を不条理なものと悲しみ、憤っていました。これは人間の自然な感情として当然なことだと思います。

そして空襲が激しさを増す中、人間としての順応性や深い諦観などから、今日の私たちにはとても信じられないことではありますが、その日その日を暮らしていたのです。そこには、人間らしい喜怒哀楽の感情をともなった「日常の生活」があったのでしょう。

【参考文献】

・山田風太郎『戦中派虫けら日記』（筑摩書房、一九九八年）
・　同　『戦中派不戦日記』（講談社、一九八五年）
・徳川夢声『徳川夢声日記（一）〜（七）』（中央公論社、一九七七年）
・伊藤整『太平洋戦争日記（一）』（新潮社、一九八三年）
・ドナルド・キーン『作家の日記を読む　日本人の戦争』（文藝春秋、二〇〇九年）
・朝倉喬司『戦争の日々　下』（現代書館、二〇〇九年）
・一ノ瀬俊也『皇軍兵士の日常生活』（講談社、二〇〇九年）

40 沖縄返還に翻弄された男
――金城哲夫とウルトラマン

ウルトラマンと沖縄返還をめぐる謎

図75　金城哲夫

昭和四十一年（一九六六）、当時小学一年生だった私は、毎週日曜日の夜七時には「ウルトラマン」を見るためにテレビの前に釘付けになっていました。親にねだって高価な怪獣図鑑を買ってもらった記憶もあります。しかし、この「ウルトラマン」が沖縄出身の金城《きんじょう》哲夫（図75）という人が生み出したヒーローと知ったのは、三十代になってからのことでした。「ウルトラマン」には何か沖縄の影響があるのか、またその後の金城はどのような人生を送ったのでしょうか。そして当時、沖縄返還への動きが加速していましたが、この沖縄の問題とはいかに交錯するのか、以下見ていくことにしましょう。

◇

金城哲夫の上京

金城は、父が麻布獣医学校（現在の麻布大学）で学んでいた昭和十三年（一九三八）七月に東京で生まれました。その後、沖縄へ帰って沖縄戦を経験、戦後地元の高校受験に失敗し、同二十九年（一九五四）、東京の玉川学園高等部に入ります。同校の創設者である小原國芳は、個性・情操を重視し、知力だけではなく全人格を培《つちか》う全人教育を提唱した人物であり、金城は自由な雰囲気の中で、その個性を大いに磨いていきました。

このころアメリカ映画「宇宙戦争」（一九五三年公開）がヒットしたり、世界初の人工衛星スプートニクが打ち上げられる（一九五七年）など、日本を含む世界は、科学や宇宙への憧れ、希望にあふれていました。金城もそうした影響を受け、校内に友人と「日金友好協会」を設立して金星を研究したり、宇宙人との交流を夢見たりしていたのでした。

恩師上原輝男との出会い

そうした中、金城は上原輝男という教師から大きな影響を受けています。上原は、著名な民俗学者である柳田國男やその弟子折口信夫《しのぶ》らが唱えた、次のような話を紹介しました。

沖縄の人たちは、海のかなたにニライ・カナイという死者の魂がたどりつく異郷があると信じている。そこに棲む神々（まれびと）は、祭りになると海を渡って人間界にやって来て、祝福を与える。あるいは山の中から現れて威力ある言葉を唱え、ある時は天空の彼方から現れ、人間に害悪を及ぼす精霊たちを踏みつけ、屈服させる。

これを読んで、何かピンとくることはないでしょうか。

そうです、この話は例えば「天空の彼方」を「M78星雲」、「人間に害悪を及ぼす精霊たち」を怪獣たちにあてはめると、後年、金城が手がけることになる「ウルトラマン」のモチーフによく似ているのです。金城自身が、この伝承をもとにつくりあげたとはっきり述べているわけではないようですが、ウルトラマンの原型が沖縄の伝承の中に求められる可能性は高い、と見てよいのではないでしょうか。

円谷プロに入る

昭和三十二年（一九五七）、金城は玉川大学文学部に進学しました。玉川学園は学校演劇がさかんで、金城は友人に誘われて演者やスタッフとして参加する中で、やがてシナリオ作家になることを決意します。そこで上原は、知り合いだった東宝の特撮監督として著名な円谷英二に金城を紹介しました。

円谷は、すぐに金城が独特で魅力的な発想と空想力をもつ人間と見抜き、東宝の特撮映画で活躍していた脚本家関谷新一の指導を受けさせました。同三十七年（一九六二）には、TBSのテレビドラマ「絆」で脚本家としてのデビューを果たし、翌年には円谷プロダクションへ入社します。

「WOO（ウー）」

円谷は映画界出身でありながら、昭和二十八年（一九五三）に本放送を開始したテレビの威力を高く評価していました。**これにはどのような社会的背景があったのか、おわかりでしょうか。**

答えは、それまで隆盛を誇っていた日本映画の勢いが衰え始めていた、ということがあげられます。円谷は、日本映画が外国に比べて低予算・短期間で制作しなければならないこと、やりたい企画があっても外国に成功例がなければ、なかなか認めてもらえなかったことなどに不満を抱いていました。その点テレビは、当時急速に普及率を伸ばしており、*円谷はその将来性に期待して二人の息子をＴＢＳ(昭和三十・一九五五年開局)とフジテレビ（同三十四・一九五九年開局）に入社させていたのです。そして、金城のもつ抜群の空想力を発揮させようと、ＳＦもののテレビ特撮映画を企画しました。その結果、金城が円谷プロの仲間たちと相談して生みだしたのが「ＷＯＯ」であり、あらすじは次のようなものでした。

アンドロメダ星雲のＷＯＯ星は、地球とよく似た星だったが、ある日、妖星と衝突して大爆発してしまう。脱出に成功したアメーバ状の宇宙生物が地球に飛び込み、台風に乗って日本にやって来る。彼は呑気でユーモラスな怠け者（ＷＯＯ星は機械文明が発達し、働く必要がなかった）だが、正義感が強く、カメラマンやその助手と協力して怪獣や宇宙からの侵略者に立ち向かい、怪事件を次々と解決していく。

どうでしょう。詳しい方ならお気づきでしょうが、違う星からただ一人（一匹？）脱出し地球にやって来る点はスーパーマンに似ていますし、カメラマンや助手というのは、「ウルトラマン」の直前の作品「ウルトラＱ」につながっていく感じがします。また「台風に乗って」というのが、金城の故郷沖縄の影響ではないか、との指摘もあるのです。

＊白黒テレビの普及率は、昭和三十二年（一九五七）にはわずか七・八％だったが、皇太子成婚パレード後の同三十五年（一九六〇）には四四・七％となり、さらに東京オリンピック後の同四十年（一九六五）には九〇％にまで達した。

「アンバランス」から「ウルトラQ」へ

この「WOO」はフジテレビでの放映へ向けて交渉が進められましたが、最終段階でフジと東宝の間で折り合いがつかず、結局契約は成立しませんでした。

しかし円谷は、既に番組制作のためにアメリカから高価な特撮用の最新機器を発注済みだったため、何とか特撮物をつくりたいと思い、今度は話をTBSへ持ち込みます。そのモチーフは、「自然界の調和とバランスの法則が突然崩れて奇妙なできごとが起こり、平和な日常生活の一角に歪《ひず》みを生じたとしたら……」というもので、「アンバランス」というタイトルがつけられました。見積もられた制作費は、当時の普通のテレビ映画（三〇分もの）の三・六倍もしましたが、海外市場への売り込みも考えていたTBSは、この企画に関心を示しました。金城は、自ら数編の脚本を書きましたが、他のライターにも依頼し、番組全体の調和を図りました。

この「アンバランス」は、昭和三十九年（一九六四）九月にクランク・インしましたが、途中でタイトルが「ウルトラQ」に変更されました。**この「ウルトラ」とは、何に影響を受けてつけられたものか、おわかりでしょうか。**

それは、当時終わってまもない東京オリンピックの体操競技で、さかんに用いられた「ウルトラC」（技の最高難度を示したもの）でした。そして「C」の代わりに「クエスチョン」の頭文字「Q」がつけられたのです。

内容的には宇宙、異次元、怪奇、怪獣などさまざまなものが含まれていましたが、放送が日曜の夜七時に予定されていたため、子ども向けとして怪獣ものに大急ぎで修正されました。そしてヒーロー・キャラクターはまだ登場せず、パイロットとその助手、女性カメラマンの三人が怪事件を解決する形がとられたのです。昭和四十一年（一九六六）一月にスタートしたこの「ウルトラQ」は、毎回三〇％前後の視聴率をマークし、次々に登場する怪獣は、子どもたちの人気者となりました（二十七話で終了）。

紆余曲折を経て生まれたウルトラマン

実はTBSは、この「ウルトラQ」制作中の昭和四十年夏ごろ、既に金城へ次の企画を考えるよう、要望していました。そこで金城は、「ウルトラQ」の路線を踏襲しつつも、怪獣ものとして新味を加えようと、お蔵入りしていた「WOO」の再検討を始めます。その中で、怪獣を倒すのがアメーバ状の宇宙生命体では、テレビシリーズの主役としてキャラクター性に乏しいので、もっと明確なヒーローを設定したほうがよい、という意見が制作スタッフ内部から出されました。こうして考え出されたタイトルが「科学特捜隊ベムラー」です。鳥人のイメージをもつベムラーは、科学特捜隊が窮地に陥ると颯爽《さっそう》と現れ、身長五〇メートルに巨大化して敵の怪獣に立ち向かう、という話でした。

しかしその後、怪獣が怪獣を倒すのはおかしい、ということでボツになり、*「主人公をスーパーマンのようなものにしろ」という円谷の指示もあって、赤と銀のツートンカラーで人面獣身のヒーロー（後のウルトラセブンによく似た身なり）となりました。そしてタイトルは「レッドマン」と変えられましたが、その後さらに「もっとメタリックに、宇宙服のイメージを盛り込んで」という意見が採用され、あの身なりに再変更となり、タイトルもクランク・イン後に「ウルトラマン」と改められたのでした。その誕生まで、ずいぶんと紆余曲折があったのですね。

この「ウルトラマン」は、昭和四十一年七月の放送開始とともに毎週四〇％近い高視聴率を記録する大人気番組となりましたが、制作スタッフは番組づくりに追われて疲れはて、ＴＢＳ側は継続を望みましたが、翌年四月、結局三十九話で終了となりました。

＊なおベムラーは、第一回に登場する怪獣の名前として復活した。

金城哲夫の帰郷

その半年後にスタートした「ウルトラセブン」でも、金城はメインライターをつとめました。しかし、この番組は初めこそ視聴率は三〇％台でしたが、その後は二〇％前後（これでも現在ならトップクラスの高視聴率だが）に落ち込み、ついに「ウルトラマン」を凌《しの》ぐことはできませんでした。そこで金城は、路線を変更して大人向けの二本の特撮番組を手がけますが、思ったような数字がとれず、いずれも短期間で終了となってしまいます。番組受注が途絶えた円谷プロは経営状態が悪化し、その結果行われた大幅なリストラにより、プロデューサーに専念するよう命じられた金城は、それを機に退社し、昭和四十四年（一九六九）三月、沖縄へ帰りました。

時あたかも沖縄返還をめぐる動きが加速化していました。次に年代を少しさかのぼり、あらためて沖縄返還までの歩みをたどってみることにしましょう。

沖縄の帰属先をめぐるさまざまな意見

一九四五年十月、米統合参謀本部は第二次世界大戦後における海外展開構想の中で、琉球諸島を「最重要基地群」の一つと位置づけます。ただし、沖縄の統治方針や将来構想に関しては、米国内部（具体的には軍部と国務省）での意見対立もあり、その結果一九四九年ごろまでは具体的な方針がないまま、放置されたような状態が続きました。

一九五〇年十一月、米国務省が日本の独立に向けた「対日講和七原則」を公表すると、沖縄でも帰属論議が活発化していきました。ではこの当時、沖縄の人々は、返還後どこに帰属すべきと考えていたのでしょうか。翌年一月までに行われた、ある世論調査によると、日本復帰を望んだ人々は八四・〇七％でした。**それでは残りの人たちは、どのような意見をもっていたと思いますか。**

答えは、米国による信託統治が八・二八％、独立が二・八九％でした（不明四・七七％）。決して多くはありませんが、日本復帰を望まない人々もいたことに驚いた方もいらっしゃるのではないでしょうか。この理由については、太平洋戦争中、沖縄で唯一地上戦が行われ、本土防衛の犠牲となったこと、さらに遡れば江戸時代以来の薩摩藩の圧政や明治政府の琉球（沖縄）への対応が関係しているのかもしれません。

一方、復帰論者と一口にいっても、いろいろな意見をもつ人々がおり、なかには沖縄の自治・自主性を重んじるべきだとする、独立論に近い考え方の人々もいました。復帰後の米軍基地についても、「現状維持」「段階的縮小」「即時撤去」など、さまざまな主張があったのです。

米軍側の対応とその変化

これに対し米軍側は、住民に離日化政策の一環として沖縄の文化的独自性を強調したり、共産主義への脅威を理由に基地の重要性を啓蒙したりしましたが、軍用地補償問題*や基地建設労働者などの労働争議が起こり、内部対立を超えた「島ぐるみ」の抵抗運動が強まりました。米軍は、こうした動きを共産主義と結びつけて弾圧しましたが、もはや強硬策では住民の不満を抑えることは難しいと判断するようになり、態度をやや軟化させました。

その一方で、一九五〇年代以降、沖縄の経済は順調に発展し、また租税制度が統一されたこともあって財政の健全化も進められていきました。もちろん、その内実はアメリカの経済援助に大きく支えられていたという点で問題を残してはいましたが、ともかくそうした経済状況をうけて、沖縄の内部にも親米的な保守勢力が強まっていたことは事実でした。

*米軍が沖縄の地主たちに支払う賃貸料を不当に低く抑え、また毎年ではなく一括払いとし、さらにこれらを理由に契約に応じなかった場合、土地の強制収用を行ったため、反対運動が激化。一九五八年六月に米軍はこうした方針を改めた。

返還気運の高まり

こうして沖縄では保守から革新まで、さまざまな政治勢力が活動するようになりましたが、六〇年代に入ると、そうした幅広い勢力が再び「島ぐるみ」の復帰運動を活発化させました。

ところで戦争直後のことを既に紹介しましたが、一九五八年にも米国内で沖縄返還が論議されたことがあったのです。そこでは、仮に返還すれば領土防衛の気運が高まり、六〇年に改定を迎える安保条約の下での日米協力が推進できること、他のアジア諸国にアメリカの非植民地政策を誇示できる機会となること、などの利点がある一方で、沖縄の基地使用に関して大きな問題が起こる、という不利な点もあげられました。**この大きな問題とは、いったいどのようなことだと思いますか。**

答えは、それまで沖縄ではまったく自由に基地を使用できていたのが、返還後は本土並みの条件下に置くべきとの要望が強まるおそれがある、ということでした。ましてや当時予定していたミサイル配備のため、新たに用地を接収することなど困難だ、との意見も出されました。

結論としては、総合的に判断すれば、沖縄返還に必要なステップを踏むべきだ、ということになりはしましたが、実際には沖縄を統轄する軍部の反対でつぶされてしまったのです。

しかし一九六二年三月、ケネディ大統領は沖縄に関して発表した新政策の中で、将来的な日本への復帰の可能性に言及し、同時に沖縄への援助の拡大や、住民の権限を拡張させるよう指示しました。これらは、当時沖縄の絶対的統治権を握っていた軍配下の高等弁務官により、忠実に実行されることはありませんでしたが、返還の気運は着実に高まっていったようです。

返還条件をめぐる日米交渉

昭和三十九年(一九六四)十一月、沖縄返還を重要課題に掲げた佐藤栄作が首相となり、翌年四月には沖縄を訪問します。これにより復帰要求はいっそうの高まりを見せ、アメリカ側も返還について本格的に検討せざるをえない情勢となりました。その際に最も大きな課題となったのが、やはり基地を引き続き可能な限り自由に使用したい、ということでしたが、**当時これを助長するようなアジア情勢の変化がありました。それは何だったか、おわかりでしょうか。**

答えはベトナム戦争に米軍が直接介入したこと（一九六五年、北爆開始）です。これにより、沖縄が北ベトナム攻撃のための基地となりました。

一九六七年十一月、佐藤首相とジョンソン大統領は共同声明を発表し、両三年内に返還時期を合意する、としました。これにより沖縄復帰はさらに現実味を帯びることとなり、いよいよ六九年六月から日米間で返還交渉が始まったのです。そして十一月上旬までには両国はおおよその合意に達しましたが、なお二つの懸案が残されました。このうち一点目は、沖縄の日本への返還にともなうアメリカ側の諸経費負担ですが、これについては日本側が総額五億二千万ドルを米政府に提供することで決着しました。

残るもう一点は、沖縄に貯蔵されている核兵器をどうするか、という問題です。いうまでもなく、日本は唯一の被爆国として核兵器に対する強いアレルギーがあり、佐藤首相も沖縄返還に際しては「核抜き、本土並み」ということを国民に向けて唱えていました。この点についてはアメリカ側も十分理解していましたが、かといってこの要求を素直にのむのではなく、最大の要望である基地の自由使用を日本側に認めさせるための取引材料に使おうとしたのです。

ところで一九六七年当時、アジア・太平洋地域の米軍基地に配備されていた核兵器の数は、約三二〇〇に達していましたが、**このうち沖縄にはどれくらいあったと思いますか**。

答えは約一三〇〇で、実に全体の三分の一以上が沖縄に集中していたことになります（ちなみに韓国には約九〇〇）。アメリカ側が沖縄をいかに戦略上の重要拠点と見なしていたかがわかりますが、その一方でこれらの核兵器を仮に沖縄から撤去しても、緊急時には周辺の基地に貯蔵されているので大きな問題はない、と判断していました。そこでアメリカは核を撤去する代わりに、返還前と同じような基地の自由使用を認めるよう、日本側に要求します。これに対し日本は、昭和三十五年（一九六〇）の安保改定時と同様に、アメリカ軍やその装備（核を含む）の重要な変更、日本から行われる戦闘作戦行動のための日本国内の基地使用に際しては、事前協議を行うよう主張しました。**では日本は、何のためにこの事前協議にこだわったのでしょうか。**

それは、これを以て日米が対等であることの象徴とし、安保条約を肯定する自民党が野党など反対勢力から大打撃を受けないようにするためでした。

しかしアメリカ側はこのこと自体には理解を示しつつも、例えば戦闘作戦行動の範囲を大幅に狭めることによって、ほとんどの事態を事前協議の対象とならないようにし、また日本側も緊急時の核再持ち込みについて、事前協議さえしてくれれば「ノー」とはいわない、と持ちかけているのです。こうした点は密約という形で取り交わされたとされていますが、一九六九年十一月二十一日に発表された佐藤首相・ニクソン大統領（図76）の沖縄返還共同声明の第七項に「総理大臣は……沖縄の施政権返還は、日本を含む極東の諸国の防衛のために米国が負っている国際義務の効果的遂行の妨げとなるようなものではないとの見解を表明した」と、また第八項に「大統領は……日米安保条約の事前協議に関する米国政府の立場を害することなく、沖縄の返還を、右の日本政府の政策に背馳しないよう実施する旨を総理大臣に確約した」と、それぞれある部分にも、それとなく示されているのです（前者は基地の自由使用、後者は形式的な事前協議制）。

図76　佐藤首相とニクソン大統領

問題を残した返還の実現

昭和四十六年（一九七一）六月十七日、沖縄返還協定の調印式が首相官邸と米国務省で衛星中継を通じて同時開催され、翌年五月十五日には東京と那覇で沖縄復帰記念式典が行われました。しかし、前者には当時、琉球政府行政主席だった屋良朝苗《やらちょうびょう》は、返還内容に不満をもつ勢力の反対をうけて出席せず、また後者においても沖縄県知事となった屋良は、復帰の内容は必ずしも自分たちの切なる願望が入れられたものでなく、これから新しい困難に直面するかもしれない、との苦渋に満ちた挨拶をしたのでした。

謎をうけて―琉球とヤマトの狭間で

さてだいぶ長くなりましたが、ここで金城哲夫の話に戻りましょう。金城が沖縄に帰ったのは、この沖縄返還交渉が本格的に開始される直前のことであり（東京での仕事が思いどおりにいかなくなったこともありましたが）、そうした社会情勢をうけて、今こそ沖縄に帰るべき時ではないか、との思いもあったようです。

沖縄ではラジオのキャスターやテレビ出演などをする一方で、沖縄の歴史を題材にした芝居をつくって上演しました。ところが沖縄の人々から、これらは沖縄的ではない、と批判を受けます。沖縄返還についてのコメントは残していませんが、これまで見てきたようにさまざまな問題を残しながらも日本へ復帰した沖縄と日本本土、その両方を愛する者として自分はこれら二つの架け橋になりたい、と願っていたようです。しかし、それが思うようにいかない、その悩みを金城は酒でまぎらわせるようになりました。

昭和五十年（一九七五）に行われた沖縄海洋博覧会において、金城はメインセレモニーの制作・演出を任されました。しかし、閉会式のアトラクションへの出演をめぐって沖縄の漁民たちとトラブルを起こし、金城の悩みは深まりました。

そして福岡のアルコール依存症専門病院への入院が決まった直後の翌年二月、金城は自宅敷地内で転落事故を起こし、三十七歳の若さで亡くなったのです。

ウルトラマンという、戦後の日本を代表するテレビ特撮映画のヒーローは、沖縄の伝承をもとにしつつも、昭和四十年前後の社会情勢の中で生みだされたものでした。そして、その生みの親である金城哲夫は、一度は栄光を勝ち得ながらも、結局は沖縄と本土をめぐる難問の中で翻弄され続け、太く短い一生を送った、といえるかもしれません。

【参考文献】
・山田輝子『ウルトラマンを創った男』（朝日新聞社、一九九七年）
・上原正三『金城哲夫　ウルトラマン島唄』（筑摩書房、一九九九年）
・我部政明『沖縄返還とは何だったのか』（日本放送出版協会、二〇〇〇年）
・櫻澤誠『沖縄現代史』（中央公論新社、二〇一五年）
・福嶋亮大『ウルトラマンと戦後サブカルチャーの風景』（ＰＬＡＮＥＴＳ、二〇一八年）

おわりに

某出版社が刊行した、リメイク版の高校日本史教科書がよく売れているそうです。「学生時代は受験のために仕方なく覚えていたが、もう一度歴史を学び直してみたい」という人々が多いことのあらわれで、けっこうなことだと思いますが、私には少し疑問があります。購入した皆さんは、確かに歴史の知識や時代の流れをつかむことはできたでしょうが、はたして読んでいて面白いと思われたのでしょうか。

教科書づくりの苦労は想像するに余りあるので、決して非難するわけではありませんが、私は、教科書は「市販の風邪薬」のようなものだと考えています。批判される余地(=副作用)の少ない、無難な内容(=まあまあ効く)が、限られたスペースの中に記されており、結果としてどうしても通り一辺倒の面白みのない文章が続くことになるからです。

しかし、歴史を学ぶということは本来もっと愉しくて、ワクワクするものであるはずです。常識化していることをただ覚えるのではなく、それらの中に疑問や謎を見出し、さまざまな証拠(史料)を駆使してそれらを解明していく、その時のワクワク感は一度味わったらなかなかやめることはできません。

私は高校教員二年目以降、専門である日本中世史研究と並行して、こうした取り組みを続け、その成果を授業の中で生徒たちにぶつけたり、市民講座や出版を通じて一般の方々に紹介してきたりしました。

昨年三月をもって定年退職となり、もう教壇には立てなくなってしまうかもしれませんが、私は今後ともこうした取り組みを続けていきたいと考えています。特に中世以外の歴史を学べば学ぶほど、「自分はこんなことも知らないで教壇に立っていたのか!?」と驚き、かつ恥じ入ることが多いのです。そうしたことを少しでも多く学ばないで一生を終えてしまうのは、本当にもったいないことに思えてなりません。

前著『疑問に迫る日本の歴史』の刊行直後に、ベレ出版の森岳人さんから「次はどんな本を出してもらえますか?」とオファーをいただきました。まことにありがたい話です。少し考えましたが、まだまだ調べてみたいテーマがあったので、基本的には前著と同じようなコンセプトで書いてみたい、とお答えしました。その結果としてまとめたのが本書です。今回もまた、森さんをはじめとしたベレ出版の皆さんには大変お世話になりました。心から感謝申し上げます。

令和三年三月

松本一夫

著者紹介

松本 一夫（まつもと・かずお）

▶1959年生まれ。1982年、慶應義塾大学文学部を卒業後、栃木県の高校教員となり、20年にわたり日本史や世界史等を担当する。専門は日本中世史。2001年、博士（史学）。國學院大學栃木短期大学、宇都宮大学等で非常勤講師を務めた。その後、栃木県立文書館等を経て2020年3月、栃木県立上三川高等学校長で定年退職。南北朝期の歴史研究をする一方で、日本史教育の実践的研究にも取り組む。おもな著書は『日本史へのいざない 考えながら学ぼう』、『日本史へのいざない 2』（いずれも岩田書院）、『中世武士の勤務評定』（戎光祥出版）ほかがある。

◉── カバーデザイン　神谷 利男
◉── 本文デザイン・DTP　坂本 成志・發知 明日香
◉── デザインプロダクション　神谷利男デザイン株式会社
◉── 図版　中野 成
◉── 校閲　蒼史社

史料《しりょう》で解《と》き明《あ》かす日本史《にほんし》—歴史学者《れきしがくしゃ》の謎解《なぞと》きを追体験《ついたいけん》する

2021年 4月 25日　初版発行

著者	松本《まつもと》 一夫《かずお》
発行者	内田 真介
発行・発売	ベレ出版 〒162-0832　東京都新宿区岩戸町12 レベッカビル TEL.03-5225-4790 FAX.03-5225-4795 ホームページ　https://www.beret.co.jp/
印刷	モリモト印刷株式会社
製本	根本製本株式会社

ISBN 978-4-86064-654-7 C0021　　編集担当　森岳人